高等学校智慧校园规划与建设研究

姜煜东　著

暨南大学出版社
JINAN UNIVERSITY PRESS

中国·广州

图书在版编目（CIP）数据

高等学校智慧校园规划与建设研究/姜煜东著. —广州：暨南大学出版社，
2023.11
ISBN 978-7-5668-3787-5

Ⅰ.①高… Ⅱ.①姜… Ⅲ.①高等学校—信息化建设—研究—中国 Ⅳ.①G649.2-39

中国国家版本馆 CIP 数据核字（2023）第 191922 号

高等学校智慧校园规划与建设研究

GAODENG XUEXIAO ZHIHUI XIAOYUAN GUIHUA YU JIANSHE YANJIU

著　者：姜煜东

出 版 人：阳　翼
责任编辑：曾鑫华　彭琳惠
责任校对：刘舜怡　许碧雅　等
责任印制：周一丹　郑玉婷

出版发行：暨南大学出版社（511443）
电　　话：总编室（8620）37332601
　　　　　营销部（8620）37332680　37332681　37332682　37332683
传　　真：（8620）37332660（办公室）　37332684（营销部）
网　　址：http://www.jnupress.com
排　　版：广州市广知园教育科技有限公司
印　　刷：广州市金骏彩色印务有限公司
开　　本：787mm×1092mm　1/16
印　　张：12
彩　　插：16
字　　数：252 千
版　　次：2023 年 11 月第 1 版
印　　次：2023 年 11 月第 1 次
定　　价：49.80 元

（暨大版图书如有印装质量问题，请与出版社总编室联系调换）

图 3-1 暨南大学番禺校区效果图

图 3-2 番禺校区一期首批工程建设图

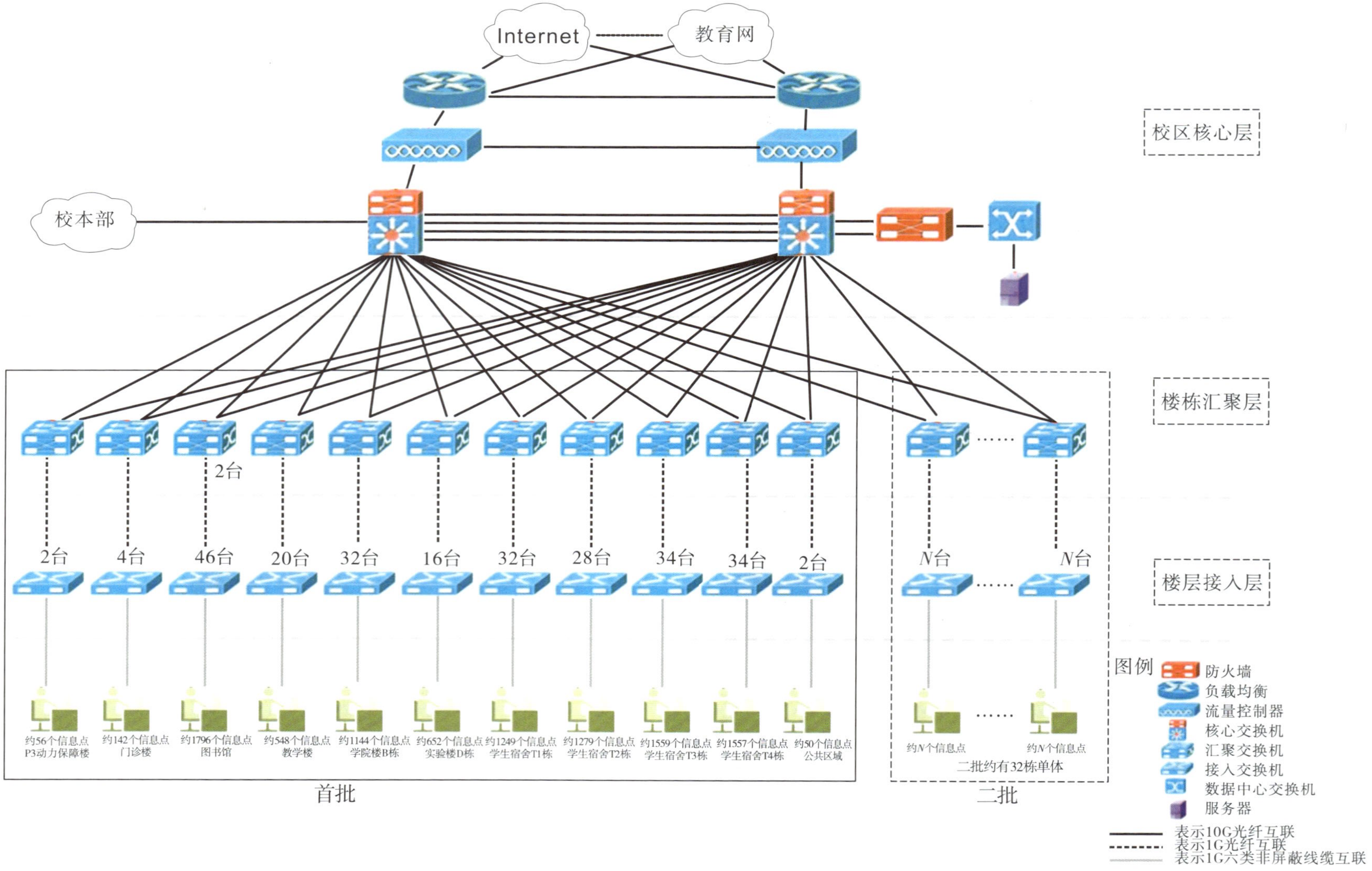
Internet
教育网
校区核心层
校本部
楼栋汇聚层
2台
2台
4台
46台
20台
32台
16台
32台
28台
34台
34台
2台
N台
N台
楼层接入层
约56个信息点
P3动力保障楼
约142个信息点
门诊楼
约1796个信息点
图书馆
约548个信息点
教学楼
约1144个信息点
学院楼B栋
约652个信息点
实验楼D栋
约1249个信息点
学生宿舍T1栋
约1279个信息点
学生宿舍T2栋
约1559个信息点
学生宿舍T3栋
约1557个信息点
学生宿舍T4栋
约50个信息点
公共区域
约N个信息点
约N个信息点
二批约有32栋单体
首批
二批
图例
防火墙
负载均衡
流量控制器
核心交换机
汇聚交换机
接入交换机
数据中心交换机
服务器
表示10G光纤互联
表示1G光纤互联
表示1G六类非屏蔽线缆互联

图3-9　校园网（有线部分）网络拓扑结构图

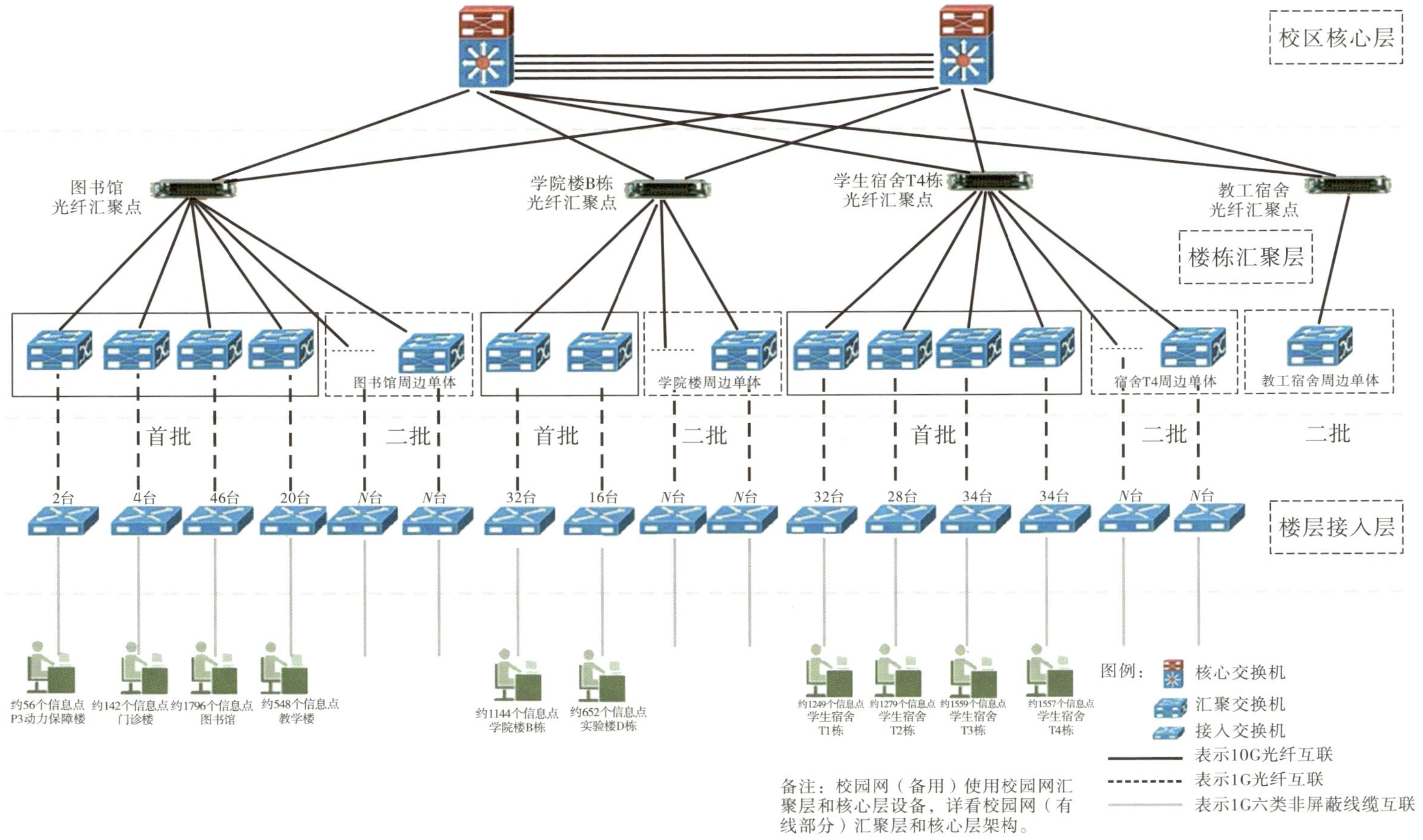

图3-10 校园网（备用）网络拓扑结构图

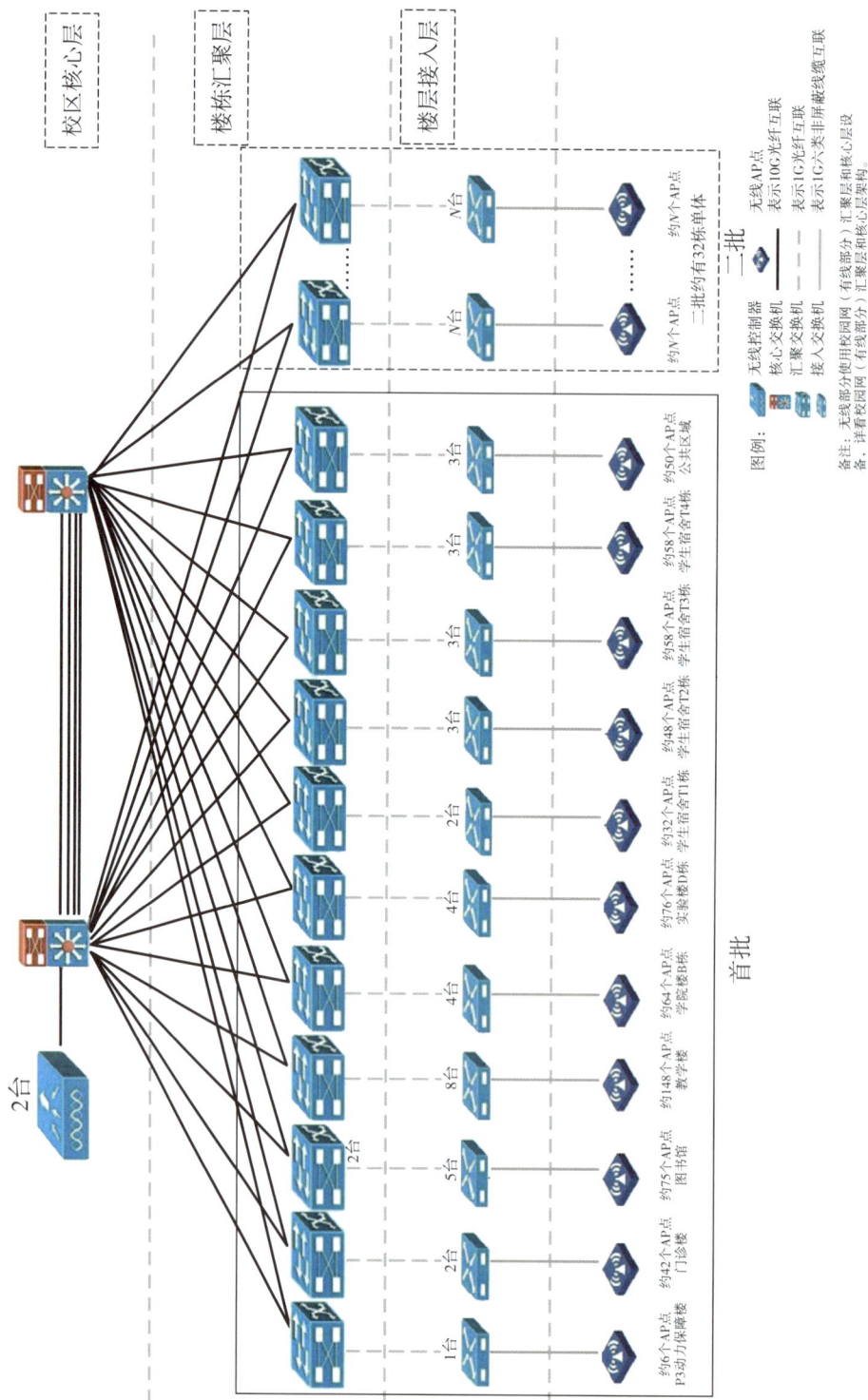

图3-11 校园网（无线部分）网络拓扑结构图

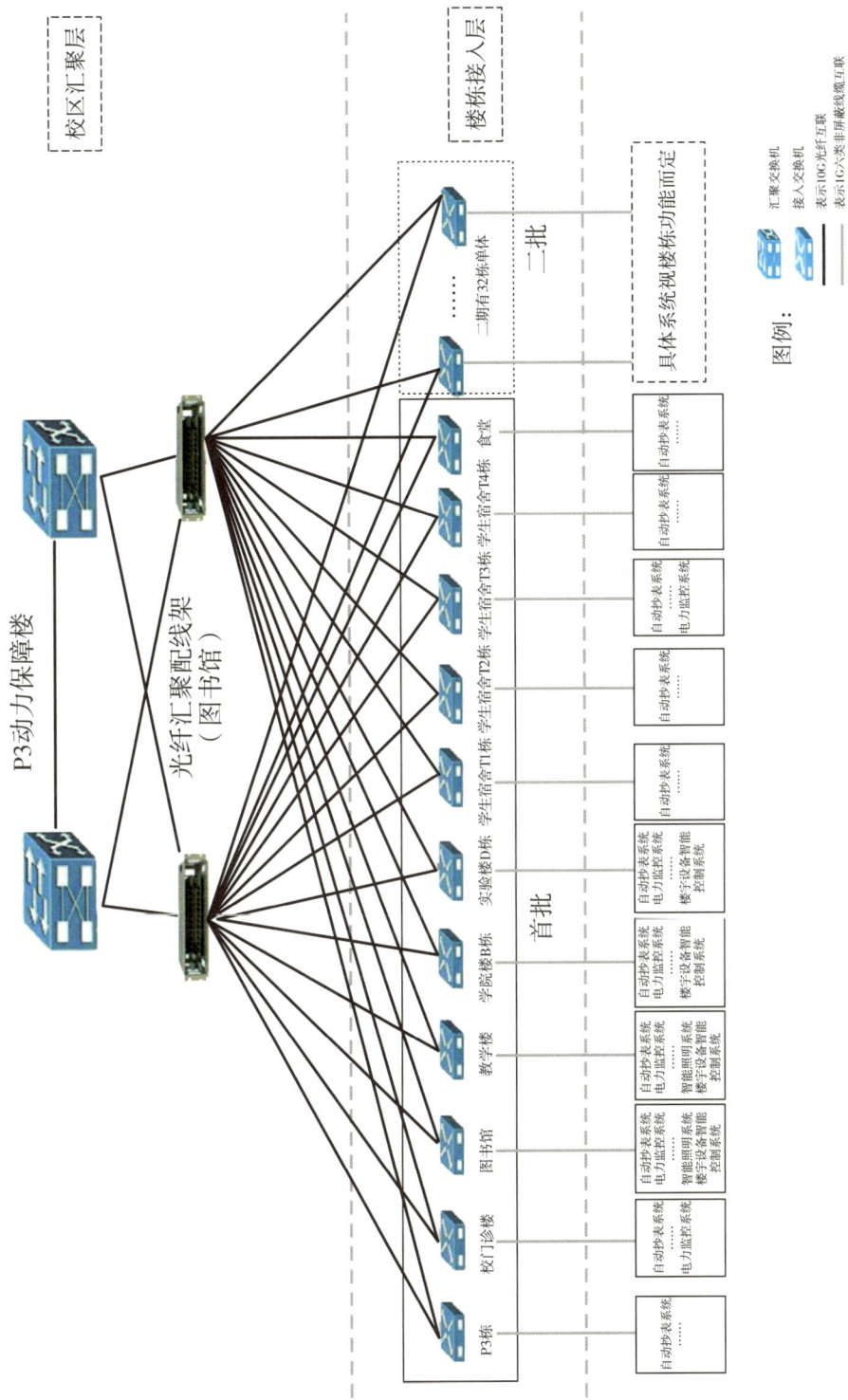

图3-12 智能网网络拓扑结构图

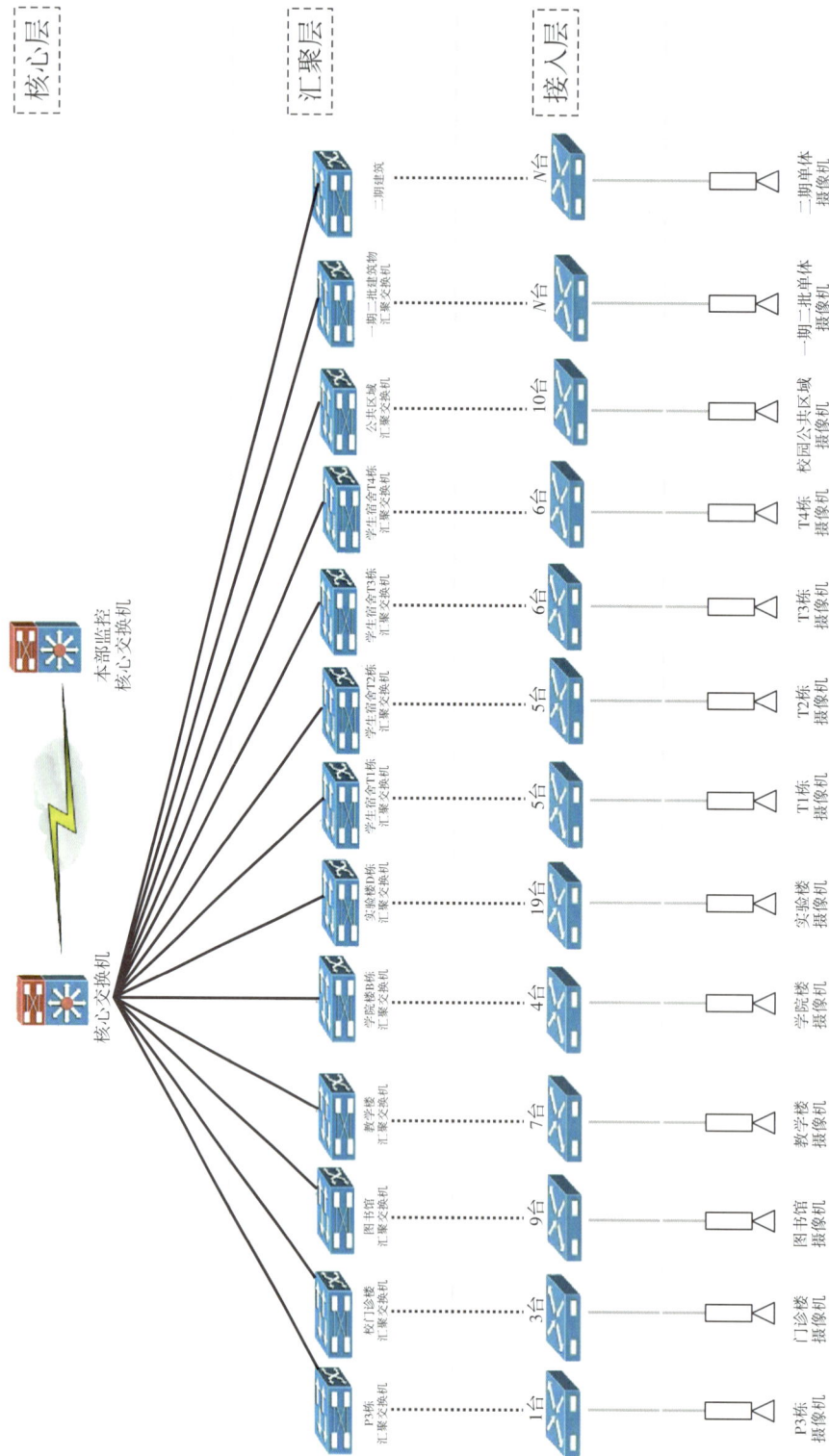

本部监控
核心交换机

核心交换机

P3栋
汇聚交换机

校门诊楼
汇聚交换机

图书馆
汇聚交换机

教学楼
汇聚交换机

学院楼B栋
汇聚交换机

实验楼D栋
汇聚交换机

学生宿舍T1栋
汇聚交换机

学生宿舍T2栋
汇聚交换机

学生宿舍T3栋
汇聚交换机

学生宿舍T4栋
汇聚交换机

公共区域
汇聚交换机

一期二批建筑物
汇聚交换机

二期建筑

1台

3台

9台

7台

4台

19台

5台

5台

6台

6台

10台

N台

N台

P3栋
摄像机

门诊楼
摄像机

图书馆
摄像机

教学楼
摄像机

学院楼
摄像机

实验楼
摄像机

T1栋
摄像机

T2栋
摄像机

T3栋
摄像机

T4栋
摄像机

校园公共区域
摄像机

一期二批单体
摄像机

二期单体
摄像机

图例：　　　　——　表示设备连接采用的是室外单模光缆

　　　　　　　·······　表示设备连接采用的是光缆

　　　　　　　——　表示设备连接采用的是CAT6非屏蔽线缆

图3-13　视频网网络拓扑结构图

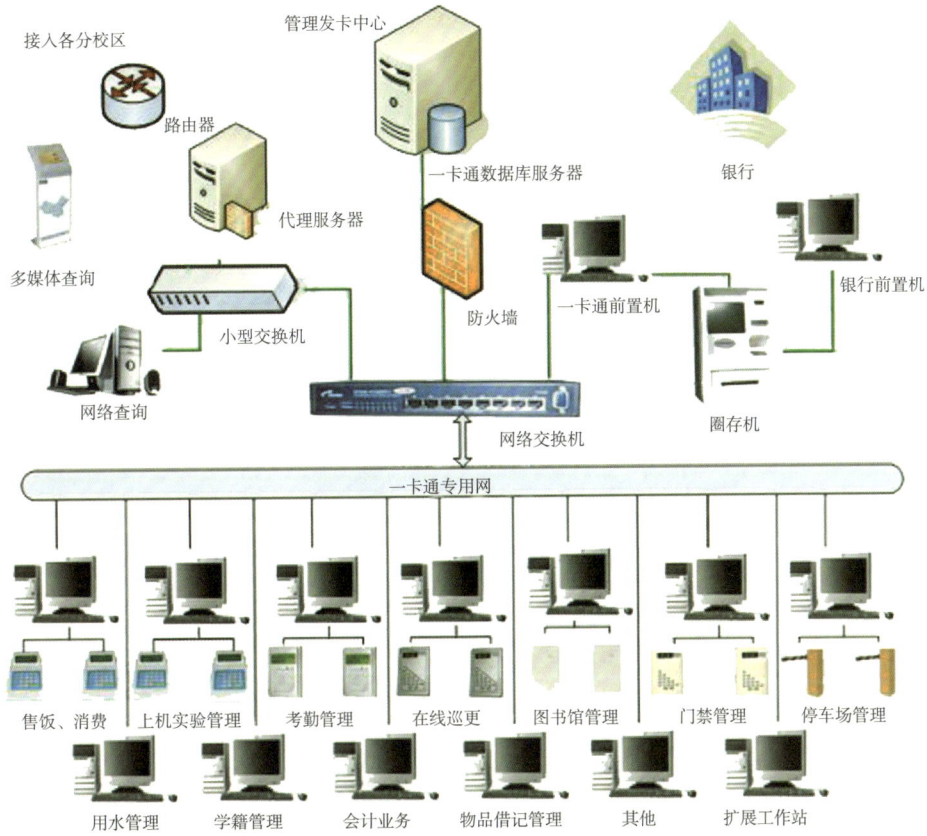

接入各分校区
路由器
管理发卡中心
一卡通数据库服务器
银行
多媒体查询
代理服务器
银行前置机
网络查询
小型交换机
防火墙
一卡通前置机
圈存机
网络交换机
一卡通专用网

售饭、消费　上机实验管理　考勤管理　在线巡更　图书馆管理　门禁管理　停车场管理
用水管理　学籍管理　会计业务　物品借记管理　其他　扩展工作站

图 3－16　一卡通系统结构图

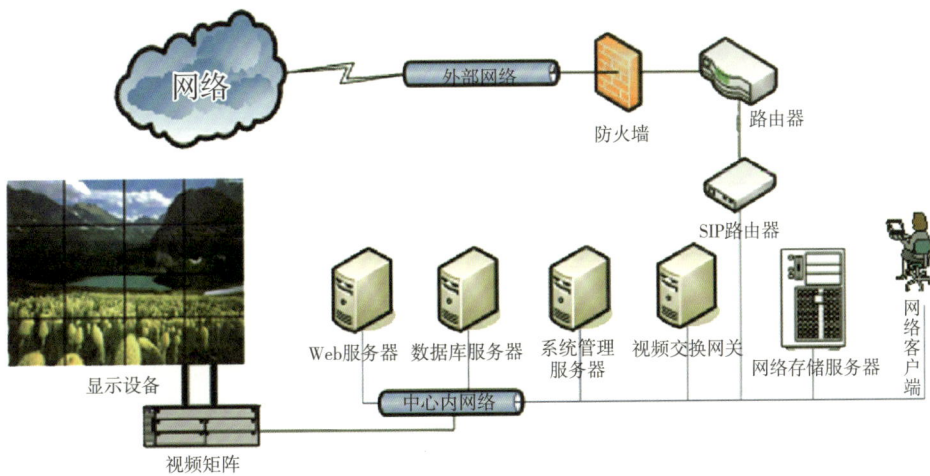

网络
外部网络
防火墙
路由器
SIP路由器
显示设备
Web服务器　数据库服务器　系统管理服务器　视频交换网关　网络存储服务器　网络客户端
视频矩阵
中心内网络

图 3－18　典型巡考中心系统构成

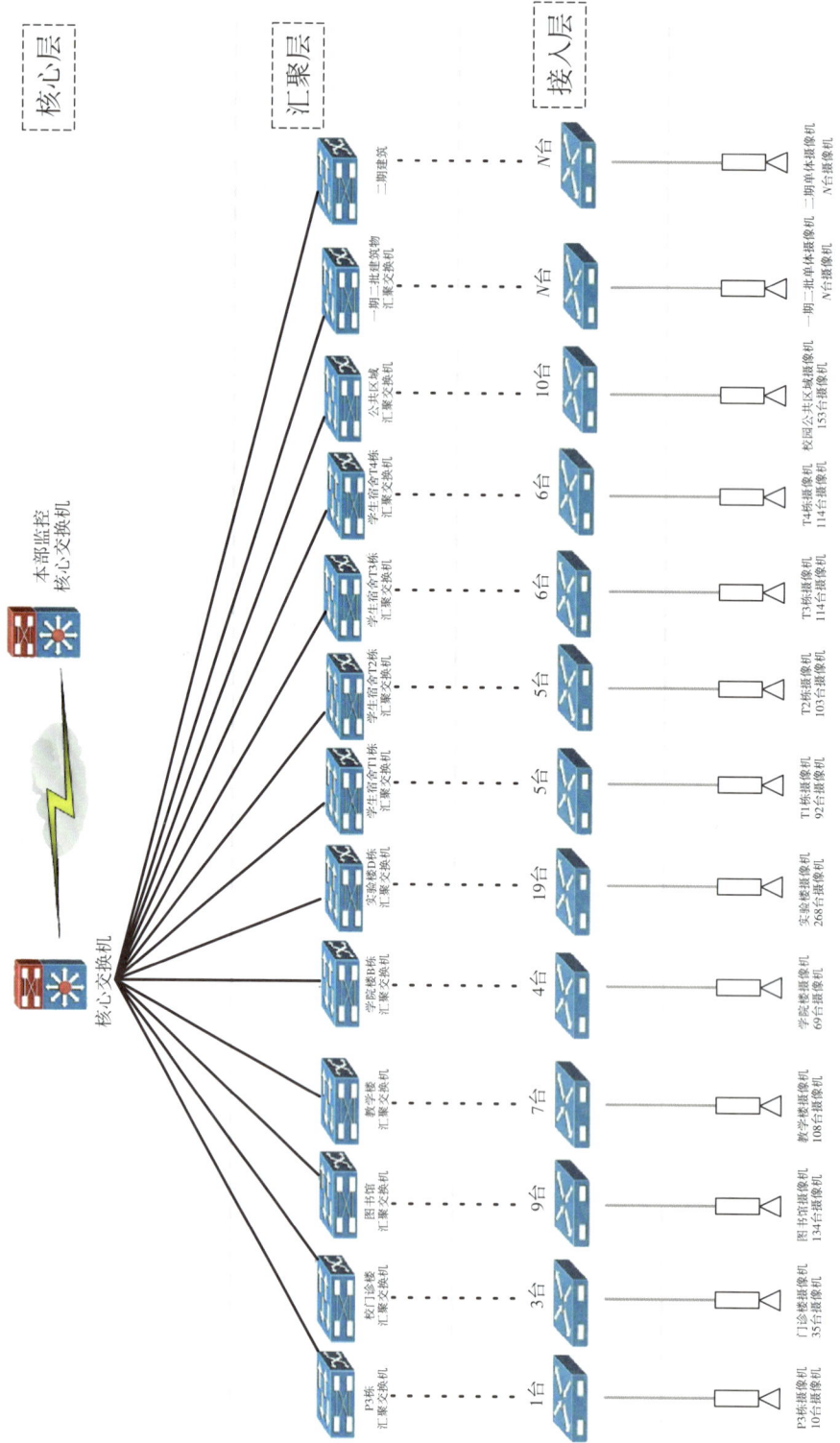

图3-26 视频安防监控系统结构图

核心层

汇聚层

接入层

本部监控
核心交换机

核心交换机

二期建筑

一期二批建筑物
汇聚交换机

公共区域
汇聚交换机

学生宿舍T4栋
汇聚交换机

学生宿舍T3栋
汇聚交换机

学生宿舍T2栋
汇聚交换机

学生宿舍T1栋
汇聚交换机

实验楼D栋
汇聚交换机

学院楼B栋
汇聚交换机

教学楼
汇聚交换机

图书馆
汇聚交换机

校门诊楼
汇聚交换机

P3栋
汇聚交换机

N台

N台

10台

6台

6台

5台

5台

19台

4台

7台

9台

3台

1台

二期单体摄像机
N台摄像机

一期二批单体摄像机
N台摄像机

校园公共区域摄像机
153台摄像机

T4栋摄像机
114台摄像机

T3栋摄像机
114台摄像机

T2栋摄像机
103台摄像机

T1栋摄像机
92台摄像机

实验整摄像机
268台摄像机

学院楼摄像机
69台摄像机

教学楼摄像机
108台摄像机

图书馆摄像机
134台摄像机

门诊楼摄像机
35台摄像机

P3栋摄像机
10台摄像机

图例：　　——：表示设备连接采用的是室外单模光缆
　　　　- - - -：表示设备连接采用的是光缆
　　　　——：表示设备连接采用的是CAT6非屏蔽线缆

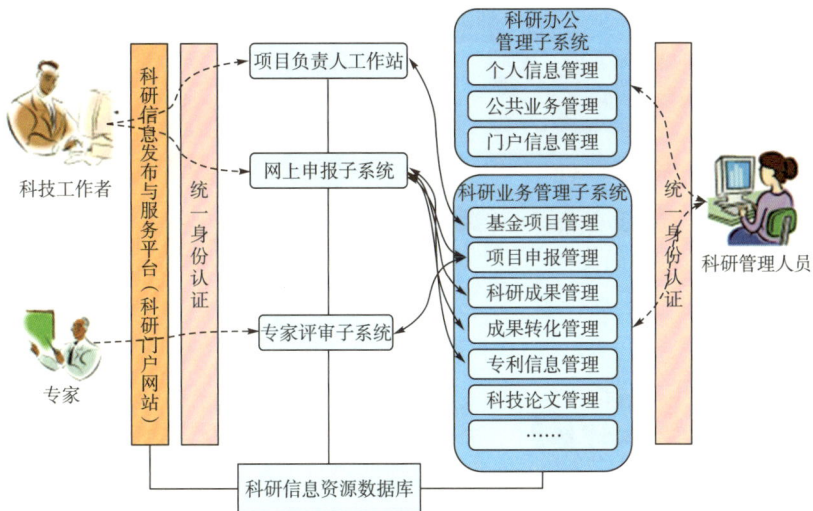

图 4—5　科研管理功能模块

● 叶子节点　● 非叶子节点　● 根节点

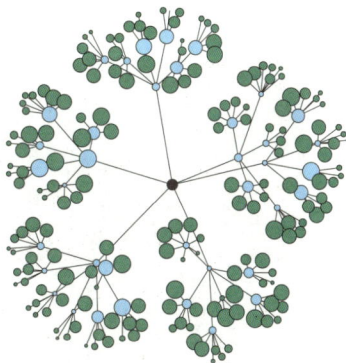

图 4—6　科研导航图示意

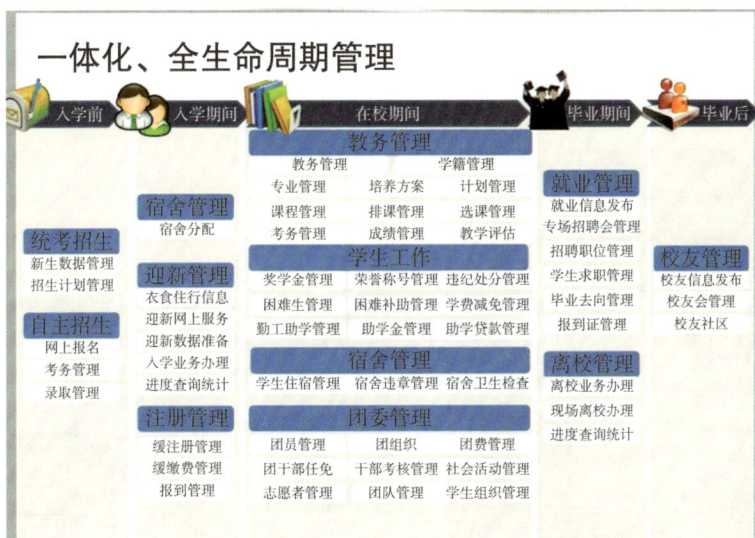

图 4—11　本科多维度数据收集模块构成

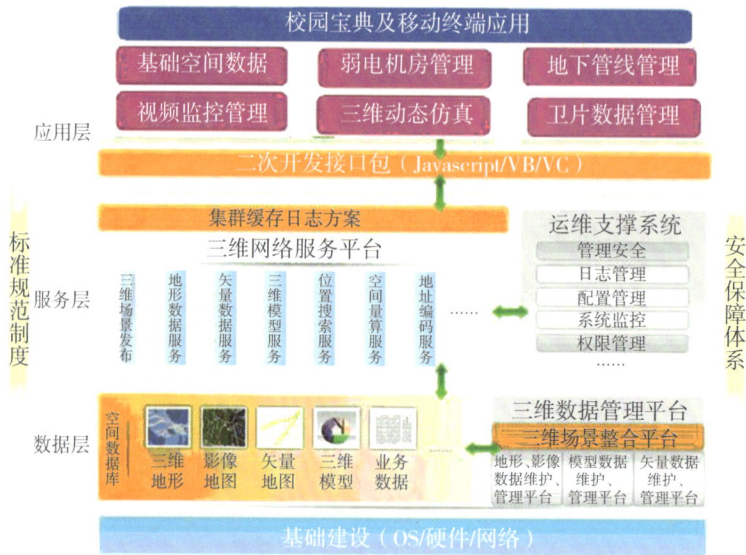

图 5-2　系统扩展架构图

图 5-3　校园环境建模精度示意

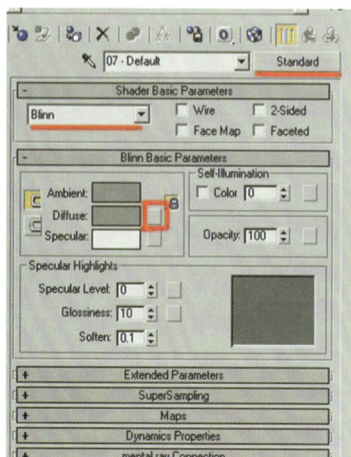

图 5-5　材质类型选择示例

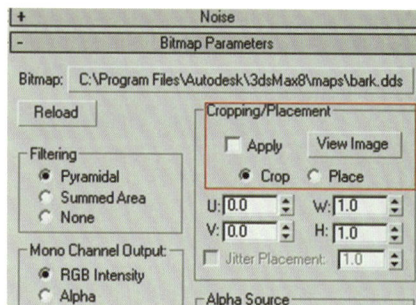

图 5-6　贴图裁切界面

图 5－7　校园概览界面

图 5－8　地图导航功能界面

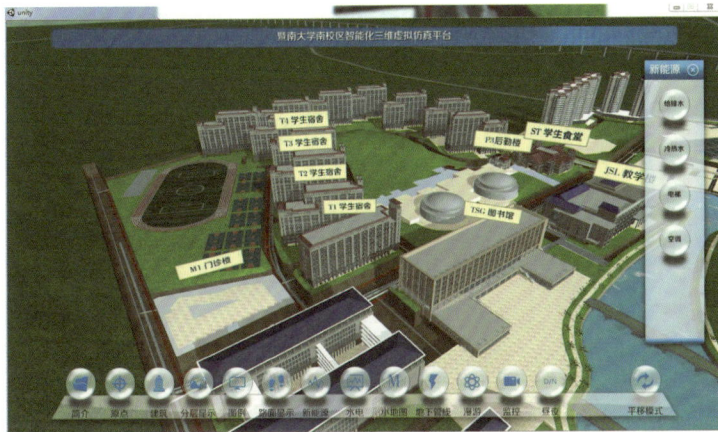

图 5－9　信息查询与统计界面（建筑能耗查询）

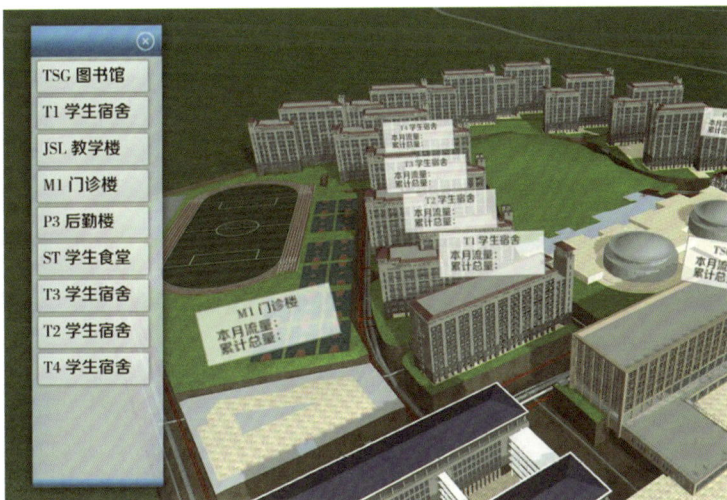

图 5－10　图形、表格、统计图表方式的信息输出

图 5—11　校园全景浏览界面

图 5—12　校园自动漫游界面

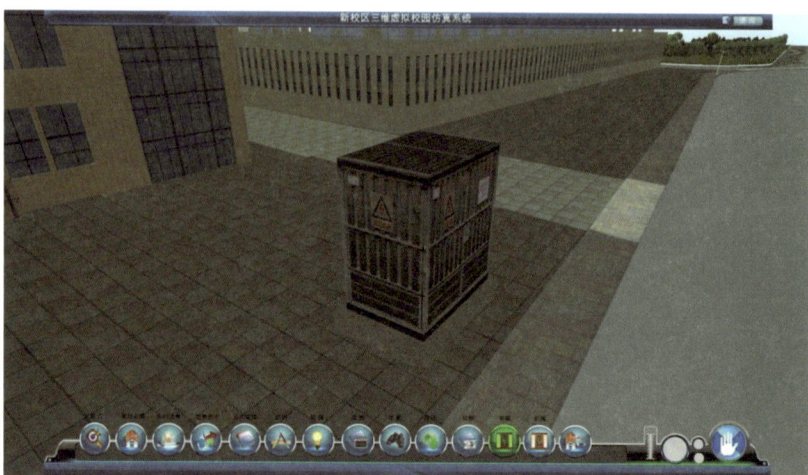

图 5—13　地图快速定位界面

图 5—14　路径漫游界面

图 5—15　模型信息实时查询界面

图 5—16　模型相关信息显示

图 5-18　地面半透视管线查询界面

图 5-19　地面全透视管线查询界面

图 5-20　管线属性查询界面

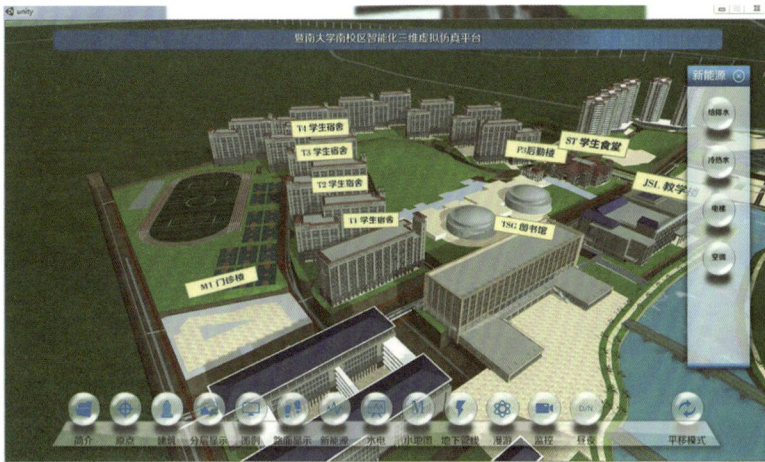

图 5—21　能源管理系统界面

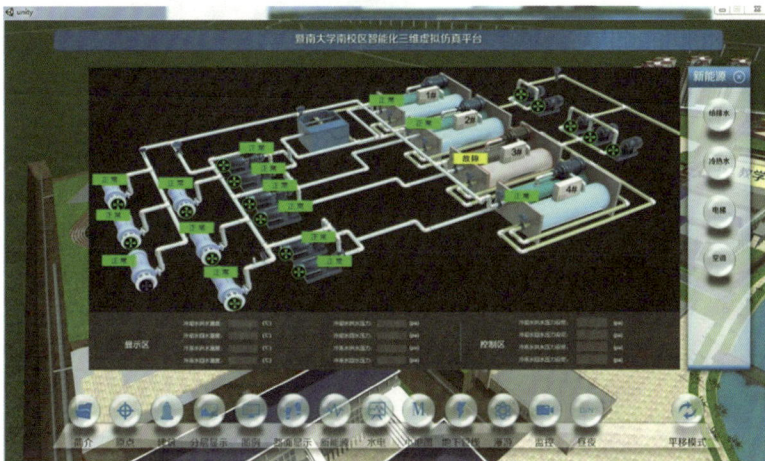

图 5—22　点击"空调"按钮后对应的空调用能参数界面

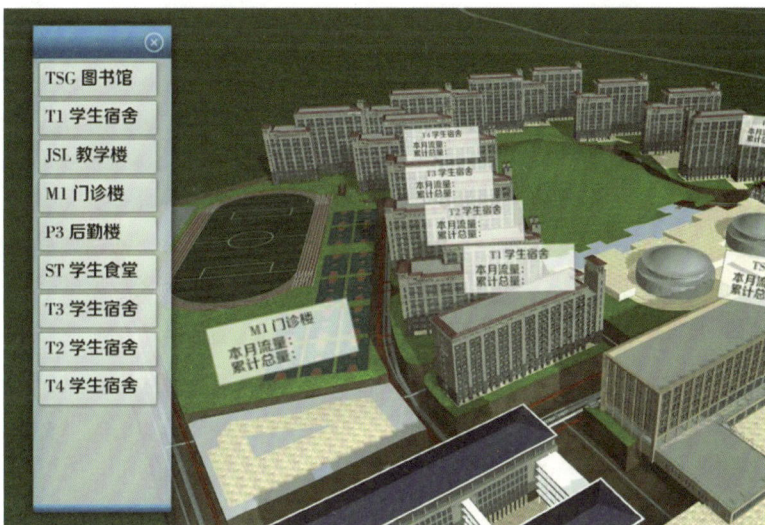

图 5—23　点击"冷热水"按钮后对应的建筑用水参数界面

图 5—24 校园三维场景中的摄像头示意，点击可加载实时视频

图 5—26 点击摄像头后，实时加载视频界面

前　言

　　"智慧校园"理念自 2010 年在国内由浙江大学首次提出以来,历经 10 余年的发展,在国内校园特别是高等学校的建设过程中取得了越来越广泛的应用。在此期间,教育部、国家标准化管理委员会也先后出台多个指导性文件,对其定义、建设内容、建设指标等作了规范性表述。

　　高等学校智慧校园解决方案以先进的信息化技术为手段,统筹建设一体化智能化教学、管理与服务平台,为高等学校教学和科研管理提供优质管理平台,可有效提升高校教学和科研管理水平。

　　笔者有幸全程参与了暨南大学番禺校区的整体建设工作。其中,"智慧校园"的基础设施和应用服务系统的建设,是校园信息化系统的重要组成部分,也是校园整体基建工程的主要关注点和核心功能组成。经过近五年的规划、建设和改进,相关系统运行良好,也获得了校园师生的一定认可。

　　本书依托暨南大学番禺校区"智慧校园"建设经验,在初步厘清智慧校园概念、发展历程、建设原则、建设流程、建设内容的基础上,重点论述了"智慧校园"基础设施系统规划与建设、"智慧校园"应用服务系统规划与建设、"智慧校园"三维可视化综合管理系统的规划与建设三部分内容。

　　信息技术的快速发展,对"智慧校园"的顶层规划、流程再造、系统设计和新技术应用提出了更多的要求。本书立足工程实践,以高等学校智慧校园实际工程建设案例为背景,着力从原理到实践论述"智慧校园"基础设施和应用服务系统的规划与建设,希望能在技术原理和实际应用两个方面为读者提供专业的帮助。

　　"智慧校园"的成功建设与应用,凝聚了广大工程设计者、建设者的大量心血。将"智慧校园"的建设理念与学校的发展需求相融合,所取得的阶段性成果离不开众多信息化建设者的辛勤劳动。谨以此书向辛苦奋战在一线的"智慧校园"建设者们致以崇高的敬意!

　　因笔者水平有限,书中定有不当与错漏之处,恳请读者批评指正。

姜煜东

2023 年 11 月 3 日

目　录

前　言 ··· **001**

第1章　绪论 ·· **001**

　　1.1　研究背景 ··· 001

　　1.2　数字校园与智慧校园 ······································· 001

　　1.3　智慧校园发展历程 ··· 002

　　1.4　高等学校智慧校园研究现状 ······························· 004

　　1.5　主要研究内容 ··· 006

第2章　高等学校智慧校园、数字校园系统构成与建设要求 ················ **007**

　　2.1　智慧校园总体框架 ··· 007

　　2.2　智慧校园、数字校园建设规范 ····························· 009

　　2.3　高等学校智慧校园基础设施与应用服务系统构成和建设要求 ··· 013

　　2.4　小结 ··· 014

第3章　高等学校智慧校园基础设施系统规划与建设 ························· **015**

　　3.1　规划与建设背景 ··· 015

　　3.2　项目需求分析 ··· 016

　　3.3　系统总体规划 ··· 024

　　3.4　智能化集成系统（IIS） ······································ 028

　　3.5　信息设施系统 ··· 040

　　3.6　信息化应用系统 ··· 067

3.7 楼宇设备自动化系统 ························· 078

3.8 公共安全系统 ····························· 102

3.9 机房工程 ································· 120

3.10 小结 ··································· 125

第4章 高等学校智慧校园应用服务系统规划与建设 ·············· **126**

4.1 概述 ··································· 126

4.2 智慧校园应用服务系统构成 ···················· 128

4.3 智慧校园办公门户应用服务系统 ·················· 128

4.4 智慧校园科研管理应用服务系统 ·················· 135

4.5 智慧校园人事信息管理应用服务系统 ················ 143

4.6 智慧校园本科教学管理应用服务系统 ················ 144

4.7 智慧校园本科生工作管理应用服务系统 ··············· 147

4.8 智慧校园研究生工作管理应用服务系统 ··············· 152

4.9 智慧校园应用服务综合管理与查询系统 ··············· 155

4.10 小结 ·································· 158

第5章 高等学校智慧校园三维可视化综合管理系统规划与建设 ········ **159**

5.1 规划与建设背景 ··························· 159

5.2 系统总体架构设计 ·························· 159

5.3 智慧校园三维模型设计 ······················· 162

5.4 系统功能设计与实现 ························· 168

5.5 小结 ··································· 184

参考文献 ······································ **185**

第1章 绪论

1.1 研究背景

高水平大学建设是推动城市创新发展的重要力量。在我国信息化建设中，高校信息化是不可缺少的一部分。高校是技术改革和创新的发源地，它为社会的变革提供智力支撑，拥有着众多领域的实验室、技术专利、各类研究者等，这些资源的集约化对高校的技术革新起到推进作用。

高校具有人员数量大、研究领域多、分工复杂的特点，这些工作人员的教学、学习以及科研等方面都能够彰显高校管理水平的高低。面对该种情况，高校应该努力进行信息化建设，并运用多种新技术来提高管理、教学等方面的效率，以及提升高校自身的技术运行水平。因而，"智慧校园"具有智慧化，以物联网为基础，将校园的教学、科研、管理和生活服务四个方面深度融合为一体。

随着新技术的发展，智慧校园的含义也发生变化，校园信息化已是智慧校园建设的一部分。智慧校园不仅在教学、科研、管理与生活服务等层面运用新技术，还对这些新技术提出了要求，同时也为背后的管理、教育理念等创建了新的内容，即其以高性能硬件、高速网络作为基础支撑，对教学、科研、管理与生活服务等应用产生的大量数据信息进行收集和整理，通过大数据、云计算、数据挖掘等技术，对采集到的大量数据进行分析挖掘并反馈到管理中，以此来优化管理与服务流程，挖掘数据价值，最终提升高校总体教学水平。

1.2 数字校园与智慧校园

数字校园是物理校园的数字化转型和扩展，数字校园应基于校园的具体业务进行流程梳理和实体校园数字化，以提升校园整体的运行效率，实现教学、科研、管理、生活服务等活动顺利开展。[1]

智慧校园即智慧化的校园，也指按智慧化标准进行的校园建设，国家标准 GB/T 36342—2018《智慧校园总体框架》中对智慧校园的标准定义是：智慧校园是数字校园的进一步发展和提升，是教育信息化的更高级形态，是物理空间和信息空间的有机衔接，使任何人在任何时间、任何地点都能便捷地获取资源和服务。[2]

智慧校园和其他"智慧+场景"类概念（如智慧医院、智慧社区等）一样，是"智慧化"概念的分支，源自2009年前后被引入国内的"智慧城市"概念，而"智慧城市"则源于IBM公司在2008年提出的"智慧地球"。因此可以说，智慧校园是一个从2010年才开始逐渐形成和完善的科技术语，所指称的技术带有人工智能成分（特别是深度学习和自然语言理解）。[3]

1.3　智慧校园发展历程

1983年10月1日，邓小平为北京景山学校题词："教育要面向现代化，面向世界，面向未来。""三个面向"首次提出了教育现代化的要求，开启了中国教育现代化的新征程，是对这一时期教育改革和发展方向的纲领性表述。

1992年10月，党的十四大明确建立社会主义市场经济体制，标志着改革开放迈入新阶段，并特别提出："必须把教育摆在优先发展的战略地位，努力提高全民族的思想道德和科学文化水平，这是实现我国现代化的根本大计。"此后，党和国家不断强化教育优先发展战略。

2018年4月，教育部印发《教育信息化2.0行动计划》[4]，使教育信息化发展从单纯技术应用转向深度融合创新。2020年初，新冠疫情来袭，各种线上教学系统大量开发和应用，我国教育信息化水平迅速提升。

2019年2月，党中央、国务院先后颁布《中国教育改革和发展纲要》《加快推进教育现代化实施方案（2018—2022年）》等纲领性文件[5-8]，在不同历史时期有力指导并推动教育改革发展。《加快推进教育现代化实施方案（2018—2022年）》提出，要着力构建基于信息技术的新型教育教学模式、教育服务供给方式以及教育治理新模式。促进信息技术与教育教学深度融合，支持学校充分利用信息技术开展人才培养模式和教学方法改革，逐步实现信息化教与学应用师生全覆盖。创新信息时代教育治理新模式，开展大数据支撑下的教育治理能力优化行动，推动以互联网等信息化手段服务教育教学全过程。加快推进智慧教育创新发展，设立"智慧教育示范区"，开展国家虚拟仿真实验教学项目等建设，实施人工智能助推教师队伍建设行动。构建"互联网+教育"支撑服务平台，深入推进"三通两平台"建设。

2019 年 2 月，《中国教育现代化 2035》印发。[9]《中国教育现代化 2035》提出，推进教育现代化的总体目标是：到 2020 年，全面实现"十三五"发展目标，教育总体实力和国际影响力显著增强，劳动年龄人口平均受教育年限明显增加，教育现代化取得重要进展，为全面建成小康社会做出重要贡献。在此基础上，再经过 15 年努力，到 2035 年，总体实现教育现代化，迈入教育强国行列，推动我国成为学习大国、人力资源强国和人才强国，为到本世纪中叶建成富强民主文明和谐美丽的社会主义现代化强国奠定坚实基础。2035 年主要发展目标是：建成服务全民终身学习的现代教育体系、普及有质量的学前教育、实现优质均衡的义务教育、全面普及高中阶段教育、职业教育服务能力显著提升、高等教育竞争力明显提升、残疾儿童少年享有适合的教育、形成全社会共同参与的教育治理新格局。

面向教育现代化的十大战略任务之八：加快信息化时代教育变革。建设智能化校园，统筹建设一体化智能化教学、管理与服务平台。利用现代技术加快推动人才培养模式改革，实现规模化教育与个性化培养的有机结合。创新教育服务业态，建立数字教育资源共建共享机制，完善利益分配机制、知识产权保护制度和新型教育服务监管制度。推进教育治理方式变革，加快形成现代化的教育管理与监测体系，推进管理精准化和决策科学化。

2018 年 6 月 7 日，全国信息技术标准化技术委员会提出并归口的《智慧校园总体框架》（GB/T 36342—2018）正式发布，其从智慧校园总体系统架构、智慧教学环境、智慧教学资源、智慧校园管理、智慧校园服务、信息安全体系六大方面对智慧校园建设作了规范及标准指导，该标准于 2019 年 1 月 1 日正式实施。

2021 年 3 月，为推动信息技术与教育教学深度融合，提升高等学校信息化建设与应用水平，支撑教育高质量发展，教育部发布了《高等学校数字校园建设规范》。《高等学校数字校园建设规范》给出了高等学校数字校园建设的总体要求和主要组成，规定了基础设施、信息资源、信息素养、应用服务、网络安全和保障体系的通用要求，可适用于高等学校开展数字校园及智慧校园的规划、设计、建设和实施。

总体来讲，智慧校园的雏形于 2010 年出现。早期中国的高等学校通过学习西方的模式和方法，引进成熟的网络和计算机技术，逐步向网络化迈进。随着互联网领域的发展和自主创新的大力倡导，当前高校信息化建设基本实现服务流程和业务流程的融合，并积极探索智慧校园建设。高校智慧校园建设在不同阶段深受信息技术等因素的影响。具体如下：

第一阶段：基础建设阶段。该阶段是一个从无到有的过程。二十世纪七八十年代，计算机专业在高校非常稀少。此阶段，高校的信息现代化建设主要目标是保证电算化，着力保障在关键岗位、学科、实验室等实现电算化，以提高科学研究水平。此阶段以计算机为重点进行建设，且大多数为自建。

第二阶段：信息化建设阶段。随着科技的发展与新技术的快速迭代，计算机产品价格也随之大幅降低，而且随着计算机系统功能的强大，计算机的应用逐渐普及。在这一阶段，计算机网络技术得到了极大的提升，TCP/IP协议、超文本协议以及信息系统的建立，使高校进入了信息系统建设时代，高校的各种业务开始逐渐电子化。

第三阶段：智慧校园建设阶段。随着高校信息化建设的基本完成、计算机信息系统的普及应用，各种管理问题和用户体验问题越来越突出。随着资源整合与开发，各种业务系统的规模、作用等方面也发生了变化，业务系统如何快速响应业务部门的需求成为管理部门需要尽快解决的难题。云计算、大数据、物联网技术以及数据中心技术的成熟，为解决上述问题提供了可能。

1.4 高等学校智慧校园研究现状

在国内，"智慧校园"理念由浙江大学首次提出。在2010年信息化"十二五"规划中，浙江大学比较完整地阐述了智慧校园建设模型，以"无处不在的网络学习、融合创新的网络科研、透明高效的校务治理、丰富多彩的校园文化、方便周到的校园生活"为建设目标，打造高度智慧化、信息化的校园运行模式。随后，国内一些实力较强的高校也将智慧校园建设纳入发展规划。[10]

由于"智慧校园"的概念在国内首次提出距今仅十年，智慧校园在高校的普遍应用集中在2015年以后，相应的研究较晚，公开的文献和著述相对较少。综合来看，国内与高校智慧校园建设相关的研究主要集中在两个方面：一是智慧校园的技术研究；二是智慧校园的管理、服务和应用研究。朱洪波等学者提出，从建设内容来看，智慧校园的建设框架共包括网络融合、数据融合、服务融合与门户服务三个层次。[11]蒋家傅等阐述了智慧校园系统的内涵与特征，提出了智慧校园的技术路线和实施方法，为智慧校园建设提供了整体解决方案。[12]陈翠珠等提出了智慧校园的功能模块、技术基础和建设构想。[13]黄宇星等提出了基于网络的智慧校园架构，并将其划分为三层，即感知层、传输层和应用层，形成基础集成平台，通过拓展和丰富接入渠道，实现面向不同用户的综合服务。[14]郭惠丽等提出了校园物联网建设的三种构建方式，并给出了构建图，同时提出通过四个方面构建智慧校园移动服务应用。[15]左卫刚在《基于情境感知的智慧校园系统研究》中，将情境感知融入智慧校园建设，从特定情境中收集数据以开展大数据分析，有效采集信息并通过技术手段进行整合，以期提供更加便捷高效、个性化的服务。[16]于长虹、王运武等学者综合分析了智慧校园研究现状，并对参考模型进行解析，提出了一个以用户为中心的改进版的智慧校园参考模型。[17]黄小卉等探讨了智慧校园建设中云计算平台的应用。[18]贺建虎构建了"六横两纵"智慧校园立体技术体系架构，对"互联网+智慧校园"建设结构进行了初步探讨。[19]国内还有很多学者从技术实践出发，通过不同角度、不同层面对智慧校园进行研究，推进了智慧校园建设的理论发展，研究角度涵盖了智慧课堂和智慧教室的设计和构建[20-22]、大数据创新智慧校园服务[23]、智慧校园移动服务开放平台构建网[24]、智慧校园信息化应用[25-31]、数字校园与智慧校园的关系[37-41]等方面。可以看出，智慧校园的研究方向主要侧重于智慧校园相关技术和建设方案研究，着重分析智慧校园相关设备、技术、平台与人的关系，以求在现有技术支持下，获得智慧校园建设的最佳方案。

国外数字化校园概念的出现可以追溯到 1990 年，美国克莱蒙特大学教授凯尼斯·格林（Kenneth Green）发起并主持了大型科研项目"数字校园计划（The Campus Computing Project）"。1998 年，美国前副总统戈尔（Albert A. Gore Jr）在一次名为"数字地球：21 世纪认识地球的方式"的演讲中最先提出"数字地球"的概念，数字化概念逐渐在全球普及，"数字城市""数字校园""数字社区"概念相继出现。

2008 年，在题为"智慧地球：下一代领导议程"的演讲中，美国 IBM 总裁彭明盛首次提出了"智慧地球"的概念。这一概念对城市、交通、医疗、教育等方面的一系列构想也引发了普遍关注，在美国乃至世界范围内引发了强烈反响。2009 年，"IBM 论坛和中国策略发布会"在中国举办，"智慧地球"的概念被再次重申，这也是这一理念首次在中国公开提出，当时提出的"智慧地球"模型主要设想是利用智能技术提高商业运作效率和提升公共服务质量。[3]

欧美等国家和地区对信息技术的应用比较早，管理模型和体制相对稳定，其"智慧"应用也已存在。Nesrine Khabou 等人从技术角度介绍了一种基于环境状况和个人需求的情景感知技术在智慧校园中的应用，通过情景感知为师生协作提供主动服务。[32]Anthony Emeakaroha 等提出了一个应用智能传感器、集成可视化 Web 界面的检测系统，可通过智能传感器提高资源利用率，以解决英国大学能源消耗和碳排放问题。[33]Siavash Omidinia 等认为智能学校成功的关键是教学学习策略和管理与行政流程的提升。[34]新加坡则通过智慧教育计划构建了延伸至课堂以外的以学习者为中心的交互式学习环境。[35]上文提到的"数字校园计划"研究项目，在 1994 年至

2019 年共发布了 25 份研究报告,对其他国家了解与借鉴美国高校信息化、数字化建设有重要影响。[36,42]

通过对已有文献的归纳整理,我们可以看到,智慧校园的相关研究有比较超前的意识和崭新的思维,为本书的研究提供了很多借鉴之处,但是这些研究也存在一些问题和不足:

第一,对智慧校园的概念还没有深入理解,对智慧校园未来发展脉络把握不明确。对智慧校园的理解还停留在"让技术进入校园"的层面,没有将其内涵延伸到更深层作用上。对智慧校园的未来发展还停留在照搬"智慧地球"的层面,对高校实际需求把握不够,对发展目标、发展结果预见不够。

第二,智慧校园建设相对落后,跟不上理论研究的速度和深度。研究走在实践之前,诚然会从理论推动实践的角度促进智慧校园的发展,但也会出现实证研究中案例支撑较少的局面,导致研究缺乏具体的样本和第一手调查数据。

1.5 主要研究内容

本书内容按以下几部分展开:

第 1 章简述了高等学校智慧校园背景及发展历程。

第 2 章以《智慧校园总体框架》《高等学校数字校园建设规范》两个规范性文件为依托,系统详述了高等学校智慧校园的系统构成、建设原则、建设流程、建设内容,还对基础设施与应用服务系统两个子系统的构成与建设要求开展了进一步论述。

第 3 章论述了智慧校园基础设施系统的规划与建设。以暨南大学番禺校区为例,从建设背景、需求分析、系统构成、子系统的组成与功能、主要设备参数等方面,详细论述了智慧校园基础设施子模块的规划与建设,给出了相对完善的基础设施规划和建设范例。

第 4 章从建设目标、系统构成、子系统的功能等方面,详细论述了智慧校园应用服务系统的构成及功能分析,给出了相对完善的智慧校园应用服务系统建设范例。

第 5 章同样以暨南大学番禺校区三维可视化综合管理系统为例,详细描述了智慧校园三维可视化综合管理系统的建设背景、架构设计、模型设计,以及三维可视化综合管理系统的基本模块、地下管网三维管理、基于三维地图的建筑能源管理和基于三维地图的视频监控联动管理等子系统的功能组成与实现。

第 2 章　高等学校智慧校园、数字校园系统构成与建设要求

2018 年 6 月 7 日，全国信息技术标准化技术委员会提出并归口的《智慧校园总体框架》（GB/T 36342—2018）正式发布，其从智慧校园总体系统架构、智慧教学环境、智慧教学资源、智慧校园管理、智慧校园服务、信息安全体系六大方面对智慧校园建设作了规范及标准指导。

2021 年 3 月，为推动信息技术与教育教学深度融合，提升高等学校信息化建设与应用水平，支撑教育高质量发展，教育部发布了《高等学校数字校园建设规范》。《高等学校数字校园建设规范》给出了高等学校数字校园建设的总体要求和主要组成，规定了基础设施、信息资源、信息素养、应用服务、网络安全和保障体系的通用要求，可适用于高等学校开展数字校园及智慧校园的规划、设计、建设和实施。

本章以《智慧校园总体框架》《高等学校数字校园建设规范》这两个规范性文件为基础，详述高等学校智慧校园、数字校园的系统构成与建设原则。

2.1　智慧校园总体框架

《智慧校园总体框架》（GB/T 36342—2018）规定了智慧校园建设的总体框架，包括智慧教学环境、智慧教学资源、智慧校园管理、智慧校园服务、信息安全体系等的系统架构及基本要求。该标准将智慧校园主要分为四个组成部分：基础设施层、支撑平台层、应用平台层和应用终端层（见图 2-1）。

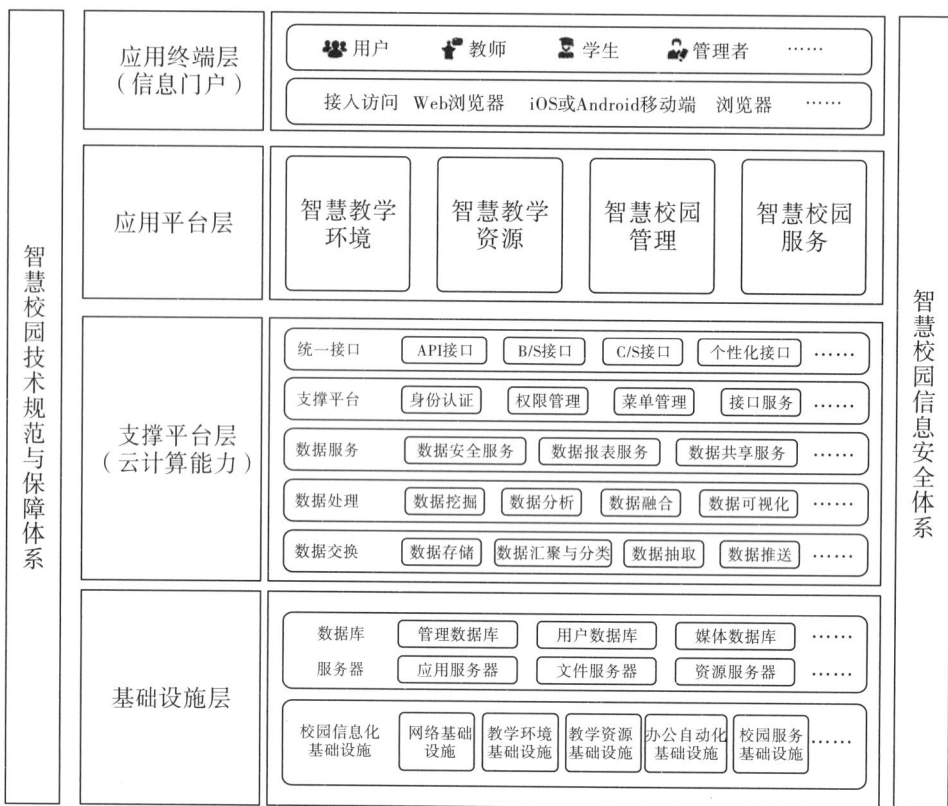

图 2-1　智慧校园总体架构图

基础设施层是智慧校园平台的基础设施保障，提供异构通信网络、广泛的物联感知和海量数据汇集存储，为智慧校园的各种应用提供基础支持，为大数据挖掘、分析提供数据支撑。

基础设施层包括校园信息化基础设施和数据库与服务器两个模块：校园信息化基础设施包括网络基础设施、教学环境基础设施、教学资源基础设施、办公自动化基础设施、校园服务基础设施等。数据库与服务器是智慧校园海量数据汇集存储系统，配置管理数据库、用户数据库、媒体数据库等和与之相对应的应用服务器、文件服务器、资源服务器等。

支撑平台层是体现智慧校园云计算及其服务能力的核心层，为智慧校园的各类应用服务提供驱动和支撑，包括数据交换、数据处理、数据服务、支撑平台和统一接口等功能单元：数据交换单元是在基础设施层数据库与服务器的基础上扩展的，包括数据存储、数据汇聚与分类、数据抽取和数据推送等功能模块；数据处理单元包括数据挖掘、数据分析、数据融合和数据可视化等功能模块；数据服务单元包括数据安全服务、数据报表服务、数据共享服务等功能模块；支撑平台单元包括身份认证、权限管理、菜单管理和接口服务等功能模块；统一接口单元是智慧校园实现安全性、开放性、可管理性和可移植性的中间件，包括 API 接口、B/S 接口、C/S 接口和个性化接口等功能模块。

应用平台层是智慧校园应用与服务的内容体现，在支撑平台层的基础上，构建智慧校园的环境、资源、管理和服务等应用，为师生员工及社会公众提供广泛的服务，其包括智慧教学环境、智慧教学资源、智慧校园管理、智慧校园服务四大部分：

（1）智慧教学环境可以是实体的教学环境，也可以是虚拟的教学环境，或是虚实结合的混合教学环境。它的主要作用是为师生教学活动提供支撑服务，包括多媒体教室、智慧教室、创客实训环境等应用单元。

（2）智慧教学资源是智慧校园的重要功能单元，使用者可通过多种接入方式访问资源管理平台，并搜索、浏览和下载所需资源，主要包括资源制作、资源库、资源应用等应用单元。

（3）智慧校园管理主要构建智慧教学资源的管理和服务等应用，为在线用户提供支撑服务，包括协同办公系统、人力资源系统、教学管理系统、科研管理系统、资产管理系统、财务管理系统等应用单元。

（4）智慧校园服务是指以信息技术为手段，为教学提供基于互联网的智慧化校园公共服务支撑体系，包括数字图书馆、校园生活服务、校园安全服务、运维保障服务和虚拟校园服务等应用单元。

应用终端层是接入访问的信息门户。访问者通过统一认证的平台门户，以各种浏览器及移动终端安全访问，随时随地共享平台服务和资源。应用终端层包括用户和接入访问两个方面：用户指教师、学生、管理者和社会公众等用户群体。用户可以通过计算机网页浏览器或移动终端系统接入访问，以获取资源和服务。

2.2 智慧校园、数字校园建设规范

《高等学校数字校园建设规范》是教育部 2021 年 3 月颁发的规范性文件，旨在贯彻落实《中国教育现代化 2035》和《加快推进教育现代化实施方案（2018—2022年）》的要求，在教育信息化 2.0 发展中，应对信息技术的迅猛发展和"互联网+教育"的发展需求，结合高等学校信息化发展实际，以标准规范促进教育信息化支撑引领教育现代化发展，指导全国各高等学校充分利用云计算、大数据、物联网、移动互联网、人工智能等技术，不断改善学校办学条件，营造网络化、数字化、智能化、个性化、终身化的教育教学环境，促进信息技术与高等学校人才培养、科学

研究、文化传承和创新、社会服务、国际交流等方面的深度融合和创新应用，提高教育教学质量和科研服务水平，提升科学决策和教育治理能力，培养具有创新精神和实践能力的高素质人才。

《高等学校数字校园建设规范》给出了高等学校数字校园建设的总体要求和主要组成，规定了基础设施、信息资源、信息素养、应用服务、网络安全和保障体系的通用要求，适用于高等学校开展数字校园及智慧校园的规划、设计、建设和实施。

2.2.1 智慧校园、数字校园建设原则

高等学校智慧校园（数字校园）建设应遵循以下基本原则：

（1）整体规划、分步实施。高等学校应根据学校事业发展规划，围绕"技术赋能高等教育发展"的思路，以学校整体发展为目标，综合考虑学校人才培养、科学研究、文化传承和社会服务愿景，设置相应的组织机构，协调校内各业务主管单位，针对未来业务需求和技术趋势，在人员和经费方面给予合理保障，制订学校的数字校园规划，用以指导智慧校园（数字校园）建设。规划建议 3~10 年，在实施过程中，应以规划为指导，考虑实际情况，有计划、有步骤地分步实施。

（2）总体设计、标准引领。高等学校智慧校园（数字校园）建设过程中应将智慧校园（数字校园）作为一个整体，加强总体设计，保障智慧校园（数字校园）基础设施、信息资源、应用系统以及网络安全、保障体系等方面协调发展，避免出现信息孤岛。高等学校应通过管理规范、技术标准建设，加强基础设施利用、信息资源共享和应用系统集成，提高智慧校园（数字校园）建设效率和建设水平。

（3）应用导向、数据驱动。高等学校智慧校园（数字校园）建设应以学校事业发展需求、师生教学科研需求及学校管理服务需求为导向。在智慧校园（数字校园）建设过程中，应持续加强信息资源的开发、积累、管理和利用，在继续建设事务处理型应用系统的同时，加强事务分析型应用系统建设，利用大数据技术为用户提供决策支持和智能化服务，促进高等学校数字化转型。

（4）注重融合、体验优先。高等学校智慧校园（数字校园）建设运行中应注意各部分、各系统间的集成和数据融合，发挥数字校园的整体性，为各类用户提供集成化、个性化、智能化的信息和应用服务。重视用户体验，以师生的使用体验作为智慧校园（数字校园）建设过程重要的评价指标。

（5）安全可靠、适度超前。高等学校智慧校园（数字校园）应特别注重安全规划、安全实施和安全管理机制建设，构建完整的智慧校园（数字校园）安全保障体系，确保智慧校园（数字校园）安全运行。高等学校智慧校园（数字校园）建设应

平衡技术的先进性和实用性，在性能、容量等方面可适度超前，使系统具有良好的可扩展性和灵活性，以保证技术平台能够适应业务需求的变化。

（6）积极探索、创新应用。信息技术始终处于快速发展中，新技术层出不穷。高等学校在智慧校园（数字校园）建设中应积极探索新技术的创新应用，如区块链、边缘计算、智联网等，使信息化能更好地支撑教学、科研、管理、服务等业务创新和高等学校事业发展。

2.2.2　智慧校园、数字校园建设流程

智慧校园、数字校园建设是系统工程，宜从学校战略定位和实际需求出发，从顶层设计入手，全校各业务主管单位协同合作，整体规划智慧校园（数字校园）建设目标、建设蓝图和实施步骤。高等学校智慧校园（数字校园）的建设可根据实际情况，参考以下建设流程进行：

（1）整体规划：全面梳理学校对教学、科研、管理、服务、合作等方面的业务模式和现状，从内部愿景出发，分析外部环境和内部战略发展目标对智慧校园（数字校园）建设的需求，考虑未来的战略规划，制订或完善智慧校园（数字校园）相关的信息化规划。

（2）总体设计：在学校智慧校园（数字校园）相关规划的指导下，结合学校实际情况，总体设计或完善学校智慧校园（数字校园）的应用模型和技术架构，用于指导智慧校园（数字校园）建设。

（3）项目建设：在明确规划框架和具体内容的基础上，进一步细化智慧校园（数字校园）各业务板块建设目标与内容，形成具体建设步骤和建设项目，有计划地实施落地。

（4）运行维护：智慧校园（数字校园）相关项目的实施应配备运行维护团队，保证项目正常运行与维护更新。

（5）评价改进：根据项目数据、用户反馈以及业务流程，对智慧校园（数字校园）建设各部分内容开展建设情况评价，促进智慧校园（数字校园）建设的持续更新。

2.2.3　高等学校数字校园建设内容

依据《高等学校数字校园建设规范》，数字校园应基于校园的具体业务进行流程梳理和实体校园数字化，以提升校园整体的运行效率，实现教学、科研、管理、服务等活动顺利开展，其总体结构如图 2-2 所示，建设内容主要包括以下几个部分：

图 2-2　高等学校数字校园总体结构

（1）基础设施主要包括校园网络、数据中心、教学环境等，是数字校园的物理基础。

（2）信息资源包括以结构化数据为主的基础数据和业务数据，以非结构化数据为主的数字化教学资源、科研资源、文化资源等，是数字校园的核心资源。

（3）信息素养是数字校园各类用户应具备的运用信息与技术的素养和能力，是充分发挥数字校园功能、获取数字校园服务的基本要求。

（4）应用服务包括学校统一提供的基础应用服务，各类教学科研、管理服务、校园运行等业务系统与应用，数字校园各类人机交互界面等，为学校各种业务活动提供信息化支持。

（5）网络安全包括安全管理、基础设施安全、信息系统安全、信息终端安全、数据安全及内容安全等，为数字校园提供安全保障。

（6）保障体系包括组织机构、人员队伍、规章制度、标准规范、经费保障、运维服务和评价体系等，是保障数字校园建设和运行的基本条件。

2.3 高等学校智慧校园基础设施与应用服务系统构成和建设要求

本书主要聚焦于智慧校园基础设施与应用服务的规划和建设。因此，有必要针对该两个子模块开展进一步的论述。

《智慧校园总体框架》和《高等学校数字校园建设规范》对智慧校园的建设内容的论述，均包含技术设施和应用服务两个一级模块。这两个规范性文件分别将其命名为"基础设施层""应用平台层"，以及"基础设施""基础应用服务"。基础设施与应用服务是智慧校园建设最核心、最基础的内容，其主要构成与建设要求如下：

高等学校智慧校园信息化基础设施是承载智慧校园的基础和物理形式，一般包括校园网络、数据中心、校园卡、信息化教学环境、信息化育人环境、虚拟空间环境等，基础设施为各类信息化应用提供技术、设备和物理环境支持，是智慧校园的基础。基础设施建设的总体要求是：

（1）应根据高等学校智慧校园建设现状和规划，确定适度超前的基础设施建设性能和容量等指标。

（2）应选择主流和相对成熟的技术路线和设备进行基础设施建设。

（3）应重视基础设施安全，安全指标应符合《高等学校数字校园建设规范》第9章的要求。

（4）同等条件下，应优先选用国产自主可控设备。

（5）各高等学校可以根据学校实际情况，在安全合规的前提下，使用云服务作为高等学校智慧校园基础设施的补充。

高等学校智慧校园的应用服务建设应遵循应用驱动、数据融合的原则，围绕高等学校改革与发展目标，支撑高等学校的人才培养、教学科研、管理服务、交流合作、文化传承等业务，为师生校园生活提供智能化服务。

应用服务从下到上可分为三层：下层基础应用服务为全校各类业务应用提供校级基础服务；中层业务应用应能支撑校内各单位的业务活动；上层人机交互界面将流程、数据和信息进行集成与融合，为用户提供简洁友好的信息化服务。此外，随着学校信息资源的积累和数据分析相关技术的发展，决策支持类型的应用可纳入数字校园建设的范围。

高等学校智慧校园的应用服务建设总体要求是：

（1）应根据高等学校自身特点和应用需求，统一规划，分步建设安全、稳定、可靠的应用服务。

（2）应覆盖高等学校教学科研、管理服务和园区运行等主要业务活动。

（3）应适应高等学校业务发展，重视用户体验，能以用户为中心实现集成、融合与扩展，支持跨领域业务协同，实现应用服务的一站式办理。

（4）应遵循相关技术规范和信息标准，充分利用学校相关信息资源构建应用服务。同时，应用服务系统作为相应信息资源的源头，应做好信息资源的积累。

（5）应满足上级部门信息公开、数据报送和数据共享等要求。

（6）在注重事务处理型业务系统建设的同时，应加强事务分析型应用系统建设，充分利用信息资源和数据分析、人工智能等新兴技术，为用户提供更加智能化的服务。

（7）宜支持移动应用。

（8）能与相关社会和政府信息系统进行集成。（可选）

（9）可根据学校需求，提供国际化支持。（可选）

（10）支持微服务架构及容器技术。（可选）

2.4 小结

本章以《智慧校园总体框架》《高等学校数字校园建设规范》两个规范性文件为依托，系统论述了高等学校智慧校园的系统构成与建设规范；针对基础设施与应用服务系统两个子系统，对其构成与建设要求开展了进一步论述。本章内容为后续各章奠定了主要的理论基础。

第3章　高等学校智慧校园基础设施系统规划与建设

　　基础设施系统模块作为智慧校园构成的基础底层模块，主要包含信息网络工程、弱电智能化工程、机房工程、校园卡工程等与硬件设备相关较多的子系统模块，可以认为是智慧校园的"硬件基础"。

　　本章以暨南大学番禺校区为研究对象，系统论述了高等学校智慧校园基础设施系统规划与建设的范围与内容、各子系统的建设依据与设计要点，以期对读者在实际操作过程中有所参考和帮助。

3.1　规划与建设背景

　　暨南大学是中国历史最悠久的大学之一，是国家"211工程"院校，直属中央统战部管理，是国家第一所华侨学府，是中国境外生最多的大学。学校在广州、深圳、珠海三地设有五个校区，校园占地总面积226.81万平方米。

　　随着学校招生规模的快速增长，五个校区已不能满足长远发展的需要，总体占地面积仍无法满足教育部颁布的标准要求，而且校区较为分散，校区之间距离较远，极不便于管理，场馆建设、院系建设、实验室建设等存在协调与利用等方面的矛盾，办学成本也随之增高。因此，建设一个完整的番禺校区、改善办学条件，对暨南大学的整体发展有着重大意义，同时也有利于整合大学的教学资源。

　　暨南大学番禺校区位于广州市番禺区南村镇与新造镇交界处（地块跨越曾边村与市头村），拟分一期和二期进行建设。一期工程位于兴业大道（县道X942）以北，市新公路（省道S296）以南，并横穿乡道（YM12）和东线大道（村道），紧邻地铁4号线新造站。一期规划建设用地呈梯形，总用地面积934 209平方米。番禺校区效果图如图3-1所示。

图 3-1　暨南大学番禺校区效果图

暨南大学番禺校区智慧校园基础设施建设引入物联网、数字视频、智能卡等主流先进技术，在传统校园信息化的基础上，以计算机网络为依托，利用数字化手段、借助物联网技术对校园环境（包括图书馆、教室、实验室、体育场馆等）、资源（如图书、讲义、课件、设备、设施等）、活动（包括教学、管理、服务、办公等）等各个方面和环节进行综合管理。

暨南大学番禺校区智慧校园基础设施建设和发展总体思路是：以满足当前需求为基础，兼顾后期发展需求，按照"立足现在、适度超前"的建设原则，合理投资、统一规划，紧密结合学校教学与科研需求，建设技术先进、功能合理、扩展性好的"智慧校园"基础工程。

3.2　项目需求分析

智慧校园基础设施是校园建设不可或缺的组成部分，是重要的高校基础工程，应该同步学校的基本建设，通过信息化和科技化的应用，有力支撑学校教学与科研需求。

3.2.1　项目建设范围

本次规划为一期工程建设区域的智慧校园基础设施系统总体规划，中心基础建设亦应考虑支持未来后续工程的建设。

一期工程首批建设区域主要包括图书馆 J1，教学大楼 H 组团，学生食堂 N1，学生宿舍 T1、2、3、4，后勤服务楼 W1，学院楼 C 组团，实验楼 D 组团，校门诊楼等单体建筑（见图 3-2）。

图 3-2 番禺校区一期首批工程建设图

3.2.2 项目建设内容

根据勘察设计任务书以及相关国家标准规范，结合近年来国内高校智能化建设的经验，对以下智能化子系统提出建设要求及规划设计（见表 3-1）。

表 3-1 学校智慧校园基础设施系统配置选项表

智慧校园基础设施系统		建设选项	说明
智能化集成系统		●	
信息设施系统	综合管道系统	●	
	通信接入系统	●	电信业务，由运营商建设
	电话交换系统	●	电信业务及综合布线
	计算机网络系统	●	即计算机网络系统（含无线网络）
	综合布线系统	●	
	室内移动通信覆盖系统	○	预留管道，运营商建设
	有线电视系统	●	预留卫星接收接口
	广播系统	●	
	会议系统	●	
	信息导引及发布系统	●	即信息发布系统
	时钟系统		

（续上表）

智慧校园基础设施系统		建设选项	说明
信息化应用系统	教学视、音频及多媒体教学系统	○	布线，预留接口
	外语听力考试闭路播放系统	●	传输网络按有线电视系统标准
	考场监控系统	●	
	电子教学设备系统		
	多媒体制作与播放中心系统	○	布线，预留接口
	教学、科研、办公和学习业务应用管理系统		
	数字化教学系统		
	数字化图书馆系统	○	布线，预留接口
	信息窗口系统		
	资源规划管理系统		
	物业运营管理系统		
	校园智能卡应用系统（一卡通系统）	●	一卡通软件支撑，含消费、水电控、图书借阅系统
	计算机网络安全管理系统		
	指纹仪或智能卡读卡机电脑图像识别系统		
	校园管网三维地理信息系统	●	
楼宇设备自动化系统	楼宇设备智能控制系统	●	单体独立，可联网
	智能照明系统	●	路灯、图书馆局部区域
	自动抄表系统	●	办公室、宿舍
	电力监控系统	●	
	风机盘管联网管理系统	●	
	能源管理系统	●	
公共安全系统	火灾自动报警系统	○	另行设计
	安全防范系统 安全防范综合管理系统	●	安防综合管理，基于数字视频安防监控平台
	周界防范系统	●	
	入侵报警系统		
	视频安防监控系统	●	

（续上表）

智慧校园基础设施系统			建设选项	说明
公共安全系统	安全技术防范系统	出入口控制系统（门禁管理系统）	●	一卡通硬件支撑，含通道门
		电子巡查系统（巡更系统）	●	
		停车库管理系统（停车场管理系统）	●	
机房工程		信息中心设备机房	○	即网络中心，另行设计
		数字程控电话交换机系统设备机房	○	预留管路，电信运营商建设
		通信系统总配线设备机房	●	
		智能化系统设备总控室	●	即动力保障楼 P3 智能建筑管理中心
		消防监控中心机房	●	共用安防监控中心机房
		安防监控中心机房	●	
		通信接入设备机房		
		有线电视前端设备机房		
		弱电间（电信间）	●	
		其他智能化系统设备机房		

注："建设选项"一栏中："●"表示本案作规划设计；"○"表示本案提出管路及相关点位预留要求，不作方案规划。

综合考虑暨南大学校方的建设需求，暨南大学番禺校区的建设需体现"感知校园、智慧校园和绿色校园"的理念，力求建设一个安全舒适、高效节能的绿色校园。番禺校区的建设结合最新智能化技术，并引入了物联网技术，让学校更好地服务师生，也让工作人员更方便地管理校园。

项目秉承"合理建设、适度超前、智能管控、服务师生"的思想进行规划与设计，根据区域功能的不同，将一期首批工程建设区域分为教学应用区和生活应用区，并着重建设以下智能化系统：

1. 教学应用区

➤ **图书馆**（智能大脑——高速网络、信息汇聚、智能监控、节能）：

计算机网络、楼宇设备智能控制、智能照明、自动抄表、电力监控、视频安防监控、视频会议、多媒体教学、一卡通、信息发布等系统。

➤ **教学楼**（教学心脏——满足师生学习与考试需求，智能监控、节能）：

计算机网络、楼宇设备智能控制、智能照明、自动抄表、电力监控、视频安防监控、考场监控、多媒体教学、一卡通、信息发布、外语听力考试闭路播放等系统。

➤ **学院楼**（行政中心——保证办公设备的可靠性和稳定性，节能）：

计算机网络、自动抄表、电力监控、有线电视、视频安防监控、停车场管理、信息发布等系统。

➤ **实验楼**（科研场所——实验室便捷管理、高速网络、节能）：

计算机网络、自动抄表、电力监控、有线电视、视频安防监控、停车场管理、一卡通、信息发布等系统。

2. 生活应用区

➤ **学生宿舍**（满足学生便捷和安全住宿的需求，节能）：

计算机网络、自动抄表、电力监控、视频安防监控、一卡通、信息发布等系统。

➤ **学校食堂**（满足师生便捷用餐的需求，安全、节能）：

计算机网络、自动抄表、电力监控、视频安防监控、一卡通、信息发布等系统。

➤ **门诊楼**（满足医院工作环境及就诊需求，节能）：

计算机网络、自动抄表、电力监控、有线电视、视频安防监控、一卡通等系统。

➤ **游泳池及附属用房**（满足师生使用需求，规范管理）：

计算机网络、一卡通、视频安防监控、有线电视等系统。

➤ **动力保障楼**（能源管理中心、动力监控中心、信息汇聚点，节能）：

计算机网络、自动抄表、电力监控、视频安防监控、智能化系统设备总控室等系统。

➤ **后勤服务楼**（消费管理中心、信息汇聚点）：

计算机网络、一卡通、视频安防监控、有线电视、信息发布、电力监控等系统。

➤ **校门**（出入口控制，满足保安人员值班需求）：

停车场管理、计算机网络、有线电视等系统。

➤ **校园公共区域**（保证校园安全性、服务师生、营造气氛）：

计算机网络、广播、视频安防监控、巡更、周界防范、入侵报警、信息发布等系统。

各个单体设计单位遵循上述理念和思想，根据实际应用需求进行规划设计。为达到日后系统的集成及实现统一管理，所有系统的设计必须采用标准协议与通用通信规范；若使用研发产品，必须保证开放接口协议，以便进行系统对接。

3.2.3 项目建设目标

暨南大学番禺校区的建设目标为将暨南大学办成国内领先、具有重要影响的国际化教学研究型大学。

对应于智慧校园基础设施系统，其总体建设目标是建成完善的智能化应用平台和种类齐全的各类应用服务系统，为番禺校区的教育、科研和师生的生活，提供先进、可靠的支撑和完善的服务，将暨南大学番禺校区建设成为稳定可靠、环保节能、先进实用、合理超前的新型绿色智慧校园。

3.2.4 基础设施汇聚中心

学校建立了四个基础设施汇聚中心，分别是图书馆的网络中心、图书馆的安防监控中心、动力保障楼的智能建筑管理中心和后勤服务楼的一卡通中心。在四个管理中心的基础上，做到远端无人值守，业务故障或应用设备报警自动显示，从而有效地节约人力资源，使管理更加及时、精确。

➤ **网络中心**：作为全校网络的核心交汇处，主要负责学校网络的连通和交互管理，并提供与暨南大学本部校区等其他校区的连通。由专业机房装修公司进行建设。

➤ **安防监控中心**：主要负责学校安防系统的集成和统一管理，包括出入口控制系统、停车场管理系统、视频安防监控系统、周界防范系统、入侵报警系统和巡更系统的集成管理中心，做到统一管理和调度，最大限度地保护校园内的安全。

➤ **智能建筑管理中心**：主要负责校内电力监控系统、自动抄表系统、能源管理系统和楼宇设备智能控制系统的集成和统一管理，从而建设一个节约能源、智能管理的绿色校园。

➤ **一卡通中心**：主要负责校内一卡通业务的办理和统一管理，由专门的一卡通公司进行规划设计。

3.2.5 项目规划思路与原则

智慧校园基础设施系统在工程范围内主要隶属于建筑电气分项分部工程，是重要的高校基础工程，应该同步或适度超前于学校的基本建设，通过信息技术、智能化技术的综合应用，有力支撑学校教学与科研需求。在网络信息、物联网等技术迅猛发展之际，本次规划必须高瞻远瞩，面向未来，坚持适当前瞻，实现技术和管理机制的创新，同时要结合实际，以需求为向导，实事求是，科学合理地配置资源，有计划、按步骤地建设并不断完善智能化系统设施建设。

因此，暨南大学番禺校区智能化建设须贯彻以下原则：

（1）需求导向原则。必须满足大学以教育和科研为主体的多种需求，包括各具特色的教学和科研数字化场所、高性能网络中心，以及伴随而来的大学人文生活需求。

（2）统一规划原则。番禺校区智能化系统的建设应与整体建筑建设同步，根据生源的增长需求，遵循全面规划、分期建设、逐步完善的原则，开展总体布局和功能设计，注重近期和远期综合利用与长远发展。

（3）合理配置原则。智能化规划与实施应遵循实用、经济、先进的原则，采用先进设计理念和规划方法，打造高效、便捷、舒适的校园教学环境，提升校园文化设施水平，提高投资效益。

（4）规范性原则。智能化规划与设计应以能满足国家、行业最新标准和使用要求为基本条件，同时根据专家评审意见及广州市政府各职能部门、主管部门批复意见进行设计，并在此基础上密切结合校方的应用诉求提出合理优化建议，以满足学校运行的要求。

3.2.6　项目整体规划体系结构

智能化系统为整个区域内的通信、广播、计算机网络和各种信息服务系统提供全面支持的平台，为暨南大学番禺校区内的最终个人用户和集团用户提供服务。智能化系统的实施将大大提高工作和管理效率，保障服务质量。智能化系统的超前规划必将提高建设效率，降低投资风险，保障服务质量。

番禺校区智能化系统将构建以下系统：

➤ 以统一的综合信息枢纽中心、统一的综合管道与高密度和大容量光纤传输网为特征的机房工程、综合管道系统与综合布线系统；

➤ 为暨南大学番禺校区提供高速网络运行和互联，并为多种应用服务提供基础平台的计算机网络系统；

➤ 支持传统业务并可拓展至下一代网络的固定电信业务和移动通信服务系统；

➤ 以统一的智能卡为信息载体，支持暨南大学教学、科研、后勤等多项应用的校园一卡通系统；

➤ 以新一代数字广播和高清电视为技术路线的广播电视服务系统；

➤ 以中心机房为一级控制，重要单体建筑为二级控制的楼宇设备智能控制系统；

➤ 以多功能教学应用为目标，提高和改进教学质量和方式的智能化多媒体教育系统；

➤ 以保护校园安全为出发点，方便管理校园的智能化安防系统等。

智能化系统中机房工程、综合管道、综合布线、各类网络和运营商服务以及各种服务系统构成了暨南大学番禺校区智能化系统体系，其结构关系如图 3-3 所示：

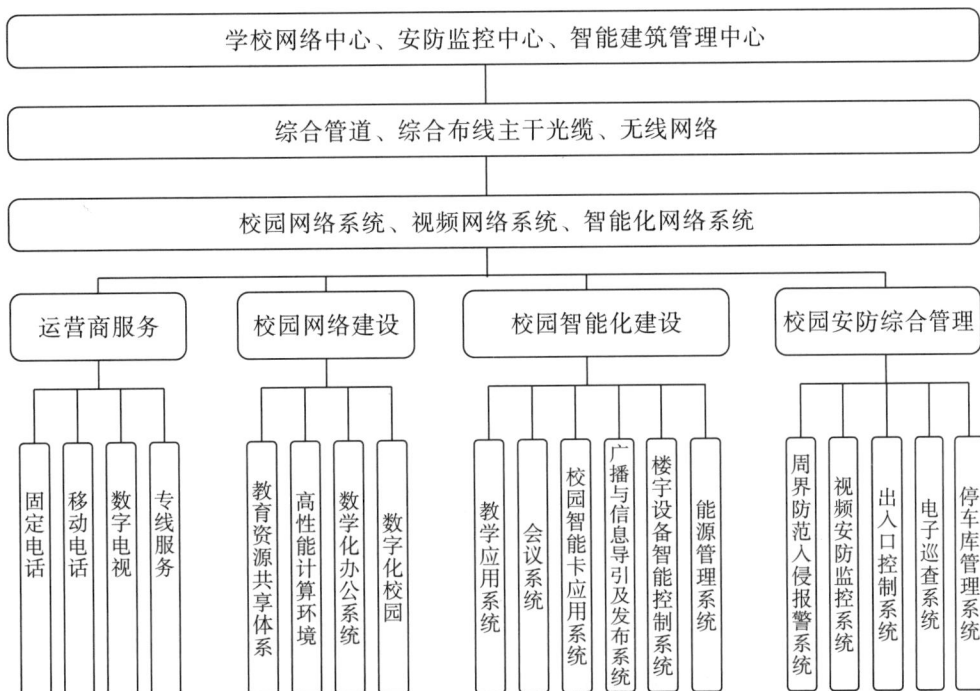

图 3-3　暨南大学番禺校区智能化系统体系结构关系图

3.2.7　校区网络关联结构

暨南大学番禺校区规划了三个网络，分别为校园网、智能网和视频监控网（见图 3-4），其中：

（1）校园网作为学校的主干网络，须实现与其他校区的互联。校园网采用三层架构，骨干达到 10 万兆级别。一卡通专用网作为校园网中的虚拟子网，需做网络安全隔离。通过一卡通中心服务器，实现与校园网数据的相互访问。

（2）智能网单独组成，通过能源管理系统服务器与校园网互联，实现能源数据库与学生一卡通消费数据库的互联。

（3）视频监控网由于带宽与流量较大，须物理上单独组网，通过网络与本部监控网互联，实现视频监控信号的统一调度。

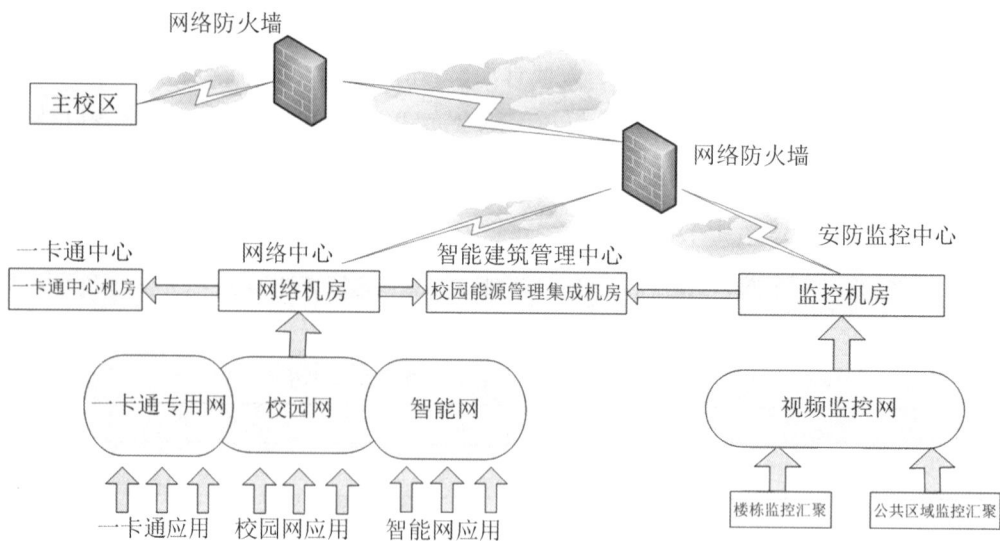

图 3-4　校区网络关联图

3.3　系统总体规划

3.3.1　系统概述

智慧校园基础设施是学校建设中的重要环节，应该同步或适度超前于学校的基本建设，通过信息技术、智能化技术的综合应用，有力支撑学校教学与科研需求。在网络信息、物联网等技术迅猛发展之际，利用先进的智能化技术，将暨南大学番禺校区建设成为新型的智慧校园。

3.3.2　设计思路

暨南大学番禺校区的总体建设目标是：将暨南大学建设成为稳定可靠、环保节能、先进实用、合理超前的新型绿色智慧校园。

本次系统规划设计按照番禺校区总体建设目标的要求，以需求为向导，实事求是，科学合理配置资源，秉着"一次规划、分期建设；智能管控、服务师生；新旧兼容、持续发展"的理念，紧密结合学校教学科研需求，引进先进的智能化、信息化技术，使番禺校区智慧校园基础设施系统具有技术先进、功能实用、扩展性强的特点。

（1）通过智慧校园建设，使学校管理能力增强。番禺校区新建的智能抄表系统可不间断收集学生宿舍的水、电使用情况；基于红外对射的校园周界防范系统，进一步保障校园大环境的安全；校园一卡通系统的应用有效便利了学生的日常生活；智慧校园能源管理系统通过对番禺校区各房间、楼栋能耗数据的统一收集与分析，为节能型校园建设提供了精细的数据基础。

（2）智慧校园集成系统具有先进的信息获取和处理方式，教学资源与学校信息管理系统以全新的方式进行交流和互动。该系统的成功建设，使得教师用房、学生用房等建筑与相关仪器如机房计算机、实验仪器之间的信息获得联通，便利了不同领域信息的采集、共享和协调处理。

（3）校园基础数据的有效互联互通，为智慧校园的精细化管理提供良好的数据基础。管理者通过大数据管理技术，可对相关行为进行预测并有效干预。同时，海量信息的积累和沉淀，也为校园智慧管理手段的改进提供坚实的数据支撑。

（4）大数据资源整合，节约成本。番禺校区与其他校区的互联互通及统一大数据平台的建设，使得番禺校区可与暨南大学其他校区已建设的相关管理平台一起在统一数据平台上提供服务，实现学校管理范围内资源的统一规划与管理，同时有效提升了管理资源的冗余调度能力。

（5）移动客户端多样化应用，便利教师学生的日常工作学习。通过大量建设网页和移动端应用，以及校园全覆盖的无线局域网络，便利教师和学生在校园各个角落随时随地开展网上办公学习。在信息平台统一处理数据，实现各部门信息共享。

3.3.3 设计原则

从满足校方需求的角度出发，秉着"一次规划、分期建设；智能管控、服务师生；新旧兼容、持续发展"的理念，立足于建设高度集成化的智能化系统，力求提供一个先进的、合理的、高性价比的、完整全面的总体解决方案，使系统既能满足用户目前的应用需求，也能考虑到今后技术的发展，适应未来的变化。

1. 先进性与适用性

系统采用适度超前的软、硬件技术设计，相关技术指标按国际领先水平规划，同时兼顾与其他系统原有系统的兼容性。在系统设计过程中，注重模块化设计，为将来系统的扩容预留足够的冗余度，以适应暨南大学具体管理流程需要。同时，系统设计在需求分析阶段广泛征求教师与学生的功能需求，努力为用户提供安全、方便、舒适的功能使用与操作界面。

2. 经济性与实用性

在系统架构与设备品牌选型设计过程中，注重经济与实用性设计。在开展充分需求调研的基础上，根据番禺校区实际情况，开展高性价比选型设计，在保证用户功能需要的同时，提供经济实用的智慧校园设计方案，从而有效节约工程投资。

3. 可靠性与安全性

选型设计选用主流品牌的先进产品，要求具备学校相关工程应用案例。在设计过程中，对关键硬件进行双备份冗余设计，对关键数据开展定时多备份设计，确保在系统意外故障后关键数据的完整性恢复，从而有效保障智慧校园管理系统的可靠、安全运行。

4. 开放性

关键信息设备均设计开放、可向上兼容的数据接口，还要考虑番禺校区数据平台与其他校区数据平台的互联互通。智慧校园各子系统需保留与其他系统连接的接口，在系统集成阶段，实现多个子系统的统一联动管理。

5. 可扩充性

系统设计必须结合番禺校区的分期分批建设计划，为后期建设提供足够的建设冗余。相关管道、网络基础设施按照满足校园多期建设需求提前规划设计，相关子系统预留统一的后期集成接口，通过系统性模块化规划设计，为番禺校区后期工程扩建打下良好的建设基础。

6. 优化的系统配置

在设计过程中，注重平衡功能、性能、价格、服务各要素，综合应用工程设计经验，在保障系统功能的前提下，提供最优的系统造价设计方案。

7. 充足的扩展容量设计

为保障番禺校区后期建设工程的顺利实施，同时保障系统运行的流畅性，项目关键设备设计一定的冗余，同时保留系统间相关软、硬件接口，从而为后期扩容建设提供方便。

从建设内容上，可以分为以下内容（见图3-5）：

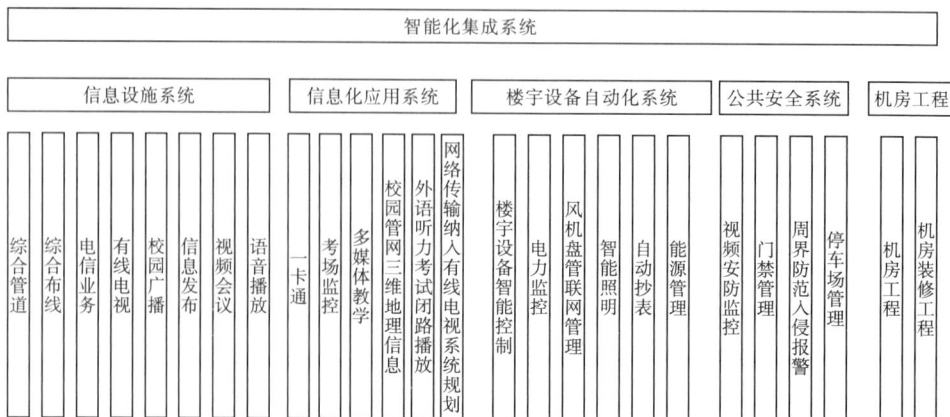

图3-5 智慧校园基础设施系统构成图

3.3.4 系统构成

系统主要规划内容如下：

智能化集成系统：

（1）信息设施系统：

➤ 综合管道系统

➤ 综合布线系统

➤ 计算机网络系统

➤ 电信业务

➤ 校园广播系统

➤ 有线电视系统

➤ 信息发布系统

➤ 视频会议系统

（2）信息化应用系统：

➤ 一卡通系统

➤ 多媒体教学系统

➤ 考场监控系统

➤ 外语听力考试闭路播放系统（网络传输纳入有线电视系统规划）

➤ 校园管网三维地理信息系统

（3）楼宇设备自动化系统（BAS）：

➤ 电力监控系统

➤ 智能照明系统

➤ 风机盘管联网管理系统

➤ 能源管理系统

➤ 自动抄表系统

（4）公共安全系统：

➤ 门禁管理系统

➤ 周界防范入侵报警系统

➤ 巡更系统

➤ 视频安防监控系统

➤ 停车场管理系统

（5）机房工程。

3.4 智能化集成系统（IIS）

3.4.1 建设目标

智能化集成系统是智能建筑未来的核心，把不同功能建筑的智能化系统集成至统一的信息平台。它是一个将建筑物或建筑群中的各种不同功能的、分离的智能化子系统，以及构成这些智能化子系统的设备、功能和信息，借助计算机网络和综合布线，用系统集成的方式在物理上、逻辑上连接在一起而形成的有机的、既相互关联又统一协调的系统。

智能化集成系统是以分布式信息与控制理论为基础而设计的计算机分布式系统，它综合利用了现代计算机技术、现代控制技术、现代通信技术和现代图形显示技术（即所谓4C技术），是智能建筑最为关键的神经系统，通过对各子系统的互联与控制，实现建筑设备的"智能化"管理与应用。

智能化集成系统主要用户为校园管理方与物业运维公司，良好、易用的功能操作界面是系统的主要建设目标之一。系统通过对建筑相关机电子系统、校园信息化部分子系统相关数据的统一集成，从管理角度实现校园基础设施的"智慧"管理与应用功能。

3.4.2 建设原则

暨南大学番禺校区智能化集成系统是一个综合性的信息集成管理平台。因此它的建设需要循序渐进，遵循"一次规划、分步实施、集中管理、分散控制"的建设原则。

首先要实现对已经建设好的智能化子系统的集成，实现统一集中管理的基础功能；再根据各个智能化子系统的完成进度情况，逐步地将其他智能化系统也集成进来，实现更加完善和全面的智能化集成系统。在系统集成的基础上，充分发掘好集成数据的价值，实现对暨南大学番禺校区智能化系统的集中管理、分散控制。

3.4.3 需求分析

系统集成是建筑物智能化的发展趋势，通过集成，除了增加管理上的便利性外，更给建筑物带来显著的增值，具体表现在如下几个方面：

1. 各子系统紧密集成

智能化集成系统通过与建筑机电子系统以及校园信息管理系统的紧密集成，实现对校园基础设施的智能化管理。智能化集成系统利用现代信息技术与物联网技术，将建筑中相关传感单元信息和功能需求信息强耦合，实现数据、资源、功能的共享与重组。在此基础上，为用户提供舒适、便利、高效的功能管理界面。

2. 节省运行维护的人工费用

智能化集成系统的综合管理模块，为节约人工提供了良好的技术支持手段。各机电子系统的运行状态通过综合管理系统界面直观呈现，可有效降低日常巡检人力资源成本；在对设备整体运营情况全局掌握的基础上，可自动派出相关维护人员，在提高运维效率、优化运维流程的同时，人工成本也得到了有效降低。

3. 智能建筑机电设备的智能化控制

通过系统集成，可将智能照明、风机盘管联网管理系统等机电设备控制系统，按照不同季节或者时间段设置不同的运行参数，将多个系统的设备操作利用群组控制策略打包处理，形成"一键式"的控制模式。物业管理人员无须长时间呆在设备现场，通过远程监控的方式，可在中央控制室实时改变设备的运行状态。系统也可以按照时间调度的方式，来控制系统模式的自动运行。智能化集成系统平台将远程控制指令通过网络发送给各个子系统服务器，各子系统服务器通过相关数据接口按远程调用指令自动调整运行模式，从而实现各子系统的自动模式切换。

另外，系统提供联动管理工具，用户不需要专门布线，只需通过软件设置就可以实现不同的联动功能。

4. 能耗精细化管理，打造智能绿色建筑

通过智能化集成系统，管理者可以实时掌握房间、楼栋的用能信息，实现建筑能耗的精细化管理。通过在学校宿舍、办公用房安装智能水电表及自动抄表系统，各功能用房的能耗信息可通过物联网统一实时汇集到校园能耗集中管理平台。在校园能耗集中管理平台按用户需求开发相关数据分析功能模块，实现建筑能耗的分项计量、分区计量、外租费用收缴和供电故障的全面预控，为节能减排、降低能耗成本等业务策略的实施提供技术基础，从而为番禺校区的运行管理各环节的分析、决策提供支撑。

5. 为学校提供建筑设备信息高速公路

由于建筑内各智能化子系统的联网方式标准不一，有的支持 TCP/IP，有的支持 RS485 总线方式、BACnet、LonWorks 等。运用物联网和建设智慧城市正在成为今后的发展趋势，每一栋建筑作为一个信息吞吐的主体，必须有一个对外通信的统一接

口。利用智能化集成系统实现对建筑内智能化子系统的集成之后，智能化集成系统将成为整个建筑对外实现通信的统一接口，从而更好地与学校的办公自动化（OA）系统、ERP 管理系统或者其他外部的信息化系统联网，满足学校管理内部的信息化建设需要，也能够适应"广州智慧城市"的总体发展趋势。

6. 为学校提供高效率、高质量的物业管理服务

在智能化集成管理平台上，可根据每个单体自身的物业管理和服务特点，充分利用建筑设备大数据，建设数字化物业管理系统。

以智能化集成系统的机电设备管理子系统为基础，建立建筑设备状态数字档案库，对设备日常运行信息、异常报警信息进行存储、整理、分析，结合物业管理实际情况，自动制定设备日常巡检、维护、故障维修派单策略，从而有效保障建筑设备的有效运行，降低物业管理成本。

提供对保安、消防工作的管理，实现对保安事件、自动巡更、消防设施、时间的管理功能。

提供物业管理人员授权功能，根据不同的岗位权限，设置不同的功能模块；根据不同的权限，管理不同的业务数据，确保信息处理的安全性。

7. 以人为本，营造安全、舒适、高效运行的建筑环境

智能化集成系统通过对出入口控制系统、视频安防监控系统、停车场管理系统、入侵报警系统、周界防范系统等安全系统的有效集成和联动控制，大大提高了建筑的安全性能及应对突发事件的反应效率。系统通过对空调系统、背景音乐系统、智能照明系统等舒适性相关子系统的统一集成与自动调节，使得建筑物在节能、舒适性调节方面具备更高的运行效率。系统通过对办公自动化系统、智慧校园管理系统的集成与对接，进一步便利了管理人员对校园设施的高效运营管理，为"智慧校园"的高效运行提供了有力的技术手段。

3.4.4 智能化集成系统技术路线

集成管理功能要求包括对以下系统的信息集成：安全防范系统（周界防范系统、视频安防监控系统、门禁管理系统、巡更系统、停车场管理系统）、楼宇设备自动化系统（冷水群控系统、空调与通风系统、给排水系统、电力监控系统、智能照明系统、电梯五方对讲系统）、火灾报警系统。

应考虑从以下四个方面进行实现：

（1）硬件集成：以信息网络系统为基础，实现各建筑单体、建筑设施、安防设施、能源采集设施的硬件连接。

（2）数据集成：在安全防范系统、建筑设备监控系统等各子系统独立运行的基础上，提取各子系统相关监控数据，设计归一化的数据格式，方便系统的数据查询与处理，从而设计智能化集成系统数据平台，实现各子系统信息统一存储、连接和管理。

（3）系统功能集成：以用户需求为导向，设计各子系统的集成应用界面和系统联动功能，如突发安全事件时视频安防监控系统、电梯五方对讲系统、门禁管理系统、消防监控系统、停车场管理系统的统一联动控制；设备故障时视频安防监控系统、空调与通风系统、智能照明系统等的联动控制；夏季、冬季、白天、夜晚不同天气及光照条件下建筑环境的自动调节，等等。

（4）图形化系统应用界面集成：在统一的智能化系统集成平台上，设计具有良好功能性、易用性的智能化集成系统应用界面，自动生成设备运行状态相关报表，方便物业及相关管理人员对智能化系统设备的统一监控处理，从而实现资源共享、节约人力优化管理等先进性管理功能。

3.4.5　智能化集成系统组成及架构

智能化集成系统主要功能组成如下：

（1）网络系统：一般采用独立的智能网络，通过标准 TCP/IP 协议，实现对各子系统服务器的互联互通。

（2）服务器系统：主要由数据服务器、子系统应用服务器、集成系统应用服务器共同构成，通过建设统一的数据库系统，实现各子系统之间的信息联通、集中控制，以及联动控制功能。

（3）软件接口子系统：由于各子系统的软件通信接口不相同，需要针对不同子系统、不同厂家，依照对应协议，开发不同的软件接口系统，从而实现在统一数据库系统与各子系统数据库之间的优化查询与数据交互。

（4）集成管理及界面系统：由于涉及的管理信息内容较丰富，集成管理及界面系统一般以大屏幕形式呈现，便于管理者在不同的子系统功能模块中及时切换。良好的功能管理界面可使用户全局理解建筑设备的整体运行情况，并及时处理相关报警信息。

智能化集成系统应符合以下要求：

（1）集成的通信协议和接口应符合相关的技术标准；

（2）应具有可靠性、容错性、易维护性和可扩展性。

建筑集成管理系统结构如图 3-6 所示。

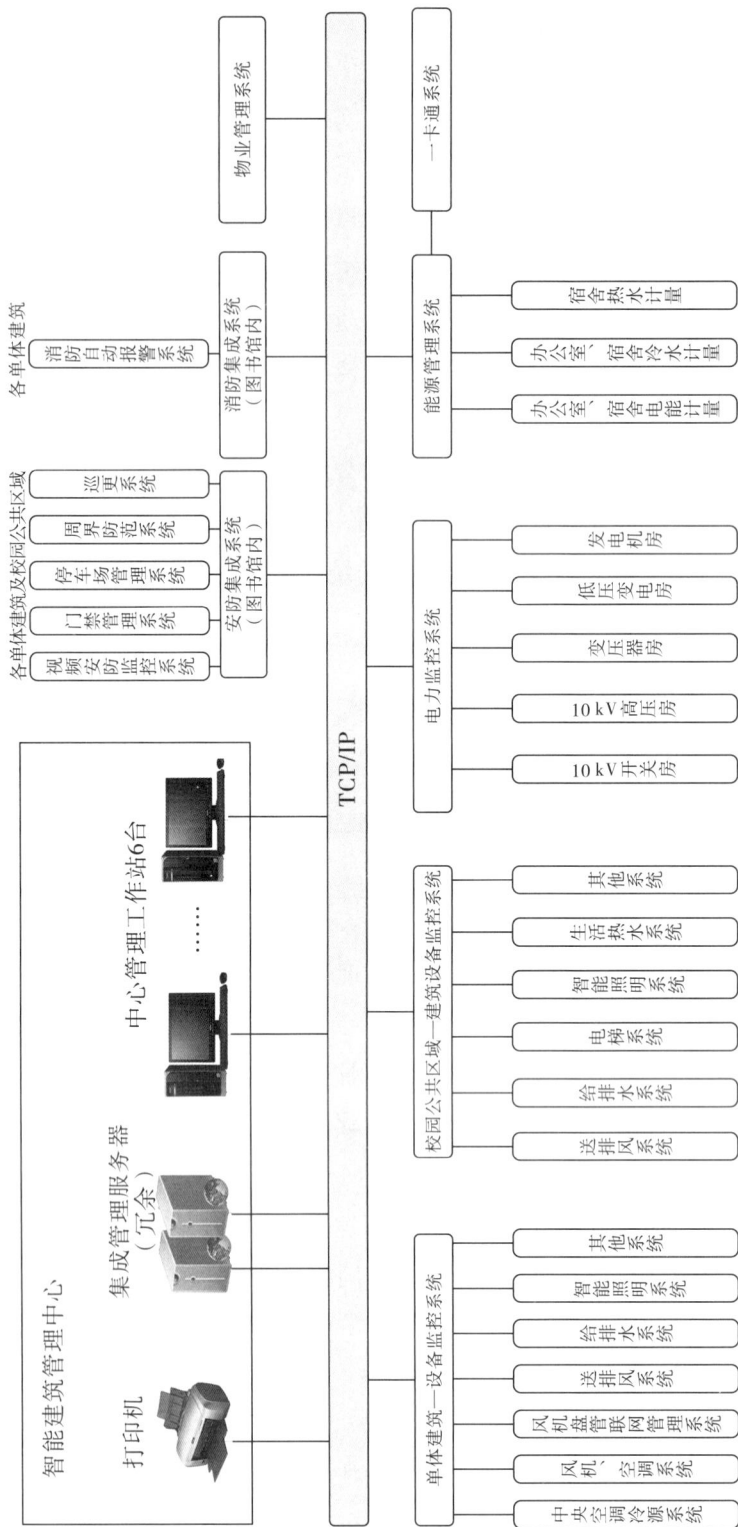

图3-6 建筑集成管理系统结构图

3.4.6 总体功能

1. 对各子系统进行统一的监控管理

通过建立统一的数据系统，各智能化子系统之间的信息孤岛被联通起来，统一的用户界面系统使得各子系统运行状况得以快速显现和切换。通过对不同级别管理权限的设置，各子系统管理员在自己权限范围内，只可对自身管理范围的相关子系统进行有效的监测与控制。

2. 实现跨系统的联动，提升建筑的智能管理水平

各子系统的联动关系如图 3-7 所示。

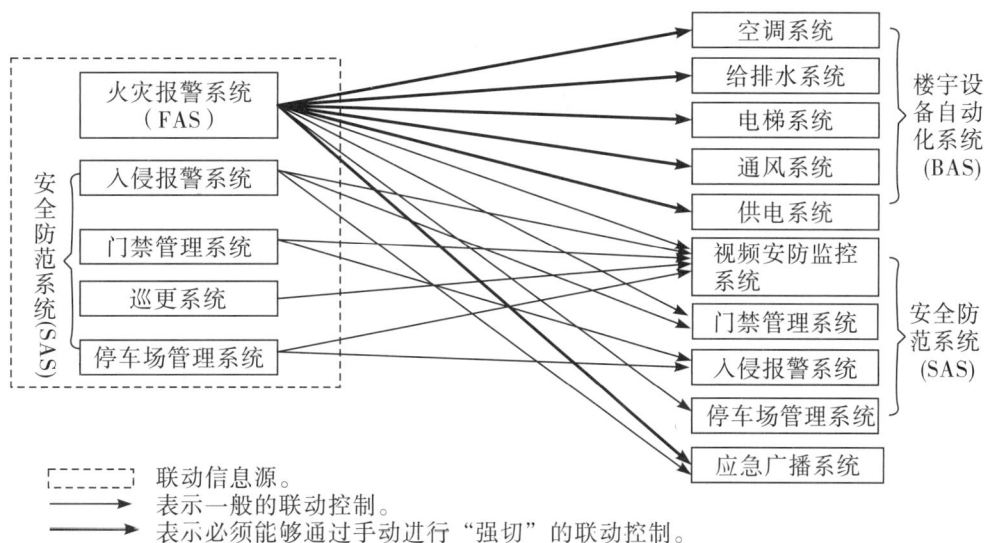

图 3-7 智能化集成系统联动图

（1）火灾事件的联动控制功能。

①火灾确认前的联动功能。

如果火灾报警系统探测到有火警信号，但是尚未得到确认，应先启动以下部分联动控制功能：

➤ 启用有关消防设备，包括关闭相关部位防火阀，开启防、排烟系统；

➤ 关闭相关区域的空调通风系统电源；

➤ 启动应急广播系统，进行火灾预报警；

➤ 启动视频安防监控系统对产生火警信号的区域进行跟踪监视和录像。

②火灾确认后的联动功能。

当火灾报警通过消防电话等设备得到确认，相应的联动控制有：

➤ 启用相关消防设备，包括关闭相关区域的防火门、防火卷帘，隔离火场；

➤ 启动消防水泵和自动喷淋设备进行紧急灭火；

➤ 关闭相关区域的空调通风系统电源；

➤ 将电梯速降到首层，并关闭电源；

➤ 切断有关部位的非消防电源，避免火灾的进一步扩大，同时启用消防备用电源；

➤ 启动应急广播系统对有关区域进行火灾报警和紧急疏散指示；

➤ 开启火灾事故照明灯和疏散指示灯，引导人员疏散；

➤ 打开相关区域的所有电动门锁，以便人员疏散；

➤ 打开车库闸门，便于停车场内的车辆迅速撤离现场；

➤ 根据系统设定，自动或者人工向地方消防局电话报警。

③联动控制内容。

在火灾事件下的智能化系统联动控制主要涉及楼宇设备自动化系统、出入口控制系统、视频安防监控系统、入侵报警系统、停车场管理系统以及智能照明系统等。各系统的联动控制主要通过干接点或网络通信协议实现子系统之间的联通。

➤ 火灾报警系统与楼宇设备自动化系统的联动。

当火灾报警系统给出火灾报警信号时，经现场管理员确认，可立即启动楼宇设备自动化系统相关应急预案。主要包括：楼宇设备自动化系统的通风系统被紧急关闭，相关楼层的空调紧急关闭，相关楼层空调系统的温度监控界面、变配电系统的电流电压监控界面、给排水系统的水位监控界面自动跳出等，方便管理人员及时作出有效的紧急处理措施。

➤ 出入口控制子系统与火灾报警系统的联动。

当火灾报警系统给出火灾报警信号时，经现场管理员确认，可立即启动出入口控制子系统相关应急预案。主要包括：消防门锁在内的所有出入口自动打开，方便人员逃生。

➤ 视频安防监控系统与火灾报警系统的联动。

当火灾报警系统给出火灾报警信号时，经现场管理员确认，可立即启动视频安防监控子系统相关应急预案。主要包括：火灾报警定位信息附近的摄像机视频现场画面自动弹出，方便管理员及时了解视频现场状态；同时，相关楼层及电梯的摄像头分布图自动弹出，方便管理员对重点关注区域的现场状况及时远程感知、监控和应急处理。

> 火灾报警系统与入侵报警系统的联动。

当火灾报警系统给出火灾报警信号时，经现场管理员确认，可立即启动入侵报警子系统相关应急预案。主要包括：所有入侵报警信号只做记录，相关报警信息不再弹出，相关入侵保护措施不再触发，保障消防人员的快速救援。

> 火灾报警系统与停车场管理系统的联动。

当火灾报警系统给出火灾报警信号时，经现场管理员确认，可立即启动停车场管理子系统相关应急预案。主要包括：当火灾报警定位信息位于停车场区域时，所有的停车场控制闸门自动开启，以便车库内的车辆迅速撤离，同时方便消防车辆的迅速进入。

（2）安防事件的联动控制。

当发生公共安全事件时，智能化系统联动控制主要涉及入侵报警系统、门禁管理系统和停车场管理系统。

①与入侵报警系统的联动控制。

当入侵报警系统探测到有非法入侵现象发生时，将采取以下联动控制措施：

> 启动视频安防监控系统的相应摄像机，对该区域进行实时跟踪监测和录像；

> 关闭该区域所有门禁管理系统的电控门锁，防止非法入侵者逃跑；

> 此外，对于入侵报警系统而言，当探测到有非法入侵现象时，还可以启动应急广播系统，对相关区域进行紧急广播（自动或人工方式）；

> 对电梯系统进行联动控制，禁止电梯停靠相关楼层或者将其关闭。

②与门禁管理系统的联动控制。

当探测到有人试图非法进入时，启动视频安防监控系统对报警区域进行跟踪检测和录像，以备进一步的处理。

如果巡更人员没有在规定的巡更时间内到达指定的巡更站，并通过有效巡更设备向楼宇管理系统控制台发出巡更到位的信号，则启动视频安防监控系统进行跟踪监视和录像，以防止意外情况的发生。

③门禁管理系统与楼宇设备自动化系统的联动。

在非工作时间，当出入口控制系统检测到有人合法进入时，楼宇设备自动化系统自动开启相关区域的照明（如果选择了非工作时间关闭的话），并联动电梯控制系统，使电梯停靠相关楼层。

④门禁管理系统与视频安防监控系统的联动。

当门禁管理子系统检测到非法闯入事件时，联动视频安防监控子系统，自动弹出闯入或邻近区域的摄像头现场监控画面，发出报警信息，并提醒相关管理人员到现场确认。

⑤门禁管理系统与停车场管理系统的联动。

当门禁管理系统出现非法入侵报警时，停车场管理系统自动将停车场闸口封闭，待安保人员确认后再恢复日常管理功能，以便及时封锁现场。

⑥停车场管理系统的联动控制。

当发生出入口处的车辆冲闸现象时，通过系统间联动控制打开该区域的所有照明设备，启动视频安防监控系统的相应摄像机进行实时跟踪监测和录像，以供必要时的核对或者提交公安部门处理。

在必要时也可以通过值班人员按下紧急报警按钮，启动入侵报警系统的报警功能及其相应的联动控制功能。

3. 智能化集成系统与其他管理系统的交互功能

（1）统一的数据交互功能。

智能化集成系统（见图 3-8）通过对建筑设备相关子系统的统一管理，形成了一个统一的数据平台，各子系统设备信息的获取在集成管理系统处有一个统一的出入口，其他管理软件的信息获取只需要通过 TCP/IP 协议即可实现。

通过对子系统的集成，智能化集成系统实现了对暨南大学番禺校区的建筑设备信息标准化、平台化管理。暨南大学番禺校区建立了完善的安全管理机制和合法性认证机制，并构建物业管理综合性的数据仓库，建立信息服务中心。

智能化集成系统向上可通过 Web Service 等技术同上一级的信息集成管理系统集成，从而实现与学校的办公自动化系统、信息管理系统或者其他外部的信息化系统集成，可以将校区的设备运行情况及各种参数发布到学校的办公自动化系统主页上，实现跨系统的数据传输、数据转换、数据整合和流程管理，为暨南大学番禺校区校园管理建设流程整合标准和协同服务环境，为校园信息化服务提供全过程支持。

（2）大数据信息处理与分析。

智能化集成系统一方面可以在数据共享的条件下根据历史数据做到科学的负荷预测、分析和需求侧管理；另一方面可以通过平台了解对方的调度计划和运行状况，主动安排、调整自己的设备运行计划。

另外，智能化集成系统还可以根据客户需求定制开发"一键式"模式控制功能。根据不同时间和季节以及不同的天气状况，相关管理人员可提前写好相关子系统运行脚本，并将其存储在系统服务器中。当相关条件触发时，系统可自动调节设备的运行模式，在满足建筑舒适性的同时，实现建筑能源的合理节约。

例如：智能照明系统可提供白天模式、黄昏模式、夜晚模式，不同的模式采取不同的设备运行策略，可以在节能的同时提高环境的舒适度；空调系统可根据不同的温度、湿度、二氧化碳浓度状况，自动设置新风机的运行状态、空调冷水主机的运行状态等。

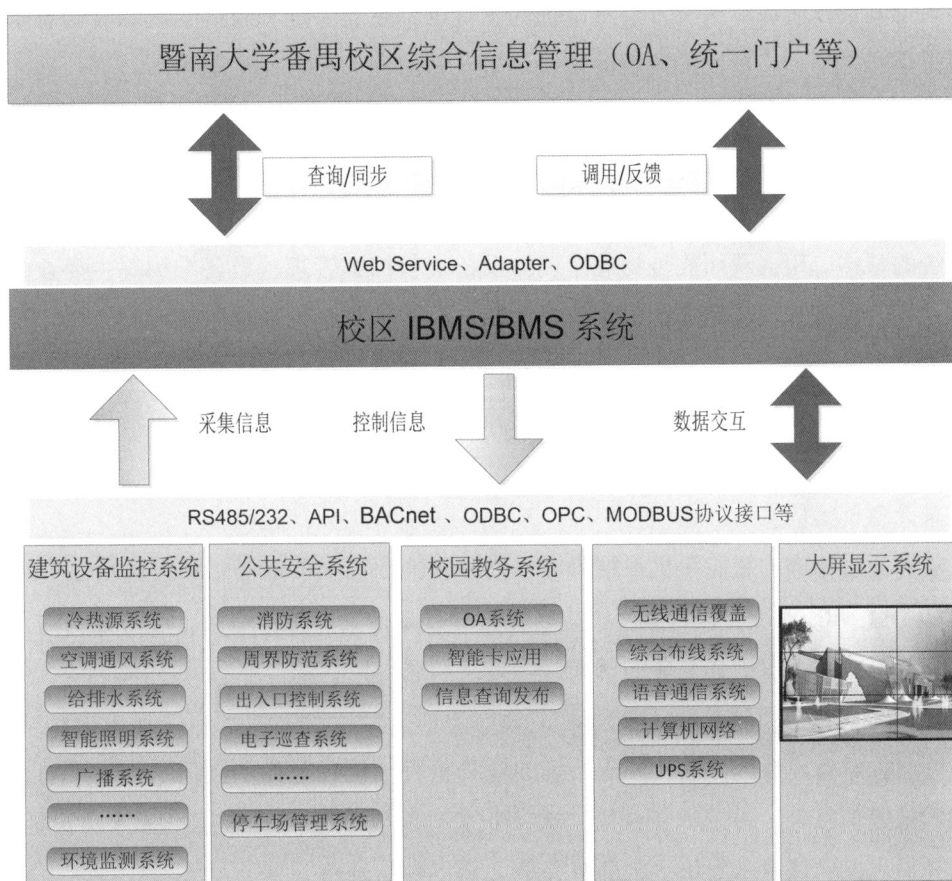

图 3-8　智能化集成系统接口示意

（3）远程移动办公。

在标准化的无线 Wi-Fi 覆盖或者 3G/4G/5G 无线联网的条件下，智能化集成系统允许授权用户使用任何标准互联网浏览器与/或 WAP 解决方案，通过手机/PDA 读写（可选）访问图形屏幕。系统的管理工作站可以放在建筑物的任何地方，管理人员可以随时随地通过一台或多台电脑，以相同的界面监视、管理相关弱电子系统。

（4）构建校区建筑 IDC 数据中心。

通过智能化集成系统平台，可对暨南大学番禺校区各个智能化子系统产生的大量结构化、非结构化的数据，按照标准的 IIS. DIA 数据整合架构进行整合处理，实现对建筑智能化系统相关设备运行数据的规范化、标准化管理。在此基础上，可构建综合性的数据仓库，为校内用户提供不同种类的数据服务。

在有效保障数据安全性的前提下，互联网数据中心可以通过统一的接口方式向暨南大学其他校区或者第三方信息系统提供数据信息，实现和校区其他综合信息管理系统信息共享，将校区的建筑设备管理纳入综合信息系统集成管理中。

（5）校区其他设备的统一智能化管理。

暨南大学番禺校区智能化集成系统在满足建筑相关设备的统一集成管理的同时，可通过与物业维修、设备资产等其他管理系统的统一对接，实现校区物业管理和其他系统的整体应用，从而规范物业管理的设备资料档案管理、设备维护等主要业务流程，提升设备管理及维护的工作效率，并进一步提高校区物业管理的安全性，节省人力。

例如：智能化集成系统通过对设备设施进行明细档案管理，可对每台设备进行唯一的二维码标识管理，在二维码中记录设备的档案编号、分类、名称等基本信息，并记录设备档案信息 URL 地址。

能够通过标准的智能手机二维码设备读取软件读取到设备信息和设备档案 URL 地址，通过 URL 地址，在智能手机中直接查看设备档案和维护记录，这对校区的设备管理及维护都有着极其重要的意义。

（6）报警信息管理。

暨南大学番禺校区智能化集成系统的应急报警信息可分为不同级别，用不同颜色显示报警信息条。可按入侵报警、火灾报警、突发报警等各监控系统分类报警。可选择显示已确认、未确认、全部报警信息。

当暨南大学番禺校区突发报警事件时，启动应急指挥系统，弹出当前区域、附近要道及重要出入口视频，同时在电子地图上显示当前报警位置、周边警力分布以及快速处理路线，并自动录像、声光报警，弹出相应的应急预案指南。

3.4.7 子系统接口

暨南大学番禺校区智能化集成系统通过不同的通信协议，实现各子系统之间的互相联动和协调，从而实现不同应用场景下的统一运行管理（见表 3-2）。

表 3-2 子系统接口协议一览表

序号	子系统名称	软硬件接口方式	通信协议
1	楼宇设备智能控制系统	软件：OPC/API/BACnet/ODBC	TCP/IP
		物理：RJ45/RS485	
2	风机盘管联网管理系统	软件：OPC/ODBC	TCP/IP
		物理：RJ45/RS485	
3	智能照明系统	软件：OPC/RS232	TCP/IP；RS232
		物理：RJ45/RS485	
4	电梯管理系统	软件：OPC/API/RS232	TCP/IP；RS232
		物理：RJ45/RS485	
5	冷源群控系统	软件：OPC/ODBC	TCP/IP
		物理：RJ45	
6	空气源热泵—太阳能热水系统	软件：MODBUS/RTU	TCP/IP
		物理：RJ45/RS485	
7	变频水泵系统	软件：MODBUS/RTU	TCP/IP
		物理：RJ45/RS485	
8	变配电系统	软件：OPC/BACnet IP/LonWorks	TCP/IP
		物理：RJ45/RS485	
9	发电机系统	软件：OPC	TCP/IP
		物理：RJ45/RS485	
10	能源管理系统	软件：OPC/ODBC	TCP/IP
		物理：RJ45	
11	安防集成系统	软件：OPC/ODBC/RS485/RS232	TCP/IP
		物理：RJ45	
12	视频安防监控系统	软件：OPC/API/RS232	TCP/IP；RS232
		物理：RJ45	
13	校园消防系统	软件：OPC/BACnet IP/LonWorks	TCP/IP
		物理：RJ45	
14	门禁管理系统	软件：OPC/ODBC	TCP/IP
		物理：RJ45	

（续上表）

序号	子系统名称	软硬件接口方式	通信协议
15	周界防范系统	软件：OPC/RS485	TCP/IP；RS485
		物理：RJ45/RS485	
16	巡更系统	软件：OPC/ODBC	TCP/IP
		物理：以太网	
17	停车场管理系统	软件：OPC/ODBC	TCP/IP
		物理：以太网	
18	一卡通系统	软件：OPC/ODBC	TCP/IP
		物理：以太网	

3.4.8 智能化集成系统主要技术参数

（1）采用 B/S 和 C/S 混合运行模式数据整合架构；

（2）支持 BACnet、OPC 等标准的开放系统接口，即插即用方式接入；

（3）页面组态支持 SVG/HTML 技术，三维电子地图显示；

（4）不同角色访问管理控制，区分不同角色人员职责；

（5）支持界面、参数的在线配置，方便调试和维护；

（6）提供 TCP/IP 统一上行数据接口，具备与其他系统良好的数据交互能力；

（7）系统监控点数：不限；

（8）实时数据传输时间：≤1s；

（9）控制命令通信周期：≤1s。

3.5 信息设施系统

信息设施系统主要由综合布线系统、计算机网络系统、电信业务系统、广播系统、信息导引及发布系统组成。

3.5.1 综合布线系统

1. 需求分析

综合布线系统主要完成番禺校区内的管道预埋和线缆敷设，包括：弱电室、弱电间、弱电井的桥架安装，综合弱电配线箱安装，计算机宽带网络、电视信号传输网络、电话语音传输网络、监控系统控制网络的管道预埋和线缆敷设，以及今后需用管道的预留。

综合布线系统是番禺校区信息设施系统的网络基础，主要由物理传感网络和信息通信网络共同构成。系统主要由语音电话网络布线系统、传感物联网络布线系统和计算机通信网络布线系统共同构成。系统采用开放式结构，为后期扩容预留充足的冗余管道与干线链路。

综合布线系统提供多功能接入，以光纤为主干，将六类非屏蔽线缆作为终端用户接入，将无线局域网 WLAN 作为开放空间的接入和办公区的辅助接入，将大对数电缆用于办公用房的固定电话接入。

2. 建设目标

综合布线系统是计算机网络中心通信的物理介质平台，是计算机网络最基本的基础设施，是建筑实现智能化的基础；其规划与设计须具备一定的技术前瞻性，做到先进、实用、稳定、可靠、价格合理、扩充和升级容易。

综合布线系统用于满足建筑用房及单体建筑之间的固定电话、计算机通信和安防摄像机等智能传感设备的配线需求。综合布线系统将"智慧校园"建设所需各种电缆统一规划、统一配置，通过对水平主干、垂直主干以及到水平末端各种电缆的归一化设计，便利智能化系统的整体施工及维护运营。

综合布线系统主要针对电话系统、信息系统及智能系统而设计，可满足各种不同要求，包括模拟与数字的语音通信、计算机网络的数据通信、计算机网络的无线接入和智能化系统的各种应用。

综合布线系统综合考虑智能化系统和大楼各种应用系统的各类信息传输介质，支持语音电话布线和计算机网络的通信布线，实际使用时可根据需要实现数据点、语音点的灵活互用，有效提高冗余和扩容能力，体现综合布线系统的灵活性、统一性和可扩充性。

综合布线系统设计包括以下几个方面：

➢ 模拟与数字的语音通信；

➢ 各类高速与低速的数据通信；

➢ 各类多媒体应用。

3. 系统组成与功能需求

（1）系统组成。

综合布线系统主要作为校园网及电话语音通信系统的传输介质，同时为其他智能化系统提供一个综合的光纤、数据通信介质。系统采用千兆（1000M）桌面、万兆（10G）主干和十万兆（100G）骨干的解决方案。

本系统中，整个校区的数据中心设于图书馆负一层数据网络中心，校区所有线缆转换为光纤、大对数电缆的主干网后，统一汇聚于数据网络中心，与数据网络中心的核心交换设备连接。数据网络中心作为校园网络的统一出口，提供对外连接服务。

图书馆负一层数据网络中心至每栋楼设备间的主用数据骨干采用1根48芯室外单模光缆（备用：每栋单体设备间的数据骨干采用1根24芯的室外单模光缆到单体周边相应汇聚点，各个汇聚点再铺设4根96芯室外单模光缆至图书馆数据网络中心）。

本系统所设立4个光缆汇聚点，分别位于图书馆负一层、学生宿舍T4一层、B栋学院楼一层以及教工宿舍4栋（暂定）。光缆汇聚点用于提供每栋楼设备间到校区核心（即图书馆负一层数据网络中心）的数据骨干链路，每栋楼的设备间先连接到相应区域的光缆汇聚点，然后通过光缆汇聚点连接到校区数据网络中心。

学生宿舍区：在最北边学生宿舍楼设置光缆汇聚点，管理全部学生宿舍。

教工宿舍区：在教工宿舍区东北角设置光缆汇聚点，管理全部教工宿舍及附属楼栋。

图书馆周边：以核心机房为光缆汇聚点，管理图书馆周边楼栋。

学院楼周边：在最靠近正门的楼栋内设置光缆汇聚点，管理各实验楼、教学楼。

每栋楼设备间至各楼层配线间的数据骨干采用1根12芯的室内多模光缆。固定电话通信主干链路采用三类非屏蔽线缆（UTP）。楼层水平布线主要采用六类非屏蔽线缆，预留少量光纤作为冗余备份。建筑用房末端信息插座主要采用六类网络插座，部分预留多模光纤插座。

校区的语音部分由电信运营商负责，在园区内设置一个电信入口室和若干个电信机房，用于放置语音入口设备和主PBX设备。图书馆、教学楼和宿舍楼的每栋楼设备间放置PBX模块，通过光纤和电信机房的主PBX设备相连，统一提供电话接入。宿舍区不设置用户电话，仅在合适地点提供公用电话服务（PTS）。

根据国家《民用建筑电气设计规范》（JGJ16—2008）[①] 规定，本系统中所有楼内线缆（包括室内光缆、语音大对数和六类网线）均需使用低烟无卤阻燃型材料，防火等级为IEC 60332-3，以满足国家法规对一、二级建筑和公共场所的消防安全要求。

（2）功能需求。

①工作区子系统。

根据校方所提供的用户需求书进行信息点设置，设点原则如下：

---

① 该系统于2013年建设，而《民用建筑电气设计规范》（JGJ16—2008）于2020年废止。

办公区：按不少于每 8 平方米一个信息点和语音点进行设置，大开间和功能暂未确定的区域按每 10 平方米一个信息点设置。

教学区：教室按使用需求进行数据点设置，每间教室不少于一个数据点。

学生宿舍区：每间房按规划人数以 1：1 配套。

教工宿舍区：每间房（包括套房内各房间，含客厅）配备一个入房信息点。

公共活动区（包括体育场馆、食堂、校医室、广场及商用区域）：商用区域需要配备有线网接入点（各商铺至少 2 个）；对各场馆，需要综合考虑各类活动（如大型晚会、迎新活动、直播等）的举办，在场馆周边预留有线接口。公共活动区还需考虑无线覆盖问题。

人员高密度集中的区域，如课室、会议室和学生宿舍区，计算所需无线接入点（AP）数量时，需考虑这些特殊区域的无线接入整体容量。单个 AP 的接入用户上限以 50 为标准。教室、会议室等用户密集区域的实际使用用户数以设计座位数的 80% 来计算，学生宿舍区单个 AP 覆盖范围不宜超过 6 间。空旷的室外体育活动场所的 AP 应考虑使用室外型 AP，根据实际覆盖面积计算具体 AP 数量。

②水平子系统。

楼层水平布线主要采用六类非屏蔽线缆，预留少量 6 芯多模光纤作为冗余备份。建筑用房末端信息插座主要采用六类网络插座，部分预留多模光纤插座。

水平数据和语音铜缆均需使用低烟无卤阻燃型护套，防火等级需满足 IEC 60332−3 标准。

③管理子系统。

楼层配线间设备：水平铜缆采用 24 端口 RJ45 标准配线架端接；用户水平光缆及主干光缆连接采用 LC 连接头的 19 寸光纤配线箱；固定电话主干铜缆采用 110 对插接式配线架端接。

光纤端接要求：采用尾纤按 1：1 配置熔接。

所有配线架统一安装于 19 寸机柜中，采用支持前端施工及维护管理的配线架安装方式，保证系统连接可靠、管理维护便利。

19 寸机柜应落地安装，机柜内应备有竖向跳线管理器、风扇、电源插座及门锁。机柜容量应保证有不小于 30% 的安装冗余，以利于网络后期扩容及维护。

④干线子系统。

语音主干网采用 3 类 25 对、100 对 UTP 铜缆，每个固定电话信息点按主干 1 对铜缆配置，扩展余量应保证不小于 10%。

数据主干采用 12 芯室内多模光缆，满足现阶段万兆主干，并根据日后业务发展，升级为 40/100G 主干。

语音大对数铜缆和数据主干光缆均需使用低烟无卤阻燃型护套，防火等级需满足 IEC 60332-3 标准。

⑤设备间子系统。

主干光缆连接采用 LC 连接头的光纤配线箱；固定电话主干铜缆连接采用 110 型对插接式配线架。

光纤端接要求：采用尾纤按 1∶1 配置熔接。

所有配线架统一安装于 19 寸机柜中，采用支持前端施工及维护管理的配线架安装方式，保证系统连接可靠、管理维护便利。

机柜应落地安装，机柜内应备有竖向跳线管理器、风扇、电源插座及门锁。机柜容量应保证有不小于 30% 的安装冗余，以利于网络后期扩容及维护。

⑥建筑群子系统。

数据主干采用 1 根 48 芯室外单模光缆，可升级满足十万兆主干。

室外光缆需使用干式防水型全绝缘产品，便于安装施工，并提供防水和防雷保护。

⑦标识系统。

电缆标识系统应按照统一命名规则设计，在施工变更过程中及时更新，并保留相关电子和纸质文档，做到记录准确、永久保存、便于查阅。

综合布线系统从主干到末端的每个端接点部分均应按统一命名规则给定相关编码，信息点、配线设备、跳线等应设置色标，色标颜色应不少于 5 种，可随时根据跳线情况进行更换。

电缆和光缆的两端均应标明相同编号的标识符，标识符应不易脱落和磨损。

所有使用的标签均应为机器打印。

控制中心的视频网、智能网、校园网在弱电间和数据网络中心的机柜宜分开设置。

4. 主要设备参数

（1）六类非屏蔽信息模块。

①电气性能：符合 TIA/EIA-568-B.2-1 CAT6 标准，传输参数测试不小于 250MHz；

②匹配线规：23~24AWG；

③打线方式：T568A 或 T568B；

④绝缘阻抗：不低于 500MΩ；

⑤四个连接点信道应通过第三方认证，完全满足 ISO/IEC 11801：2002、TIA/EIA-568-B 六类标准中的规定，并拥有 ETL 或 UL 认证。

（2）光纤信息模块。

①LC 小型光纤耦合器：双工类型；

②光纤连接头衰耗：不大于 0.2dB。

（3）室内多模万兆光纤。

①符合万兆多模光纤标准 TIA-492AAAD，在 850nm 窗口处有效带宽不小于 4700MHz；

②纤芯衰耗：不大于 3.0dB＼1.0dB@850＼1300nm；

③要求提供世界著名的第三方测试机构如 UL 或 ETL 等的关于 TIA-492AAAD 标准的 DMD 测试合格认证证书；

④阻燃级别：低烟无卤阻燃型，符合阻燃标准 IEC 60332-3、毒性标准 IEC 60754-2 和烟雾标准 IEC 61034-2，并提供第三方测试实验室测试报告；

⑤所用材料必须符合 IEC 对抗拉力、压力和拉力的承受标准。

（4）室外多模光纤。

①符合万兆 OM4 多模光纤标准 TIA-492AAAD，在 850nm 窗口处有效带宽不小于 4700MHz；

②纤芯衰耗：不大于 3.0dB＼1.0dB@850＼1300nm；

③10G 传输距离不低于 550m，同时支持基于 IEEE 802.3ba 标准 100G 以太网应用，40G/100G 传输距离不低于 170m，可向下兼容 1G、100M、10M 以太网应用；

④万兆光纤供应商须提供权威第三方测试机构如 UL 或 ETL 等基于 TIA-492AAAD 标准的 DMD 测试合格认证证书；

⑤所用材料必须符合 IEC 对抗拉力、压力和拉力的承受标准。

（5）室外单模光纤。

①符合 ITU-T G.652.D 的单模光纤 OS2 标准，保证在 1310~1625nm 的波长范围均可使用；

②纤芯衰耗：0.35dB＼0.28dB＼0.24dB@1310nm＼1383nm＼1550nm；

③要求提供世界著名的第三方测试机构如 UL 或 ETL 等的关于 ITU-T G.652.D 标准的测试合格认证证书；

④所用材料必须符合 IEC 对抗拉力、压力和拉力的承受标准。

（6）六类 4 对非屏蔽线缆。

①线规：23~24AWG；

②规格：100Ω，250MHz；

③芯线对数：4 对，每芯带有彩色护套；

④线缆结构：线缆内部带支撑架结构；

⑤阻燃级别：低烟无卤阻燃型，符合阻燃标准 IEC 60332－3、毒性标准 IEC 60754-2 和烟雾标准 IEC 61034-2，并提供第三方测试实验室测试报告；

⑥标准：ISO 11801、TIA/EIA-568-B.2-1 六类。

（7）室内三类非屏蔽大对数电缆。

①线规：24AWG；

②类型：25 对和 100 对；

③最大直流阻抗：9.38Ω/100m；

④带宽：≥16MHz；

⑤性能标准：满足 ISO 11801、EIA/TIA-568B2 三类；

⑥阻燃级别：低烟无卤阻燃型，符合阻燃标准 IEC 60332－3、毒性标准 IEC 60754-2 和烟雾标准 IEC 61034-2，并提供第三方测试实验室测试报告。

（8）六类配线架。

①类型：机柜型非屏蔽六类 RJ45 配线架；

②配线架端口：24 端口或 48 端口；

③卡接线规范围：22~26AWG；

④插拔次数：大于 750 次；

⑤特性要求：可翻转和单面线缆端接施工及维护，自带前后配置端接管理器和线缆理线器；

⑥组成：面板、六类模块、理线器、标签等。

（9）光纤配线架。

①19 寸机柜式光纤配线架，1U 高度；

②规格：最大支持 48 芯；

③组成：面板、耦合器、尾纤、理线器、标签等；

④配置：内置全套尾纤熔接盒，光缆进缆螺旋固紧器；

⑤配备：足够数量的 10G 多模光纤及单模 LC-LC 耦合器及原厂万兆光纤跳线。

（10）110 型语音配线架。

①规格：20/50/100 对；

②卡接线规范围：23~24AWG；

③满配 4/5 对三类打线模块；

④标准原背板、标签夹、管理器、打印标签纸、色标；

⑤安装方式：19 英寸机柜式背板或支架安装；

⑥配置足够的双芯语音卡接式跳线及相应的跳线整理过线槽。

3.5.2 计算机网络系统

计算机网络系统不仅为暨南大学番禺校区所涵盖的区域以及系统、设施提供计算机网络服务，还承担着暨南大学番禺校区信息的共享交换以及公共信息的制作和存储管理等功能。

1. 需求分析

计算机网络系统建设的目标是采用高性能的具有服务质量保障的 IP 互联网技术，为暨南大学番禺校区的信息与文化生活共享提供优良的网络平台和基础；并为番禺校区内各个单体网络的接入和互联提供统一的支撑。

暨南大学番禺校区校园网是一个庞大而且复杂的网络，为了保障全网的高速转发以及组网设计的无瓶颈性，要求校园网具有高性能、高带宽的特性，能够提供无瓶颈的数据交换，并且具有高可靠性、高容错性和强大的数据处理能力，确保不间断运行、快速响应，并能够满足以下特点：

经济实用性：选定的方案必须合理，选用的产品必须具有高性价比，要能充分适应未来技术的发展。布线系统除了能实现高速数据通信、支持各种网络设备和通信协议外，还能支持信息管理系统、多媒体系统和电话通信系统等的应用。

安全可靠性：必须充分满足有关规范和设计的安全要求，而且在系统运行、产品质量、售后服务、备机备件的供应等方面必须可靠、及时。

兼容性：番禺校区校园网需要与校本部现有校园网无缝对接，同时与校本部现有认证计费系统无缝兼容。

先进性：在经济实用的前提下，应尽量采用先进可靠的技术和设备。

可扩展性：采用国际标准及有关工业标准，应用模块式结构，以确保系统的可管理性和可扩展性，满足潜在的功能需求。

2. 建设目标

校园信息网内容包括网络基础和应用服务器两个建设部分。网络基础建设内容是在番禺校区建设两套物理隔离的网络系统。公网部分包含有线网和无线网，是支撑教学、科研应用并与互联网高速互联的高性能校园网络，有线网与无线网走相同的路由线路，其汇聚设备与核心设备共用，无线网接入层需使用带 PoE 供电交换机，核心层还需上联无线控制器。内网部分则是以视频网、智能网为应用的高可靠高安全的网络系统，智能网与公用网走相同的路由线路，取其中的六芯作为传输介质。两套网络在核心地方进行必要的安全连接，以保证各系统之间的信息共享。应用服务器建设内容是建立番禺校区网络基础应用平台，同时为现有校区的关键应用提供异地容灾备份。

番禺校区校园网采用主干环网加两级星形拓扑结构。

核心交换机采用四万兆设备（冗余备份），通过四万兆环网与各单体楼栋汇聚层连接起来；内网核心交换机采用万兆设备，通过万兆环网与接入层连接起来。

为了提高番禺校区、校本部信息系统的运行效率，提高系统的可靠性以及数据的安全性，应用服务器建设内容应包括：将现有信息系统与将要建设的校园一卡通系统整合到统一的硬件平台，共用同一数据库系统，降低由于系统分散带来的系统管理复杂程度和数据备份管理难度；在番禺校区建立远程容灾备份中心，为校本部的数据和各项应用提供统一容灾备份，提高数据的安全性、业务的连续性；增加高性能计算应用系统，可直接将高性能计算应用系统部署到新建系统平台上的一个分区，提高各个系统的运行效率，避免重复建设。

暨南大学番禺校区与校本部之间实现互联不仅要考虑学校管理、教学和科研的需要，还要考虑今后在当地建设医院经营、运作的需要。因此，在租用光纤和选择传输设备时，首先要保证链路有足够的带宽；其次所有系统共缆传输。番禺校区与校本部间准备租用光纤及相关设备进行互联。番禺校区与校本部互联和新互联：通过一对裸光纤，实现番禺校区与校本部的计算机网络系统、有线电视系统、广播系统、一卡通系统、安防系统的互通互联。

3. 计算机网络系统组成和功能需求

计算机网络系统是大楼内用户进行数据通信的传输平台，采用成熟稳定并且具有灵活扩展能力的产品与技术，整体设计，统一规划，以满足目前以及将来各类应用系统的使用需要。设计目标是建成能支持集多种通信、多种应用于一体的网络通信平台，技术性、实用性和扩展性必须保证在 5~8 年内技术及应用能适应科技进步的发展与变更。

（1）校园网（有线部分）网络结构。

校园网是指学校的办公和学习网络，主要包括有线部分和无线部分。根据学校网络中心的要求，各个单体直接铺设 1 条 48 芯室外单模光纤到图书馆数据网络中心，作为校园网主用部分。为了满足以后的需求和系统的扩建，在一期校园内预留 4 个光缆汇聚区域：学生宿舍区、教工宿舍区、图书馆及学院楼，对应光纤汇聚点汇聚其周边的单体，一期首批工程只做预留管线，不做汇聚设备的安装。

学生宿舍区：在最北边学生宿舍楼设置光缆汇聚点，管理全部学生宿舍。

教工宿舍区：在教工宿舍区东北角设置光缆汇聚点，管理全部教工宿舍及附属楼栋。

图书馆周边：以核心机房为光缆汇聚点，管理图书馆周边楼栋。

学院楼周边：在最靠近正门的楼栋内设置光缆汇聚点，管理各实验楼、教学楼。

总体结构如图 3-9、图 3-10 所示。

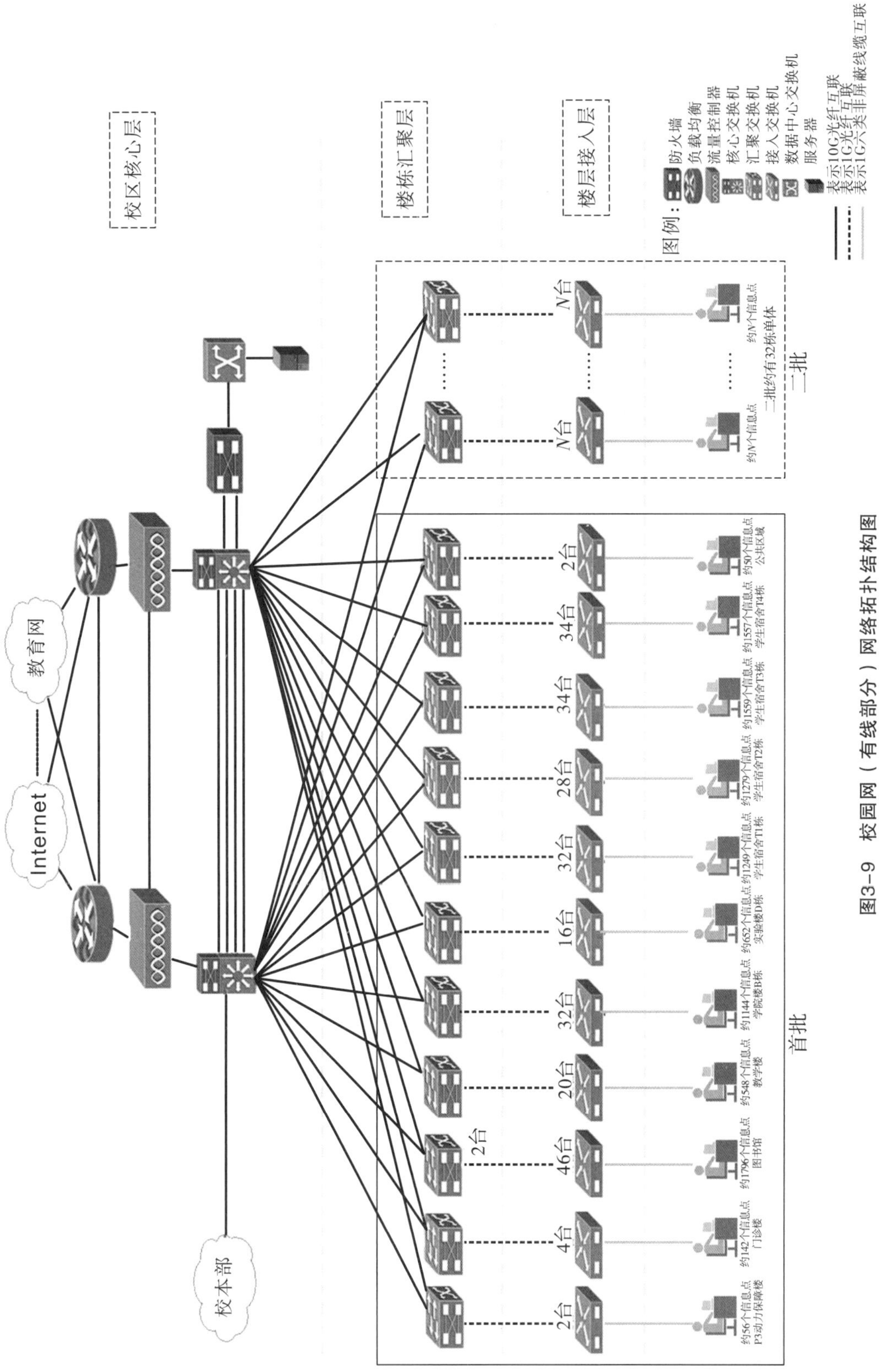

图3-9 校园网（有线部分）网络拓扑结构图

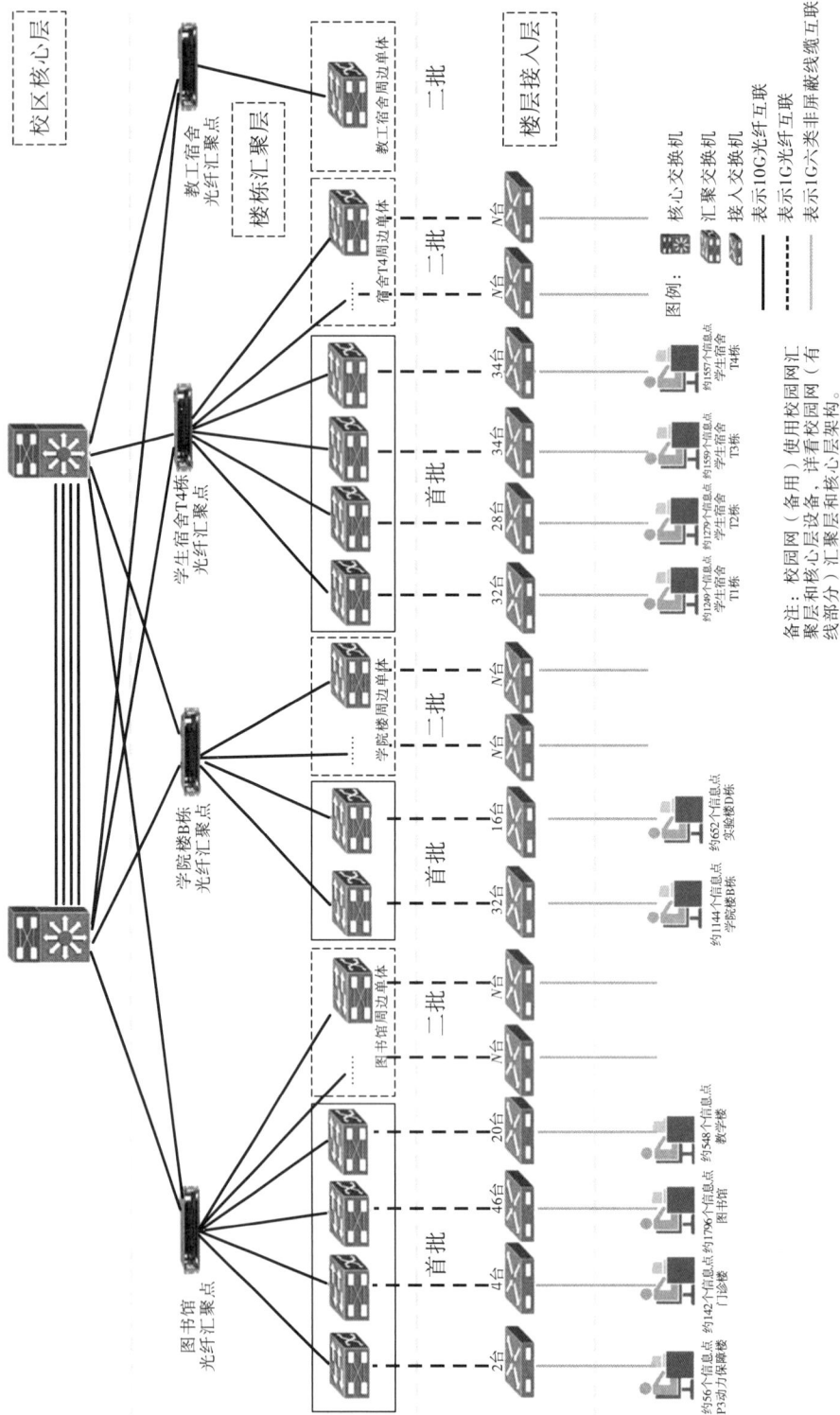

图3-10 校园网（备用）网络拓扑结构图

①楼栋汇聚层网络设备。

楼栋汇聚层网络设备主要用于楼层接入交换机的汇聚：一方面是接入交换机汇接，另一方面是作为用户二层广播报文的终结，同时是 OSPF 路由区域的边界设备。本次建设中，每栋楼内的楼栋汇聚交换机之间不进行堆叠，通过双路万兆线路连接到核心交换机，以保证传输的带宽。

②楼层接入层网络设备。

接入交换机采用网管型交换机，与现有校园网用户认证计费系统配合使用，实现流量计费、用户账号、MAC 地址、IP 地址、交换机 IP、交换机端口等元素之间的灵活任意绑定，具有有效确认用户合法性和唯一性、防代理客户端（避免逃费）、广播消息下发、强制下线等功能。

楼层接入层交换机用于单一楼层内部的信息互联，为楼层内信息点提供二层信息接入。楼层接入层交换机主要完成以下功能：

802.1x 协议支持：学生宿舍区域支持 802.1x 协议，实现"入网身份认证、主机健康检查、网络安全事件监控与主动防御"。行政楼、图书馆、学生食堂、学生活动中心、体育馆等区域实现 802.1x 协议、Web 认证在同一个端口上部署，实现方便快捷上网。

VLAN 功能支持：实现自定义虚拟局域网划分。

QoS 功能支持：对数据包进行分类和标记。

楼层接入层设备采用千兆链路上连汇聚，以保证用户高速接入的带宽要求。

楼层接入层网络设备作为校园网终端接入设备，需要在保证网络安全的前提下，为教师、学生提供高速、方便的网络接入服务，因此须设计用户终端入网认证、访问行为规范控制等相关安全功能，从而有效抵御网络攻击，防止病毒传播。

（2）校园网（无线部分）网络结构。

校园网（无线部分）是校园网络的重要组成部分，能够支持各种智能终端的高速接入，是支撑移动学习、移动办公、移动科研的核心系统。校园网无线部分与有线部分走相同的路由线路，无线部分使用有线网络的汇聚层和核心交换层设备。无线部分与有线部分网络接入层使用设备不同，其接入层使用带 PoE 供电交换机，无线部分的核心层在有线部分的核心交换机基础上，还需上联无线控制器。

无线系统结构如图 3-11 所示。

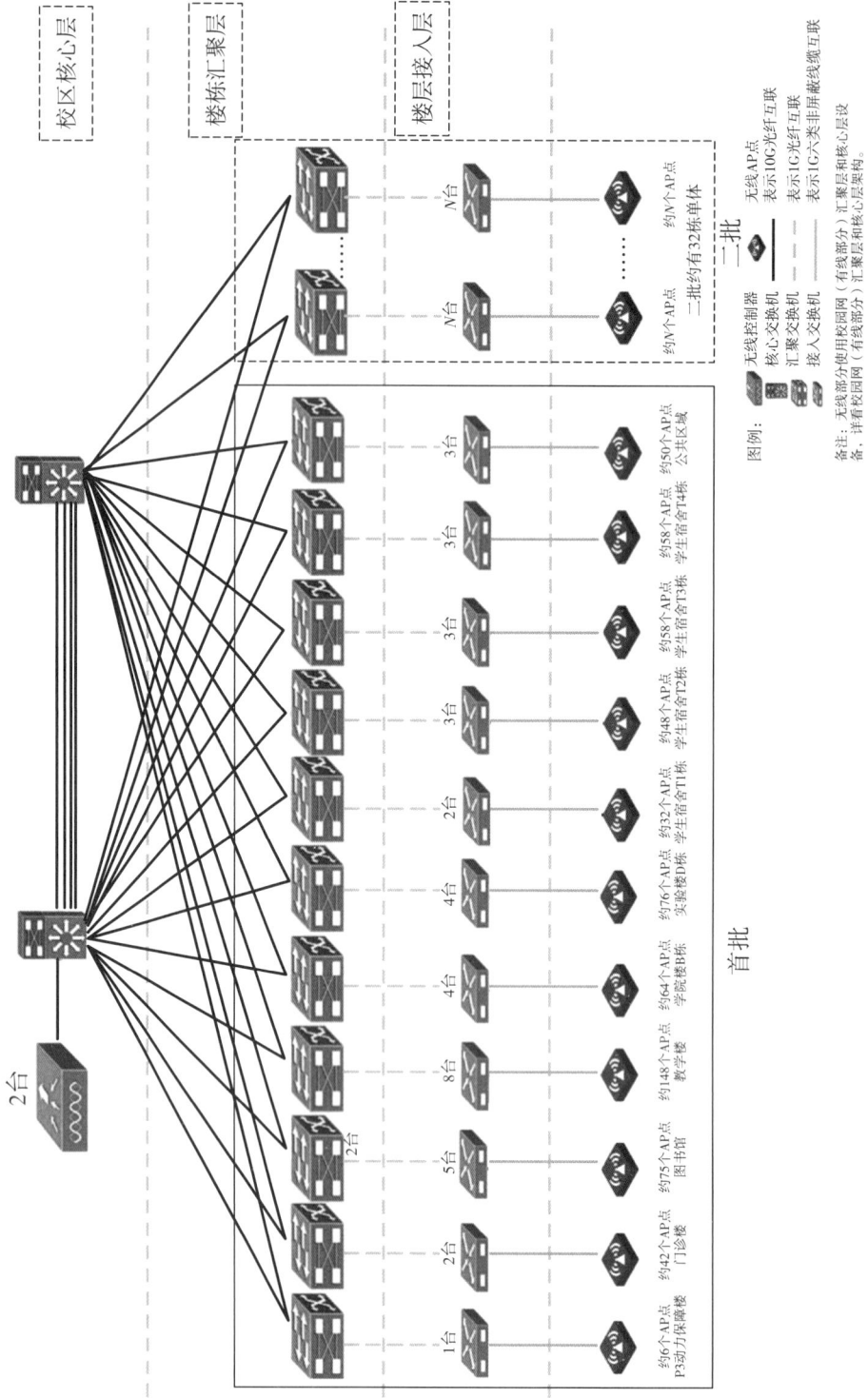

图3-11 校园网（无线部分）网络拓扑结构图

①无线设备技术标准。

室内放装型无线接入点需支持 802.11ac 无线传输标准协议，提供单路 1Gbps 以上的无线接入速率，并向下兼容 802.11b、802.11a/g、802.11n 等协议。

室内分布型及室外专用无线接入点需支持 802.11n 标准，单个无线接入点总接入速率可达到 300Mbps 以上，并向下兼容 802.11b、802.11a/g 等协议。

②无线设备供电要求。

无线接入点需支持 PoE 供电，可通过网线连接至千兆 PoE 接入交换机。

③无线认证要求。

无线接入支持 Web Portal 方式认证，应与暨南大学校本部现有认证系统无缝兼容，实现统一管理。

④无线设备定点设计原则。

进行前期无线接入点定点设计时，需根据实际情况，灵活选择室内和室外无线接入点，确保无线信号覆盖最优化。

⑤无线设备数量计算原则。

人员高密度集中的区域，如教室、会议室和学生宿舍区，计算所需无线接入点数量时，需考虑这些特殊区域的无线接入整体容量。单个无线接入点的接入用户上限以 50 为标准。教室、会议室等用户密集区域的实际使用用户数以设计座位数的80% 来计算，学生宿舍区单个无线接入点覆盖范围不宜超过 6 间。空旷的室外体育活动场所的无线接入点应考虑使用室外型无线接入点，根据实际覆盖面积计算具体无线接入点数量。

（3）智能网网络结构。

智能网是指学校智能化系统（除校园网系统和视频安防监控系统）集成所用到的网络。智能网主要负责楼宇设备智能控制系统、智能照明系统、电力监控系统以及自动抄表系统等系统数据的传输和统一管理。

单体智能网系统与单体校园网系统共用 48 芯室外单模光纤（用其中 8 芯作为智能网传输介质），铺设至图书馆数据网络中心，做一个光纤汇聚点，然后再铺设 4 条 96 芯室外单模光纤到 P3 动力保障楼，实现番禺校区智能网的数据汇聚。

其总体拓扑结构如图 3-12 所示。

（4）视频网网络结构。

单体视频网与单体校园网系统共用 48 芯室外单模光纤（用其中 4 芯作为视频网传输介质），在图书馆数据网络中心做一个光纤汇聚点，然后再铺设 3 条 96 芯室外单模光纤到图书馆安防监控中心，实现番禺校区视频网络的集中管理和统一调度。视频网网络拓扑结构如图 3-13 所示。

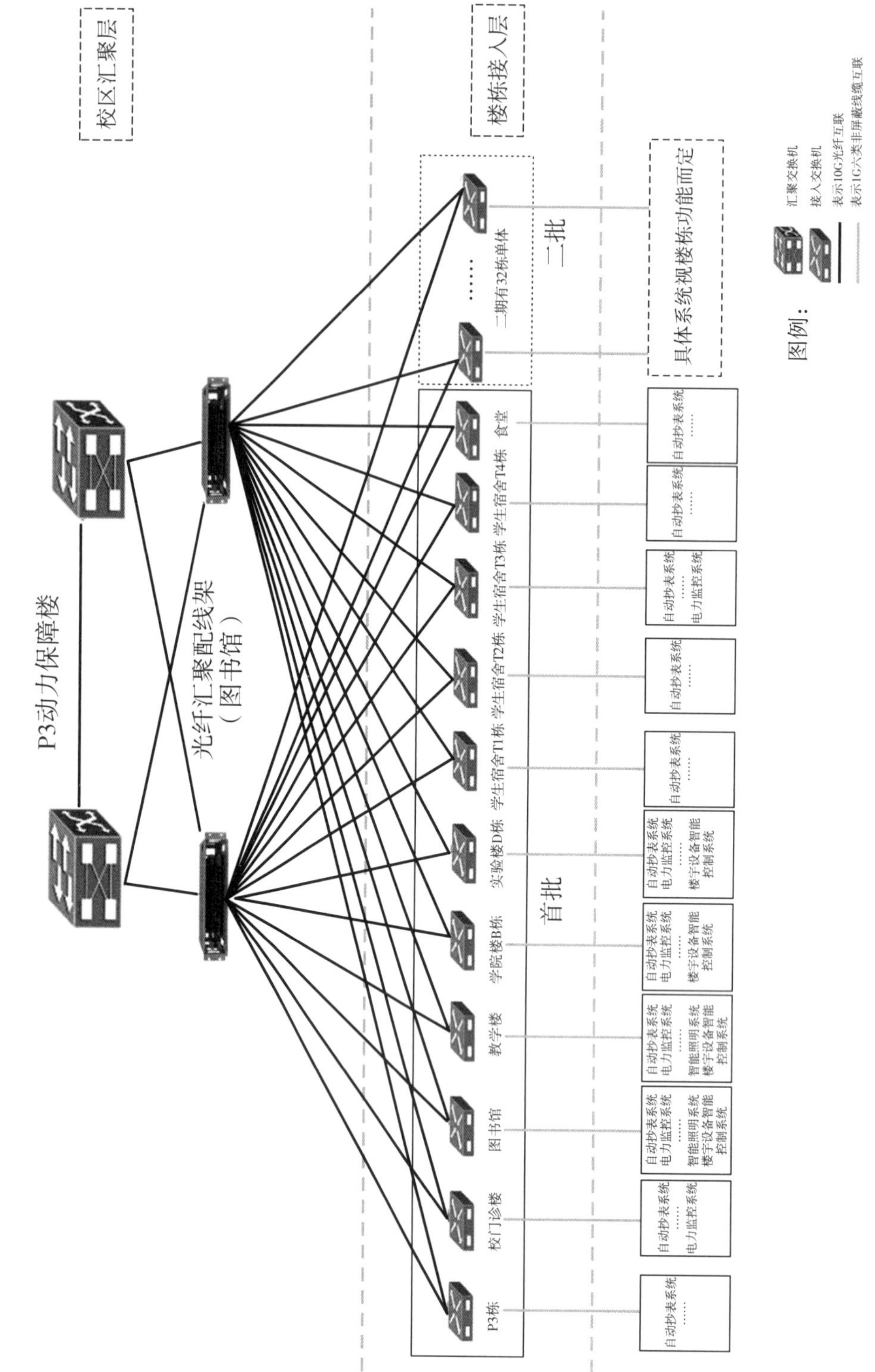

图3-12 智能网网络拓扑结构图

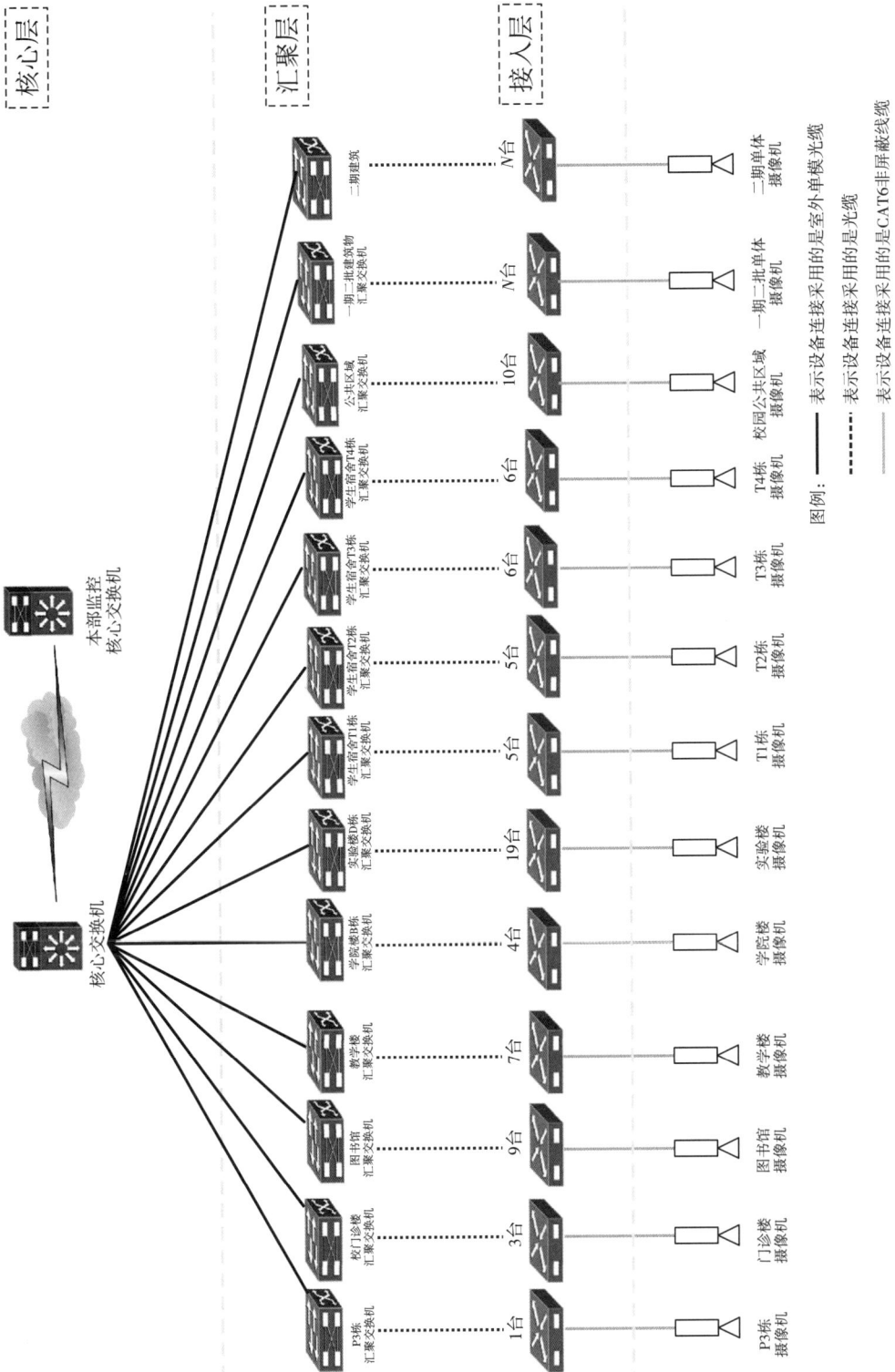

图3-13 视频网网络拓扑结构图

4. 主要设备参数

（1）核心交换机。

采用先进的 CLOS 多级多平面交换架构；

主机槽位数≥14，其中核心引擎槽位数≥2，可用业务插位数≥12；

交换容量≥40Tbps，包转发速率≥15000Mpps；

支持云计算数据中心特性，比如：增强以太网、FCoE、透明交换（TRILL）网络、虚拟交换、VEPA、802.1Qbg；

支持完善的 IPv6 功能，如支持 IPv6、RIPng、OSPFv3、ISISv6、BGP4+、ICMP、ICMPv6、IPv6 Ping、IPv6 Tracert；

支持分布式 MPLS 功能，支持 LDP、三层 VPN、BGP/MPLS VPN、VLL，实现点到点的二层 MPLS VPN 功能，不需配置额外的多业务板卡。

（2）汇聚交换机。

分布式 Cross 多级交换矩阵架构，每个线卡上附有 Crossbar 芯片；

主机槽位数≥6，其中核心引擎槽位数≥2，可用业务插位数≥4；

整机背板带宽≥12Tbps，交换容量≥9Tbps，包转发速率≥3000Mpps；

整机单个业务槽支持万兆光口数≥48，整机最多能支持万兆光口数≥160，支持40G 以太网接口模块；

支持 IEEE 802.3ba，支持 40G 光模块，实现 40Gbps 高性能线速转发；

支持云计算数据中心特性，比如：增强以太网、FCoE、透明交换（TRILL）网络、虚拟交换、VEPA、802.1Qbg；

支持完善的 IPv6 功能，如支持 IPv6、RIPng、OSPFv3、ISISv6、BGP4+、ICMP、ICMPv6、IPv6 Ping、IPv6 Tracert；

支持分布式 MPLS 功能，支持 LDP、三层 VPN、BGP/MPLS VPN、VLL，实现点到点的二层 MPLS VPN 功能；

支持高性能万兆防火墙模块，防火墙透明模式下支持 Bypass，吞吐量≥10Gbps。

（3）楼层主交换机设备。

千兆光口数：≥24，万兆扩展槽：≥2，电源插槽：≥2；

交换容量：≥250Gbps，包转发速率：≥150Mpps；

上行支持：至少 2 口万兆 SFP+模块卡。

（4）48 口接入交换机设备。

非复用千兆光口数：≥4，固化千兆电口数：≥48，USB 接口数：≥1；

交换容量：≥250Gbps，包转发速率：≥80Mpps；

支持 4000 个 802.1Q VLAN，支持 Private VLAN、Voice VLAN、QinQ。

（5）24 口接入交换机设备。

固化千兆电口数：≥24，非复用千兆光口数：≥4，USB 接口数：≥1；

交换容量：≥200Gbps，包转发速率：≥50Mpps；

支持 4000 个 802.1Q VLAN，支持 Private VLAN、Voice VLAN、QinQ；

支持基于源/目的 IPv6 地址、源/目的 IPv6 ACL 和 IPv6 QoS；

支持 IPv4、IPv6 静态路由，可期可扩展三层接入。

（6）PoE 交换机（用于无线网络和监控网络）。

固化千兆电口数：24，非复用千兆光口数：≥4，最大可同时支持 24 口 PoE 供电；

交换容量：≥200Gbps，包转发速率：≥50Mpps；

支持 4000 个 802.1Q VLAN，支持 Private VLAN、Voice VLAN、QinQ；

支持 IPv4、IPv6 静态路由，可期可扩展三层接入。

（7）认证计费系统。

提供管理端+用户自助服务端，均为纯 B/S 架构，基于 Web 方式进行操作；

有线无线接入均支持用户账号与 IP、MAC 地址、接入交换机 IP、端口的绑定；

有线无线接入均支持基于客户端、VPN、Web 的接入方式，可配合接入交换机，开展 Web 认证准入和计费；

支持认证后防止拨号，支持系统广播，支持防代理，支持基于用户组的实时短消息，支持自动升级，支持认证失败信息反馈，支持余额提醒；

支持登录 IP 类型控制，支持用户认证上网的时间段控制，支持有线和无线情况下的 BACL 管理；

支持 Web 认证下的计费：可按照天、包月、流量、时长计费，可一次付费分段开通、分地区计费，同时提供自定义计费策略、本周起不使用不扣费等功能。

（8）Portal 系统。

支持单独部署，可以独立地安装在服务器中；

支持负载均衡集群，双机可以实现负载均衡集群；

支持 Web 准入功能，兼容业界主流浏览器核心 Web 准入认证；

支持计费功能，配合认证计费系统可以实现基于包月、时长、流量的计费；

Portal 服务器系统性能监控，可以监控 Portal 服务器的认证请求数、处理请求数、保活请求数等指标；

Portal 服务器安全控制，可以控制只能登录 Portal 服务器管理端的 IP 地址；

Portal 服务器攻击检测，可以记录攻击 Portal 服务器的 IP 地址和次数。

（9）网络管理系统。

网络架构：采用 B/S 结构；

网络状态展现转变：支持二层拓扑、路由拓扑、三层拓扑、子网拓扑、自定义拓扑等不同管理员关注的网络状态；

网络配置信息升级备份：所有设备的配置信息可批量定时备份，支持关键节点配置回滚恢复，支持软件批量升级操作；

网络配置支持：图形化向导模式完成如 ACL、QoS 等复杂网络配置；

支持对有线设备、无线设备的管理，通过直观的图形化界面完成对设备的配置、管理等功能。

（10）出口多链路负载路由引擎。

固化千兆电口数：≥4，固化千兆光口数：≥4，固化万兆接口数：≥4，支持 2 个扩展槽，2 个 USB 口；

机架式结构设计，内置 1+1 冗余电源，内置硬盘容量≥500GB，硬盘支持可插拔可更换，内存≥15GB；

整机吞吐量≥20Gbps；

NAT 连接数≥300 万；

为了便于内网站点的快速访问，要求支持智能 DNS 功能，以满足外网用户对内网的快速访问；同时支持多链路负载均衡功能，使得内部用户数据在访问外网时，系统自动配置最快的出口。

（11）流量控制设备。

固化千兆电口数：≥4，固化千兆光口数：≥4，固化万兆光口数：≥2，扩展槽≥1；

最大并发连接数≥1000 万，最大并发 IP 数≥20 万，实际带宽处理吞吐量≥20Gbps；

支持 P2P、网游、炒股、IM 等主流应用识别，识别协议不少于 660 种；

支持 HTTP 检测引擎功能，可以自动识别 HTTP 浏览、镜像站点下载、HTTP 单线程下载、HTTP 隧道、多线程下载等不同 HTTP 功能应用，从而控制 Web、迅雷等 HTTP 下载业务。

（12）日志审计设备。

硬件模式，固化内存≥10GB，存储空间≥2TB，千兆电口数≥2；

支持拓扑图的绘制，能够进行拓扑图的放大、缩小、拖动等功能；

支持用户分级管理，不同的用户有不同的访问授权功能；

支持网络运行状况概览，包括应用系统、用户、服务器、流量构成、预警信息等；

支持从服务器视角展现设备健康度、应用性能、系统利用率、服务质量、日志信息、告警信息等数据；

支持从网络设备视角进行数据可视化展现，如接口信息报表、接口利用率报表、接口包大小分布报表、CPU 利用率报表、MEM 利用率报表、通道报表、Pipe 通道报表、VC 通道报表、吞吐量报表、在线会话数报表、在线用户数报表等；

支持把收集的日志以 syslog 标准格式转储到指定的 FTP 服务器。

（13）出口 Cache 缓存设备。

要求提供整机产品、软硬件一体化设备；

固化千兆电口数≥4，固化千兆光口数≥4，可扩展 2 万兆口，存储磁盘≥16TB；

支持 1+1 冗余电源；

支持云模式部署，部署此系统的不同用户之间可以共享 HTTP、P2P、视频资源；

支持下载缓存加速、P2P 缓存加速、视频切片缓存、视频缓存加速；

支持 HTTP 重定向、P2P 重定向，支持主动提供 P2P 种子。

（14）无线控制器。

单台设备最大支持 AP 数≥1000；

固化千兆电口数≥4，固化千兆光口数≥4，固化万兆 SFP+接口数≥2；

802.11 数据的转发性能≥20Gbps；

支持 DHCP Server、DHCP Snooping 、Client、Relay；

支持虚拟无线分组（Virtual AP）技术：支持在全网划分多个 ESSID，可以对相同 SSID 子网或 VLAN 实施单独加密和隔离，同时配置单独的认证和加密机制；

无线控制器与 AP 之间可采用国际标准协议 CAPWAP 进行加密通信。

（15）无线 AP。

双路双频设计，可同时工作在 802.11a/b/g/n 和 802.11ac 模式；

内置智能天线，且智能天线数≥20；

最大可支持 SSID 数≥30；

发射功率≤100MW（20dBm）；

支持单路最大提供 1300Mbps 的接入速率；

支持本地转发技术：AP 数据可由本地交换机直接转发；

支持 IPv6 技术。

3.5.3 电信业务系统

1. 基本要求

番禺校区的电信服务由新造电信接入机房提供，通过兴业大道现有的通信系统接入，管孔数量根据总体规划的要求，应首先满足目前应用需求，同时须考虑到今后技术发展及扩容需要，从而使番禺校区电信业务系统具有技术先进、结构合理、扩展性强的特点。番禺校区设置市话网交换设备，估算总装机容量为 10000 门，一期首批工程约 2200 门。

按照校区的总体规划布置，智能化系统工程范畴内主要设置电话网交换设备，交换机房的规模由业主与电信部门共同商定。电信业务系统智能化工程范畴内工作如下：在各区域汇聚机房设置区域总配线架，在各单体楼栋设置电话交接箱，采用大对数铜缆或光纤由总配线架铺设至各分交接箱；在各功能用房安装 RJ45 电话插座，并采用电话线连接至各分接箱；在校区适当位置设计公用电话接入点，公用电话主要采用电信 IC 卡电话形式。

2. 系统功能需求

（1）为各运营商主干信号接入预留相应路由。

（2）为移动通信系统预留建筑物内信号覆盖需要的水平线缆敷设安装空间，在排布区域弱电设备间布局时，预留移动通信系统区域设备的安装空间。

（3）为固定通信系统在主配线间预留运营商接入设备的安装空间。

3. 设点原则

（1）办公区域按一个座位配备一个电话点；

（2）教学楼每个房间需最少配置一个电话点；

（3）实验楼每个房间需最少配置一个电话点；

（4）教工宿舍按一户配置一个电话点；

（5）学生宿舍房间不再配置电话点，只需在管理员值班室配置电话点。

3.5.4 广播系统

1. 需求分析

校园公共广播主要用于进行户外广播，活跃气氛；必要时，也用来发布公共通知。

各单体建筑内的广播系统与消防广播系统并用，由消防专业设计。在不与消防广播冲突的情况下，各单体的消防广播系统留有音源接口，可以发布来自学校广播控制中心的信号。

2. 系统建设目标

采用基于以太网的数字广播系统。

为了减少线路损耗，户外广播就近汇聚，拟设 5 个广播信号汇聚点，从广播控制中心到汇聚点采用数字传输，从汇聚点到广播终端采用功率传输。

另外，各单体建筑内设数字解码终端，接收来自校园广播控制中心的信号。

3. 系统组成与功能

（1）系统组成。

系统组成主要包括：音源设备、广播控制中心、音频适配器、功率放大器、传输线路及其他传输设备、防雷器、广播终端喇叭等。系统结构如图 3-14 所示。

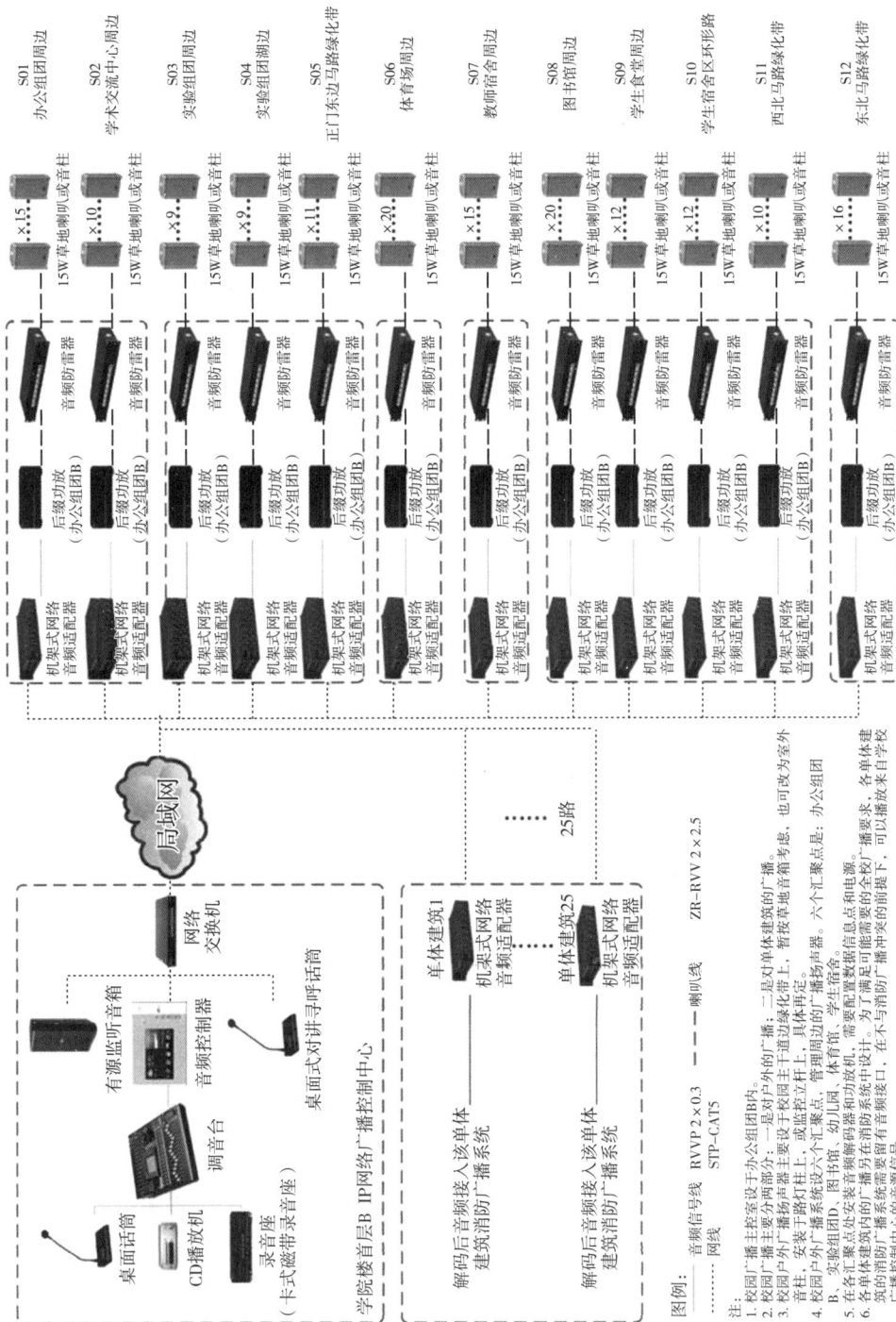

图3-14 校园广播系统图

S01 办公组团周边
S02 学术交流中心周边
S03 实验组团周边
S04 实验组团湖边
S05 正门东边马路边绿化带
S06 体育场周边
S07 教师宿舍周边
S08 图书馆周边
S09 学生食堂周边
S10 学生宿舍区环形路
S11 西北马路绿化带
S12 东北马路绿化带

x15 / x10 / x9 / x9 / x11 / x20 / x15 / x20 / x12 / x12 / x10 / x16

15W草地喇叭或音柱

音频防雷器

后缀功放（办公组团B）

机架式网络音频适配器

局域网

网络交换机
有源监听音箱
音频控制器
桌面式对讲寻呼话筒
桌面话筒
录音座（卡式磁带录音座）
CD播放机
调音台

学院楼首层B IP网络广播控制中心

单体建筑1
机架式网络音频适配器

单体建筑25
机架式网络音频适配器

25路

解码后音频接入该单体建筑消防广播系统

解码后音频接入该单体建筑消防广播系统

图例：
—— 音频信号线 RVVP 2×0.3
—— 网线 STP-CAT5
—— 喇叭线 ZR-RVV 2×2.5

注：
1. 校园广播主控室设于办公组团B内。
2. 校园广播主要分两部分：一是对单体内的广播；二是对户外的广播。
3. 校园户外广播声音器，主要设于校园主干道边绿化带上、智能草地音箱考虑，也可改为室外音柱，具体再定。
4. 校园户外广播系统设立在路灯杆上、或监控立杆上。
5. 在各汇聚点安装音频解码器和功放，管理周围的广播扬声器。六个汇聚点是：办公组团B、实验组团D、图书馆、幼儿园、学生宿舍、体育馆。
6. 各单体建筑内的广播系统需要留有音频接口，在与消防广播冲突的前提下，可以播放来自学校广播控制中心的音频信号。
7. 户外广播功率采用100V定压传输，需要数设单独音箱。

（2）系统功能。

①多通道播放。

校园公共广播采用多通道播放模式，在不同的功能区可以播放不同性质的节目。

②数字化网络传输。

广播系统主干网采用 TCP/IP 协议设计，可实现多用户管理、跨网段控制。

③主控和分控控制。

在主控室，系统可针对不同分区开展广播寻呼和音乐播放；在不同分区的广播网关，也可用遥控器或寻呼话筒，实现对本区域范围内的个性化广播内容定制与播放，如早晚在特定分区可播放一些休闲曲目等。

④数字化音频传输。

系统采用数字化音频传输，避免传统模拟线路的传输衰减与噪声污染，有效提升广播音质。

⑤定时节目播放。

广播系统的每个数字音频网关均具有独立的 IP 地址，可以单独设计个性化定时播放节目，通过电脑或遥控器上传个性化广播节目内容。定时节目播放功能可用于实现校园内固定节目播放，如定时播放的广播体操、上下课铃声等。

⑥音频实时采播。

系统支持实时采播功能：能够将自用电台、CD 播放器、录音机卡座、MP3 播放器、麦克风等节目实时制作成高音质数字音频，并按要求转播到指定的数字音频网关，用于插播外接节目及广播通知等。

⑦音频触发启动设备。

系统支持音频触发启动功能：当长时间无音频输入时，数字音频网关处于休眠节能状态，上级音频信号输入可及时触发启动广播功能。数字音频网关可以根据语音信号的有无，自动切换功放或有源音箱的电源。

⑧数字音源库。

系统支持数字音源库功能：系统自带资源服务器存储容量不小于 1TB，可存储数千小时的数字音频节目，用户可根据后期需求，自行提升数字音源库存储容量。

4. 建设范围和设点原则

在学院楼设立校园广播控制中心，通过数字化网络把语音信号传送到校园网上。在户外区域如绿化带、路灯柱上设置广播喇叭，实行分区控制（校前区、环湖教学区、教学区、学生生活区、体育运动区）。

各单体建筑广播系统与消防广播系统并用，由消防专业独立设计，自成系统，满足消防广播和日常公共事务广播要求，并留有广播音源接口，实现校园内统一广播。主要在楼梯通道、消防出入口、卫生间等公共场所设置广播点。

3.5.5 信息导引及发布系统

1. 需求分析

数字多媒体信息导引及发布系统由多种多样的异构终端组成，利用信息管理系统统一管理，能够为客户提供信息查询、信息发布、广告发布设置等各类动态图文信息和广告导引信息。

在学校各功能建筑门厅和楼层楼梯或电梯厅安装 LED 或 LCD 显示屏；在主要功能建筑的主入口安装触摸查询一体机。系统可与校园网连接在一起。另外，在校园正门、中心广场和学生宿舍附近建设 3 块室外大屏，用于信息发布和相关宣传活动。

多媒体信息发布系统，可以播放临时通知、时事新闻、政策法规等，一方面可以起到良好的宣传效果，另一方面可以根据播放广告、视频、动画等内容，起到烘托气氛、装饰环境的作用。

触摸屏系统主要由触摸查询机及相关服务器、软件系统构成，便于教师、学生查询用水用电信息、图书借阅信息等。触摸屏安装在主要建筑大厅内的醒目位置，用以查询学校行政、教学、科研等信息。系统采用图像、文字、声音、视频等多媒体方式直观展现相关信息，也可根据实际需要添加内容，如提供广告或其他服务信息等。

2. 建设目标

信息导引及发布系统是暨南大学的信息发布和管理平台，通过该系统及时地为学生、教职工发布新产品的研发情况、技术交流公告、天气预报、学校公告等信息，从而达到提高工作效率、管理水平和服务质量的目的。

信息导引及发布系统采用 TCP/IP 网络架构，由服务端、编辑端和播出端三层架构组成，可通过网络实现信息的远程发布和远程终端管理。

3. 系统组成与功能

（1）系统组成。

信息导引及发布系统由服务端、编辑端和播出端三层架构组成，主要硬件设备包括控制管理服务器、编辑控制主机、网络播放控制器、显示终端，主要软件包括录编播一体化主控软件、播放端软件和可选扩展模块（如触摸查询软件）等。

系统拓扑结构如图 3-15 所示。

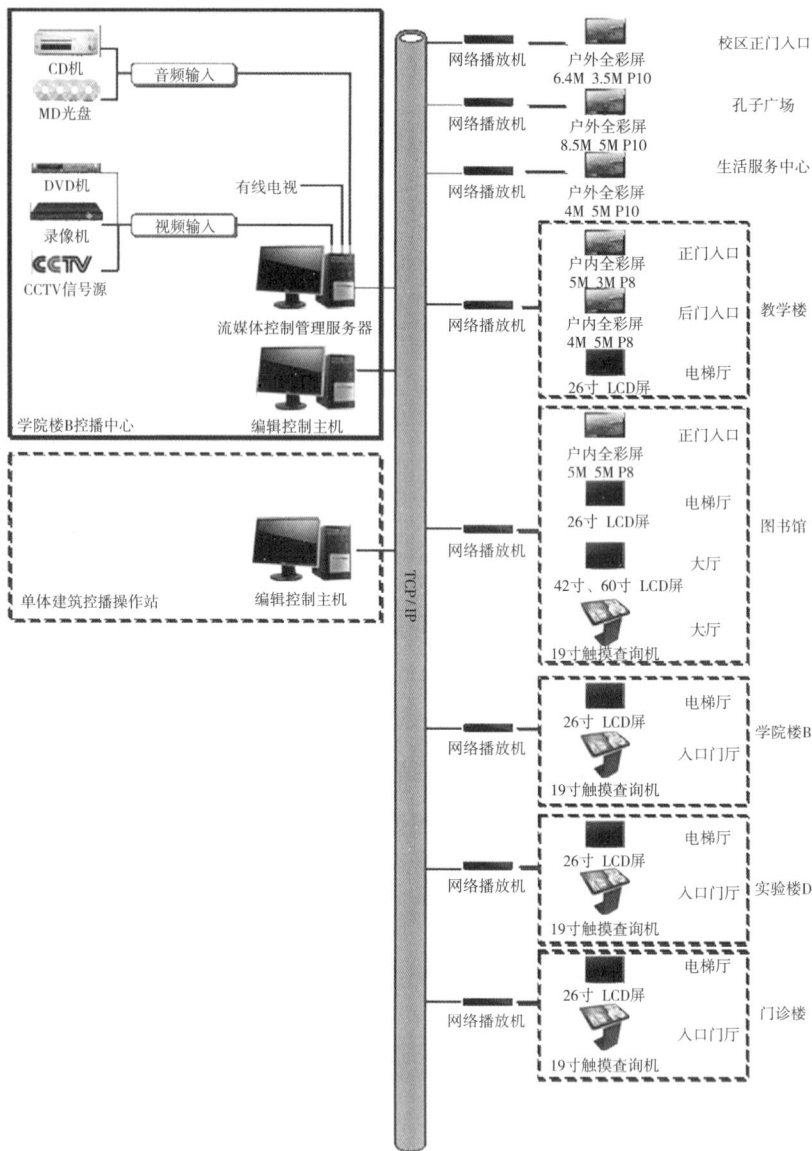

图 3-15 信息导引及发布系统拓扑结构图

（2）系统功能。

信息导引及发布系统是基于计算机网络运行的智能型系统，在编辑控制主机端，能对下属的所有播放机进行传输、播出、控制和管理，实现所有播放机无人值守。

①多级用户身份设置和密码管理功能。

系统设置管理员、审核员、操作员三级权限；操作员负责制作内容，可分级管理不同的分区；审核员审核操作员制作的内容并批准发送；管理员具有最高权限，可以添加审核员、操作员用户并分配相应权限。

②分区、分组、多级分控管理功能。

系统支持分区、分组播放管理，节目内容可按点对点或群发方式发送。系统支持多级分控管理，上级用户可覆盖下级用户发布的内容。

③网络传输功能。

网络播放机具有自动存储和断点续传功能，支持定时传输、断点传输，可设置在用户下班时或网络空闲时发送播放素材。

④编辑播放功能。

播放节目单可手工或自动编排，支持单次或循环播放，即时播放或定时播放。点击播放节目单即可直接修改其中的素材。系统同时支持多路流媒体直播和本地下载播放。

⑤紧急信息插播功能。

当需要发布紧急信息时，可快速发布到指定播放机，并立即中断正在播放的内容，待紧急信息按指定次数和时间播完后，系统可自动恢复，按原有节目单继续播放节目内容。

⑥显示任意分区功能。

系统支持多语言字幕及多种系统分区导入导出方式。显示终端可任意划分为多个分区，各显示分区可按不同的节目单同时显示不同种类音视频任意组合内容。

⑦模板预制或定制功能。

系统自备多种不同风格的预制播放模板，用户只需要直接点击添加内容。系统同时支持用户自定义设计和模板。

⑧高清输出接口功能。

系统支持 HDMI、DVI、VGA 等多种音视频输出接口，支持 1080 I/P 高清输出。

⑨电视播放功能。

系统支持信号源切换、选台、数字电视信号的输入播放，可直接控制显示屏幕开关。

⑩横竖屏显示自适应功能。

系统安装灵活方便，可以实现显示终端的竖屏播放，并具有远程预览功能。

⑪终端监控功能。

系统具备显示终端远程监控功能，包括电源管理、自动校时、IP 管理、远程升级、分组管理、来电自动恢复播放等。

⑫日志管理功能。

系统支持节目单日志记录查询功能，日志中详细记录节目单标题、播放开始时间、播放结束时间、重复播放次数、播放记录、播放器 IP、发布时间、状态等相关信息。

4. 主要技术参数

（1）流媒体控制管理服务器。

①CPU 双核 2.5GHz，内存 2GB，硬盘 500GB，512MB 独显；

②DVD 刻录，千兆网卡，20 寸 LCD。

（2）网络播放机。

①功耗低，系统可长时间无故障运行；

②采用嵌入式 X86 架构；

③采用 Intel 双核 1.8GHz，内存至少 2GB，SSD 32GB 存储空间；

④视频接口：VGA、HDMI；

⑤网络接口：10/100/1000M 自适应网卡；

⑥其他接口：3×USB2.0；1×RS-232；

⑦支持双声道立体声；

⑧支持断电保护功能，具有掉电后自恢复功能；

⑨低功耗，耗电量小于 30W；

⑩低噪音，散热技术领先，设备运行稳定、安静；

⑪支持挂壁安装、19 寸机架安装或隐蔽安装；

⑫支持网络远程开、关机。

（3）19 寸触摸查询机。

19 寸 TFT-LED，红外触摸屏，分辨率 1360×768，对比度 1000∶1，亮度 450cd/㎡，触摸响应时间≤5ms，5000 万次以上双点触摸，双声道立体电子音效，全钢制机柜，CPU 为 Intel 双核 1.8GHz，集成核芯显卡，芯片组英特尔赛扬系列，内存 2GB，固态硬盘 32GB，信息发布软件，触摸驱动程序。

（4）LED 网络播放器。

①功耗低，能长时间无故障运行；

②采用嵌入式 X86 架构；

③采用 Intel 双核 1.8GHz，内存至少 2GB，SSD 32GB 存储空间；

④视频接口：DVI；

⑤网络接口：10/100/1000M 自适应网卡；

⑥支持双声道立体声；

⑦支持断电保护功能，具有掉电后自恢复功能；

⑧低噪音，散热技术领先，设备运行稳定、可靠且安静；

⑨解码能力：支持 2×720P 视频流畅播放会议系统。

3.6 信息化应用系统

信息化应用系统主要由一卡通系统、多媒体教学系统、考场监控系统、校园管网三维地理信息系统组成。

3.6.1 一卡通系统

暨南大学番禺校区一卡通系统是实现番禺校区公共设施、各组团后勤服务设施和各校区教学科研资源最大共享化的主要工具之一。它借助 IC 卡实现对各应用安全管理系统的支撑，是暨南大学重要的信息化应用系统之一，与其他信息化系统密切关联，需要同步建设。

番禺校区一卡通系统规划设计的主要目标是：通过使用暨南大学 IC 卡，实现番禺校区内公共设施、各组团后勤服务设施、部分基础教学和科研设施、各类生活服务场馆、消费场所等共享使用和管理。

番禺校区一卡通系统的应用定位是：除了满足番禺校区的基础功能外，提供暨南大学跨校区基础设施服务，最大限度地为暨南大学师生和学校管理部门提供技术支撑。因此，番禺校区一卡通系统从规划、设计到应用等方面都应该是先进和高度统一的。

由于番禺校区采取边建设、边进驻、边教学的方式，番禺校区一卡通系统的建设主要为一个逐步实现的过程。

暨南大学本部和其他校区已不同程度地开展了校园一卡通的应用，因此已开展校园卡应用的系统会向番禺校区延伸。因此，番禺校区一卡通系统应具有一个先进的、易于升级和扩充的系统架构和应用架构。建设该系统应坚持以下原则：

要坚持一卡通基本应用系统、管理系统、设备系统的统一，要建设以跨校为特点的教学资源和后勤服务设施高度共享的基本应用信息系统，从卡片、终端、主机、网络到操作系统、设备系统、数据库、系统软件高度统一。因此，需在番禺校区建立一个统一的 IC 卡管理中心，且要从实际应用出发，在应用的不断扩展过程中，从简单到复杂逐步完善，乃至对系统进行升级，满足日益复杂的各种应用服务管理系统的需要。

1. 需求分析

一卡通系统的功能和用途主要体现在校园消费、智能管理和银行应用等方面，具体包括：

（1）校园消费（即电子货币）功能：收费如学杂费、住宿费、水电费、设备领用、上机、医疗，校园用餐消费如食堂、快餐店、餐厅，校园购物如商场、超市、书店、教材部，其他校内消费如文印、洗衣、娱乐、体育运动等。

（2）智能管理功能：教务管理如学生注册、学籍注销、成绩管理、教室考场考勤，学生管理如学生宿舍管理、在校生综合管理、校园出入管理等，校园场所门禁如图书馆、计算中心、会议室、活动场馆等。

（3）银行应用功能（需银行及卡片支持）：自助银行存取现金、ATM机提取现金、圈存机上圈存等。

一卡通系统采取集中的技术支撑平台（数据网络中心）和分布的业务管理（各应用部门）相结合的方式。各校区可以实现系统内各子系统之间的信息共享、交换和统一管理。

2. 系统组成

一卡通系统的硬件构成主要包括：系统工作站、数据服务器、终端机及网络接入设备。各子系统构成如下：

（1）发卡结算中心；

（2）图书馆管理系统；

（3）售饭、消费系统；

（4）上机实验管理系统；

（5）用水管理系统；

（6）一卡通银行转账系统；

（7）教务管理系统；

（8）会议签到系统；

（9）考勤管理系统；

（10）物品借记管理系统；

（11）在线巡更系统；

（12）门禁管理系统；

（13）多媒体查询系统；

（14）停车场管理系统；

…………

一卡通系统结构如图3-16所示。

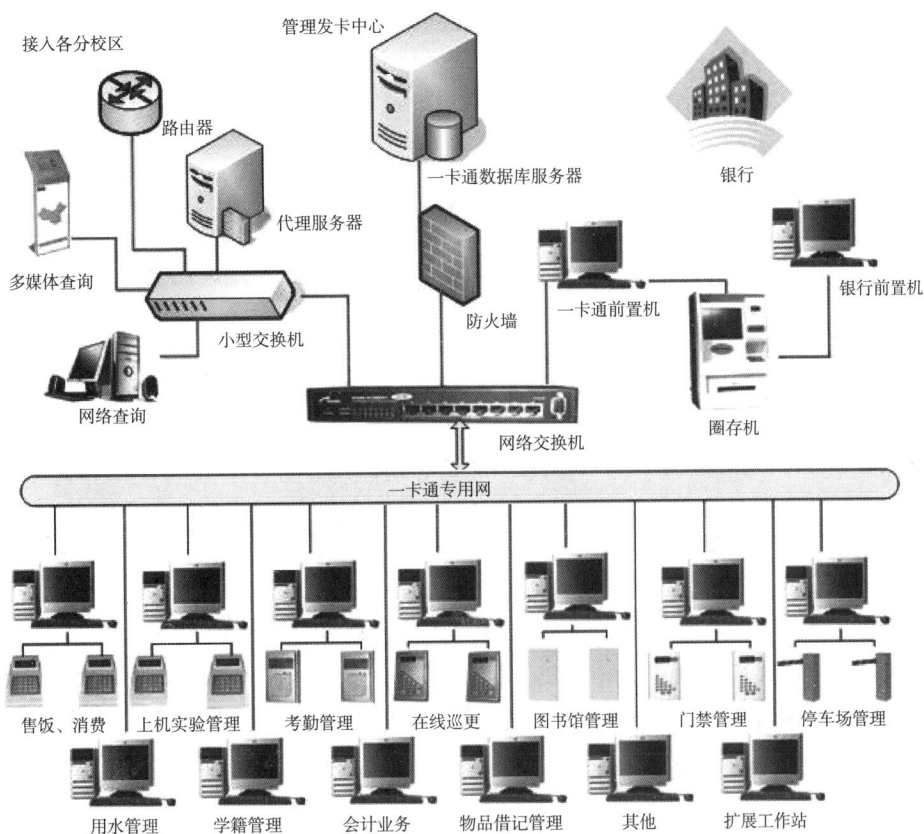

接入各分校区

路由器

管理发卡中心

一卡通数据库服务器

代理服务器

银行

多媒体查询

防火墙

一卡通前置机

银行前置机

网络查询

小型交换机

网络交换机

圈存机

一卡通专用网

售饭、消费　　上机实验管理　　考勤管理　　在线巡更　　图书馆管理　　门禁管理　　停车场管理

用水管理　　学籍管理　　会计业务　　物品借记管理　　其他　　扩展工作站

图 3-16　一卡通系统结构图

3. 系统技术路线

一卡通系统是一个覆盖多个校区并与多个行业部门连接的多应用的复杂系统，不仅需要以先进、实用的设备网络系统为基础，还需要缜密的管理系统、可靠的安全系统作支撑，更需要紧密结合实际开发适用的应用系统，以及合理解决跨级、跨校的各系统连接问题。因此，一卡通系统需要：

①一个统一的设备网络系统和管理系统，为基础通用的应用系统提供支持；

②一个全面可靠的安全解决方案和技术措施，以保证系统运作过程中应用数据、密钥、交易、网络、设备和卡片的安全；

③建立数据交换共享系统，解决一卡通系统与暨南大学各校区相关的管理、应用系统的数据交换和共享问题，使各方系统互联互通；并通过卡存储空间使用规则的设计和终端程序设计解决一卡通系统所发卡与暨南大学各校区卡衔接的问题；

④建立接口系统，解决与金融、交通、通信等行业系统的连接。要精心规划一个完善的系统架构，设计一个统一的基本应用，同时兼顾各校区的特殊应用，保证

各系统互联互通，注意跨行业、跨系统的连接，可逐步实施及扩充的技术方案是十分重要的。

（1）校园卡的选型及设计。

银行卡/校园卡相对独立，通过银校一卡通实现自动转账，校园卡与银行卡两卡分开使用，校园卡内部自带电子钱包功能，通过绑定特定的银行卡，实现两卡之间的相互转账。银校一卡通功能设计相对灵活，通过在一卡通管理界面设置，可实现绑定的银行卡定期自动转账、余额自动补足等多种功能。在需要的时候，校园卡账户的钱也可手动转回银行卡绑定账户。校园卡与银行卡可单独挂失与解挂，彼此不影响各自的功能使用。由于银行卡丢失后换卡周期较长（一般7天以上），且校园卡通常与校园内部的门禁、图书借阅、考勤等功能绑定较多，本方案不推荐使用具备双卡合一功能的双界面卡。双界面卡换卡需要分别到银行和学校后勤同时注册，换卡成本较高。

综合各芯片及国内各高校多年的实际运用情况，适宜采用主流IC卡。

（2）安全性分析。

①通信链路的安全性设计。

校园一卡通数据独立组网设计，采用基于VLAN的隔离技术。同时，在服务器端设置专用网闸与防火墙，有效保障通信链路的安全。

②校园卡的安全性设计。

采用黑白名单验证机制，只有白名单内部的账号才能拥有对应的功能权限。

③数据库的安全性设计。

通过对不同的管理员设定不同的数据库访问权限来保证数据库的安全，通过对数据库安全运维的细粒度审批及管理，保证数据完整性、保密性，让数据库运维工作有审核、有依据，对关键数据定期开展安全审计工作，实现"异动数据监控+应用用户准确关联"，及时填补系统漏洞。

④跨校区互联安全性设计。

跨校区互联的数据传输网络严格遵照跨校区数据访问传输机制，同时开展以下安全设计：其他校区业务主机必须通过安全控制设备访问网络，其他校区系统必须与外联区的业务前置机进行数据交换，不得直接访问番禺校区内部网；在内网区部署内网数据中转服务器，统一实现内网服务器与各业务前置机的数据交换，保障内网数据安全；采用静态路由，限制其他校区访问；采取层次防护、区域控制的策略，通过NAT技术，对外隐藏内部网络结构，通过边界防护和核心防护，保障跨校区互联的数据安全性。

4. 建设目标

一卡通系统设计按照统筹规范、分期建设的原则，通过建设完善的一卡通系统网络、数据平台，与"智慧校园"的相关教学、管理系统打通，设计一卡通系统用户的统一身份识别管理、商务应用功能管理、银行转账联通管理等多项功能，实现校园网与银行系统便利、安全的资金流转，以及重要场所的门禁管理、图书借阅应用、校园消费应用、学生档案管理、用户资产管理、自动考勤管理等校园内部管理功能。

5. 设计原则

为了保障一卡通系统网络的安全，暨南大学番禺校区校园一卡通的网络应采用VLAN 技术隔离的校园卡专用网络，也需采用专用的校园卡网络，并与校本部的一卡通网络联通。

（1）校园卡服务部：采用 TCP/IP 协议的校园卡专用网。

番禺校区的校园卡服务部临时设置在学生宿舍 T3 和 T4 栋之间的学生服务中心。其网络需要两种：一种是校园网，另一种是校园卡专用网络。

（2）饭堂：商务网关、POS 机和圈存查询一体机。

①商务网关、POS 机：番禺校区饭堂共三层楼，要在每层楼设置一个商务网关，连接到网关的是校园卡专用网络，采用 TCP/IP 协议。

饭堂涉及的设备有网关和 POS 机。网关采用 TCP/IP 协议上行，在每个饭堂的网关摆放位置必须有 RJ45 网络接口和专用电源插座。POS 机采用 RS485 通信协议与网关进行通信，POS 机电源线统一从网关摆放位置的空气开关总线式布放。一般情况下，网关用的 RJ45 网络接口和专用电源插座由学校负责提供，POS 机的 RS485通信线（RVVP2×1.5）和电源线由一卡通系统集成商负责装设。

②圈存查询一体机：于每层楼安装一台圈存查询一体机，该机器采用 TCP/IP协议的校园卡专用网络，需预留网络和电源接口。

（3）各单位行政性收费、超市和小卖部。

各单位行政性收费、超市和小卖部相对比较零散，因此直接采用 TCP/IP 协议的收银机即可。需要在超市和小卖部的收银台附近提供 RJ45 网络接口和专用电源插座。

番禺校区收银机的使用情况，参照校本部情况，主要可能涉及教务处、研究生院、教材中心、课室管理中心、总务后勤管理处、学生处勤助中心、体育场馆、校医室、保卫处、网络中心和各个超市、小卖部等地方。

（4）宿舍：门禁、水电控系统和圈存查询一体机。

①门禁：采用 TCP/IP 协议的校园卡专用网络，在每栋楼大门预留网络和电源接口。

②水电控系统：每栋宿舍最少要预留两对光纤供水电控系统使用。每栋宿舍的每一层最少要有 2 个 RJ45 网络接口供水控管理机和电控管理机使用。水控管理机与控水器之间的网络采用 RS485 通信协议。

③圈存查询一体机：在每栋宿舍楼下预留一个网络接口（TCP/IP 协议）和电源接口，用于安装圈存查询一体机。

（5）图书馆：主要有通道机和圈存查询一体机、门禁、图书借阅系统和电子阅览室等。

①通道机和圈存查询一体机，都采用 TCP/IP 协议的校园卡专用网络，在图书馆大门预留通道机的网络和接口；在图书馆大堂预留一个网络接口和电源接口，用于安装圈存查询一体机。

②图书借阅系统和电子阅览室、门禁等也是采用 TCP/IP 协议的校园卡专用网络，具体规划由图书馆自行规划。

（6）游泳池：需安装体育场馆管理系统和以太网 POS 收银机，采用 TCP/IP 协议的校园卡专用网络。

（7）教学大楼、实验楼、学院楼等：主要是使用以太网 POS 收银机、圈存查询一体机和门禁，都采用 TCP/IP 协议的校园卡专用网络。

①实验楼、学院楼、教学大楼在每栋楼的大堂预留一个网络接口和电源接口，用于安装圈存查询一体机。

②门禁系统，采用 TCP/IP 协议的校园卡专用网络，由需安装门禁的部门自报需求，不过对于需要安装门禁的大楼至少要预留一对光纤供门禁系统使用。

3.6.2　多媒体教学系统

1. 需求分析

本系统设计基于数字化校园网络平台，在标准以太网中运行，采用 TCP/IP 协议通信方式，在主控制室自动监控多媒体教室中的相关设备，可实时监测各种设备状态，同时具备远程配置多媒体教学设备相关参数的功能。

2. 建设目标

多媒体教学系统通过扩声、投影、多媒体讲台、流媒体转发与广播等现代教学手段的引入，设计良好的现代化现场教学及远程教学装备，最大限度地利用教师的劳动成果，提升教学交互体验，同时保障远程教育的顺利实施。

3. 系统组成与功能需求

（1）系统组成。

多媒体教学系统主要由系统控制中心设备（中控管理服务器、中控总控管理软件等）、教室端设备配置图像显示、扩声系统、多媒体讲台、传输网络接口、中控主机、多媒体计算机及其软件等组成。

（2）系统主要功能。

①设计远程录播与直播功能，有力保障远程教育教学的顺利实施；

②设计课堂教学交互功能，包括上机考勤、学生机远程控制、学生状态记录、作业发布与共享等，提供一个适合课堂教学的自动化学习评价辅助系统；

③设计统一、简便的用户登录与使用界面，学生和教师通过不同的角色分配与权限设置自动获得覆盖课堂教学的不同功能应用；

④在系统控制中心设计多教室远程设备统一监控系统，实时监控各教室多媒体教学系统的运行状态，支持多教室、不同科目的同时教学，及时开展设备的运营维护管理。

4. 建设范围和设点原则

本系统主要在教学楼和图书馆进行建设，所有教室均安装中控讲台、投影仪、摄像头、录播设备，各教室的数据、信号均接入学校数据网络中心，学校有专门的中控平台进行监控和管理，其中教师在上课时还可以进行课堂录播。此外，在图书馆规划建设 2~3 个精品课程录播室，不纳入本次规划设计内容，由校方另行建设。

3.6.3 考场监控系统

1. 建设目标

创建一个保证国家教育考试公平、公正，确保考试安全的考场环境，提高国家教育考试的管理水平。

2. 需求分析

考场监控系统（网上巡查或巡考系统）是确保考试安全，保证教育考试公平、公正的重要技术手段。对于国家教育统一考试定点考场，考场监控系统须严格按照广东省新颁布的《国家教育考试网上巡查系统建设广东省标准技术实施规范》进行建设，实现实时、数字化、信息化的考试指挥管理。

暨南大学番禺校区在教学楼设置独立的考场监控中心（巡考中心）；中心对前端摄像机进行管理、控制、存储；授权用户可通过客户端进行浏览；数字图像在考场监控中心的电视墙上实时显示和回放。系统采用全 IP 网络摄像机，设点及选型应满足考场监控相关标准的规定；视频信号采用六类非屏蔽线缆通过 TCP/IP 网络传输；系统前端摄像机采用 PoE 方式供电。

3. 系统组成

考场监控系统技术涵盖通信技术、音视频技术、计算机多媒体技术和教育考试管理技术。系统架构主要由用户终端、监控中心、传输网络和监控资源四个部分组成。监控资源主要包括设置在考场的图像采集设备、声音采集设备和报警设备所采集的图像、录音机报警信息；该类监控资源通过传输网络传输到一至五级监控中心及教育系统用户和其他社会用户等用户终端。根据角色分配和权限设置的不同，不同用户终端在各自的权限范围内采用实时或追溯的方式对监控资源进行调阅及分析处理。

考场监控系统总体架构如图 3-17 所示。

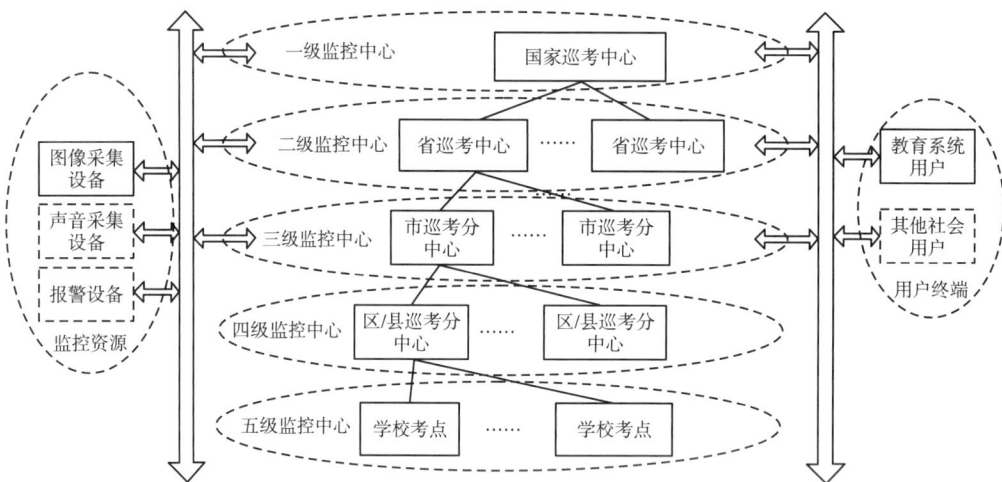

图 3-17　考场监控系统总体架构图

五级监控中心设置在各学校考点；区/县、市、省、国家巡考中心分别对应设置四、三、二、一级监控中心，监控重点在五级监控中心。

学校考点五级监控中心须实时监控各考场情况，实时录制考场现场图像，上级监控中心决策是否上传。五级监控中心应能存储不少于 1 年的考场视频图像（考试当天 8 小时录像），作为基层监控中心，应保存所有考试期间各考场的完整视频资料。各级巡考中心可根据需求选用不同的硬件配置，典型巡考中心硬件组成如图 3-18 所示。

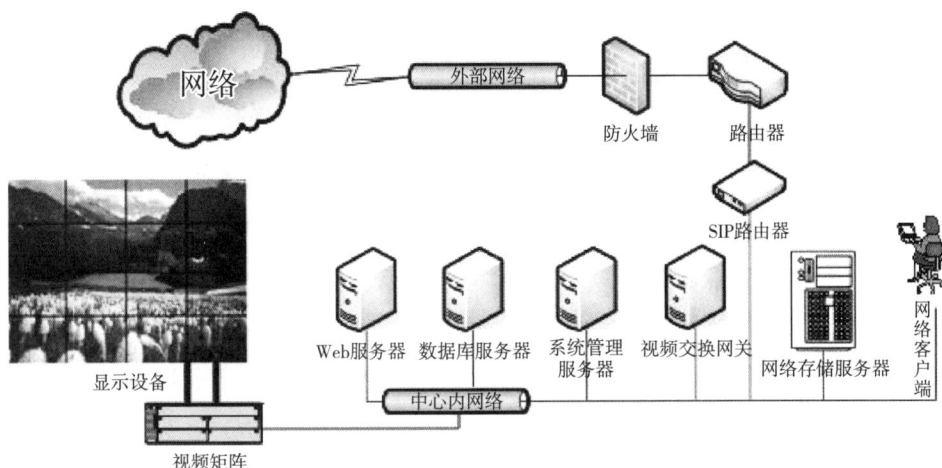

图 3-18　典型巡考中心系统构成

巡考中心建设所需硬件设备主要有：视频交换网关、SIP 路由器、视频矩阵、系统管理服务器、网络存储服务器、Web 服务器、数据库服务器、显示设备等。其中，数据库服务器、Web 服务器、网络存储服务器为可选设备，其他为必选设备。

各考点五级监控中心系统采用局域网传输，主要设备包括传输设备、视频编/解码设备。

4. 建设范围和设点原则

本系统主要针对教学楼教室进行设计，要求监控必须覆盖整个教室，大概点位 250 个。

5. 主要设备参数

本系统在教学楼的考场监控中心实现整体监视、控制、设置、查询、检索、回放等功能，各单体建筑可通过客户端或分控工作站经授权后进行本地监控及调用相关视频资料。前端摄像机的基本要求如下：

（1）固定式监控点（支持低照度）。

选用固定式百万像素高清（主码流不低于 1280×720，下同）网络枪机或半球机，支持 IP66 防水、防尘标准，支持在低照度（0.1Lux 以下）情况下监控场景清晰可见。

（2）固定式监控点（支持红外夜视）。

选用固定式百万像素高清网络红外枪机，支持 IP66 防水、防尘标准，支持红外夜视，要求在无灯光情况下 30 米监控区域内图像清晰可见。

选用高清网络高速球机，支持 IP66 防水、防尘标准，支持高速旋转［水平控制速度达到 250（°）/s，垂直控制速度达到 150（°）/s]，内置宽动态高清一体机，18 倍以上光学变焦，彩色 0.5Lux/黑白 0.02Lux 以下。

（3）可控式监控点（支持 PTZ 控制、红外夜视）。

选用高清网络红外球机，支持 IP66 防水、防尘标准，支持低速（以上）旋转[水平控制速度 6（°）/s～15（°）/s，垂直控制速度 6（°）/s～15（°）/s]，支持 18 倍以上光学变倍，红外灯室外有效照射距离 100m。

（4）解码工作站及大屏幕显示系统。

解码工作站及大屏幕显示系统支持 DVI 信号、VGA 信号、HDMI 信号等主流视频传输接口的接入，通过控制软件对需要上墙的信号进行显示，可实现视频信号的全屏显示、开窗漫游、任意分割、图像叠加、图像拉伸缩放、任意组合显示等一系列功能。系统的主要功能有：

①整个系统能够将监控图像及 PC 等 VGA 信号实时地显示到屏幕上，以实现拼接等功能，处理功能强大。

②系统能显示包括 1080P（1920×1080）及以下的分辨率。前端全部通过解码器解码直接输出到显示屏上。

③系统支持多屏图像拼接，可多块屏拼接显示一个画面，可每块屏单独显示一个画面。

④图像拼接完整。液晶拼接屏物理拼接间隙不大于 6.7mm。

⑤支持不同分辨率（640×480～1920×1080）的 DVI 视频信号或者计算机信号。

⑥支持自由叠加、自由缩放、分屏、全屏等拼接显示功能，能显示超高分辨率的计算机图形。

大屏幕显示系统先进、稳定，可保持每天连续工作 24 小时，一年 365 天不间断工作，使用寿命长，易于维护。大屏幕显示系统软硬件连接简单。

（5）存储中心。

网络化存储采用全新双控器的存储架构，前端摄像机直接将数据流写入存储，采用磁盘阵列（RAID5）的方式进行数据存储保护。根据数据安全性要求，存储阵列可设计 $N+1$ 设备之间备份，保证数据高可靠性。

3.6.4 校园管网三维地理信息系统

1. 需求分析

三维地理信息系统是一种基于地理空间数据，结合计算机信息处理技术、传感器采集与处理技术、三维可视化技术，实现大规模地理空间信息可视化管理的先进信息化系统。其核心技术为三维 GIS，该技术目前已广泛应用于卫星导航、电子地图、数字城市、数字地球等方面。

三维 GIS 具有真实、直观、移动便捷等优点，近年来在智慧校园建设过程中得到越来越广泛的应用。基于真实场景数据的三维模拟，可通过三维立体校园展示，在校园安防监控、校园基础设施管理、基础设施抢险抢修等方面发挥巨大的作用。

校园基础设施管理，是保证学校教学、科研、生活正常运转的重要基础条件，也是校园规划、建设和管理的基础资料与公众共享的信息资源。为了提高校园基础设施管理水平，特别是地下综合管网的现代化管理水平，提升校园数字化、精细化管理水平，建设基于三维 GIS 的校园管网三维地理信息系统，保障校园基础设施高效运行和便利维护，为学校规划与紧急应急处理提供决策依据。系统在全面普查番禺校区的地下管线及地上公共设施空间分布和属性情况的基础上，结合校园规划和建设，建立具有高度全面性、现势性的地下管线和公共基础设施综合数据库，实现对全校各类管线和公共基础设施数据的管理、分析、查询、输出和实时更新等功能，为给水、排水、强电、弱电、燃气、变电所、水泵房、楼宇电梯、单体建筑、道路、场地、水域、绿化等在内基础设施提供良好的管理功能，提供专业的管线横纵断面分析、水平和垂直净距分析和三维分析等，并提供辅助设计、管线寿命分析、管网分析、应急救援图绘制等辅助规划应急应用，全面提高番禺校区的数字化规划、科学管理能力和决策水平。

2. 建设目标

本系统旨在建设集地下管网可视化管理、三维仿真、移动终端应用于一体的校园管网三维地理信息系统。该综合平台的建设，将为实现数字校园、智能校园、平安校园奠定坚实的基础。

3. 校园管网三维地理信息系统主要功能构成

①地下管线管理。

本系统用于番禺校区地下管线数据的三维可视化、管理和应用。系统所管理的管线数据类型包括：给水、污水、雨水、网络管道、路由走向等行业管线数据。

②三维动态仿真系统。

建立校园三维模型和动态仿真系统，实现校园规划设计方案评测、校园建设过程管理、校园效果宣传展示和校园建设中的领导决策功能。

3.7 楼宇设备自动化系统

智慧校园建筑设备自动化系统主要由以下部分构成：楼宇设备智能控制系统、电力监控系统、风机盘管联网管理系统、智能照明系统、自动抄表系统和能源管理系统。

3.7.1 楼宇设备智能控制系统

1. 需求分析

暨南大学番禺校区分布着大量规模、功能用途各不相同的各类建筑物，既有规模较大的用于教学科研和行政办公的教学楼、图书馆、学院楼、实验楼，还有学生宿舍楼、教工住宅楼等生活用楼，以及门诊、招待所、商业街等配套服务设施。通常空调系统的能耗占整栋建筑能耗的 60% 左右，照明能耗占 20% 左右。因此，建设楼宇设备智能控制系统对整个校区具有重要的节能意义。

通过建设楼宇设备智能控制系统，对番禺校区建筑相关机电设备统一监控，可动态实时了解各单体建筑相关机电设备的运行状况，在减少机电维护运营管理人员的同时，也为系统的快速运营模式切换、系统优化与管理决策提供了有效的技术支持手段。

2. 建设目标

楼宇设备智能控制系统应建立一套集中监视、控制和管理冷源、通风、给排水、空调、供配电、照明、电梯等设备或系统的综合系统。

楼宇设备智能控制系统通过对番禺校区建筑相关机电设备的高效率管理与控制，实时感知设备的运行状态、能量变动情况；在此基础上制定系统操作、控制、管理、调度运行策略，使管理机电系统高效运行；在系统运行期间，实时显示机电设备相关运行数据，记录、分析系统运行历史记录，打印各类报表，统计设备的运行时间、维护周期、保养管理情况等。

楼宇设备智能控制系统应为全开放式系统，系统设计具有充分的可靠性、先进性以及一定的灵活性、扩展性，使之能够充分满足校园的需要，具有良好的人机界面，并能满足业务扩展的需求，同时还应具备升级能力，保护用户投资利益。

3. 系统技术路线及总体要求

楼宇设备智能控制系统要求应用星形分布式控制系统的功能，采用模块化的结构。整个系统由中央工作站及监控软件、网络控制器、现场 DDC 控制器和末端传感器、执行器及必要的设备组成。对于具有数据接口的设备或系统，则以软件网关的方式接入。

楼宇设备智能控制系统功能构成如下：冷源系统设备监控子系统、空调设备监控子系统、变配电设备监控子系统、给排水设备监控子系统、网络化设备运行监控及管理平台、设备运行数据管理、设备故障报警管理等。系统需具备以下功能：

（1）具有对建筑机电设备测量、监视和控制功能，确保各类设备系统运行稳定、安全和可靠，并达到节能和环保的管理要求。

（2）具有对建筑物环境参数的监测功能。

（3）满足对建筑物物业管理的需要，实现数据共享，以生成节能及优化管理所需的各种相关信息分析和统计报表。

（4）具有良好的人机交互界面并采用中文界面。

（5）共享所需的公共安全等相关系统的数据信息等资源。

（6）向其他系统开放接口。

4. 系统组成与功能需求。

（1）系统组成结构。

楼宇设备智能控制系统通信网络结构至少分为两层，包括：计算机管理域、本地控制域。

管理层网络采用 TCP/IP 或 BACnet/IP 网络，采用总线型的网络拓扑结构来构建局域网，以实现中央控制单元、专用控制接口设备和数据处理设备之间的数据通信、资源共享和管理。系统利用大楼的专用网进行通信，通信网络宜采用统一的通信协议。

应用层网络采用 LonWork、BACnet MS/IP 或 RS485 等成熟的网络技术，现场控制器与扩展模块必须支持国际标准协议，并取得相关认证。

此外，各单体电梯、室外路灯、各学生宿舍楼热水系统通过软件接口接入楼宇设备智能控制系统。

为了保证系统通信的可靠性，管理层设备接入专用智能网。结构如图 3－19所示。

TCP/IP
BACnet/IP

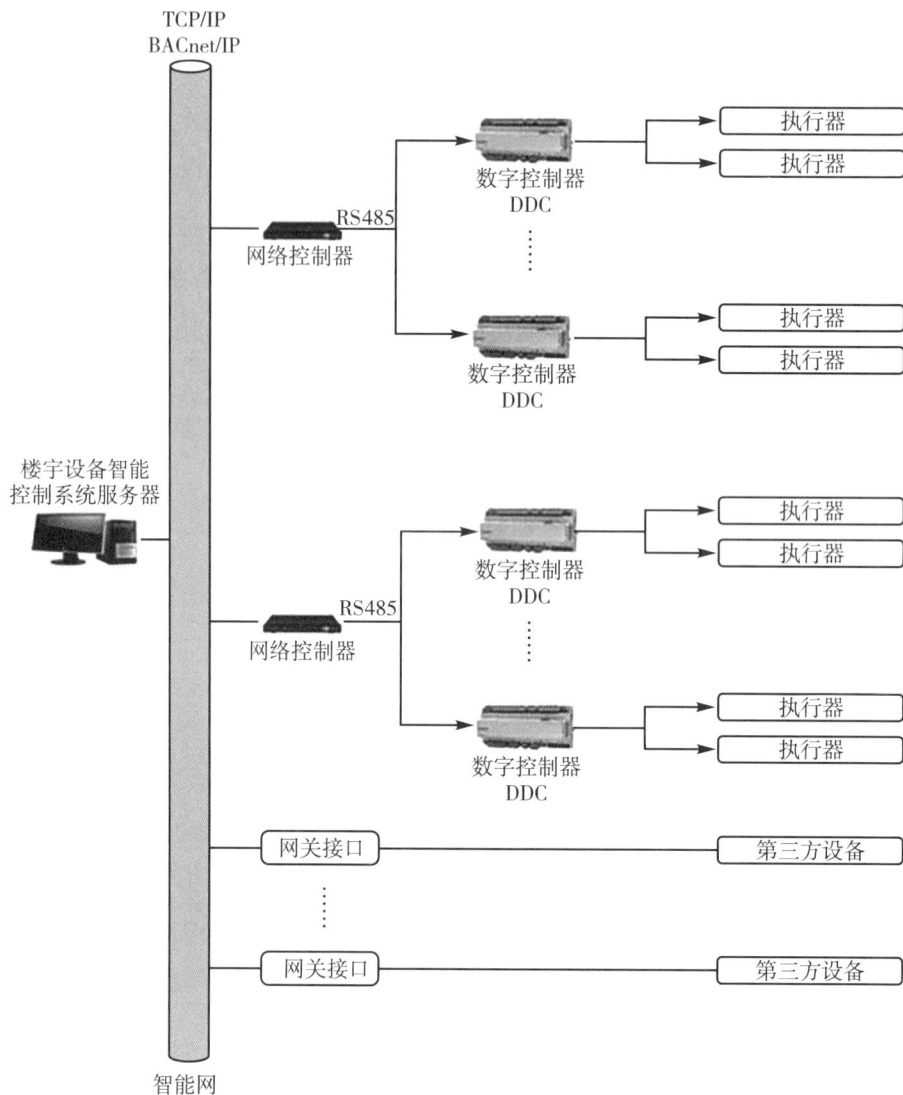

图 3-19　楼宇设备智能控制系统结构图

（2）系统主要功能。

楼宇设备智能控制系统对以下子系统进行监控：

➤ 中央空调冷源系统；

➤ 空调新风机及空气处理机系统；

➤ 公共区域风机盘管系统；

➤ 送排风系统；

➤ 排水系统；

➤ 生活变频给水系统；

➤ 生活热水系统；

➤ 电梯系统；

➤ 公共照明系统；

➤ 供配电系统。

系统监控点设计原则如下：

①中央空调冷源系统。

➤ 冷水主机：运行状态、故障状态、手/自动状态、冷冻水/冷却水出口流量；

➤ 冷冻泵：运行状态、故障状态、手/自动状态、远程开关控制；

➤ 冷却泵：运行状态、故障状态、手/自动状态、远程开关控制；

➤ 冷却塔：运行状态、故障状态、手/自动状态、开关控制；

➤ 蝶阀：蝶阀开到位、蝶阀关到位、阀门开关控制；

➤ 冷冻水/冷却水管路：冷冻水供水温度、冷冻水回水温度、冷却水供水温度、冷却水回水温度、冷冻水供水压力、冷冻水回水压力、压差旁通控制、冷冻水回水流量，并且通过通信接口读取主机内部参数。

②空调新风机及空气处理机系统。

➤ 运行状态、故障状态、手/自动状态、开关控制；

➤ 过滤网堵塞报警；

➤ 送风温度（对空气处理机，测量回风温度）检测；

➤ 冷水阀调节及开度反馈。

③公共区域风机盘管系统。

对公共区域风机盘管（包括教室内）采用联网控制的方式，监控内容包括：

➤ 风机高、中、低档位控制；

➤ 回风温度检测；

➤ 冷水二通阀控制。

风机盘管联网管理先自成系统，然后通过数据接口向 BAS/IIS 开放数据。

④送排风系统。

运行状态、故障状态、手/自动状态、开关控制。(对消防专用风机，只监不控。)

⑤排水系统。

➤ 集水井：超高位状态；

➤ 潜水泵：运行状态、故障状态。

⑥生活变频给水系统。

➤ 水箱：超高位状态、超低位状态；

➤ 给水泵：运行状态、故障状态、系统开关控制；

➤ 给水总管：供水压力。

⑦生活热水系统。

➤ 热泵机组：运行状态、故障状态、手/自动状态、远程开关控制；

➤ 循环水泵：运行状态、故障状态、手/自动状态、远程开关控制；

➤ 供回水管：供水温度、循环回水温度。（设于学生宿舍天面的空气源热泵—太阳能热水系统宜自带 PLC 控制柜，通过软件接口向 BAS/IIS 开放数据。）

⑧电梯系统。

上行状态、下行状态、停止状态、综合故障及所处楼层状态。（电梯系统宜在电梯机房内通过软件接口向 BAS/IIS 开放数据。）

⑨公共照明系统。

对车库、走廊、门厅等公共区域的照明回路监控内容如下：

运行状态、开关控制。（控制方式是时段控制结合室外亮度控制。为达到节能目的，在灯具选型时配节能开关。在照明回路较多的单体建筑，宜设专门的智能照明系统，先自成系统，再通过软件接口向 BAS/IIS 开放数据。）

⑩供配电系统。

对 10kV 开关房、高压配电房、低压配电房、变压器房、发电机房进行监控。

5. **主要技术参数**

（1）网络分站。

➤ 网络分站是指分布网（以太网）与分站总线之间的连接设备，负责分站总线的管理以及分布网与分站总线的信息转换。

➤ 网络分站应具有 10/100M Ethernet RJ45 接口，采用 BACnet/IP 开放性的国际标准协议，具有 BTL（BACnet 测试实验室）认证，以保证系统将来的良好兼容能力。

➤ 网络分站应具有分站总线接口，可连接 LonWork 或者 BACnet 总线，通信速率不低于 76.8kbit/s。

➤ 网络分站应能作为主机，处理各类建筑设备管理应用，可以不依赖上级的中央服务器独立工作。

➤ 网络分站应带有 RS232 或 USB 串行通信接口，用于程序下载及其他通信。

➤ 网络分站应采用 32 位 CPU 处理器，不少于 64MB 内存，可通过图形化工具软件进行自由编程。

➤ 网络分站应内嵌性能稳定的专业通用网络操作系统，如 UNIX、LINUX 等。

➤ 网络分站应可通过外存储器（如闪存）扩展存储容量，以存储更多控制程序和历史数据。

➤ 网络分站应具有访问分级密码权限控制功能。

➤ 网络分站的平均故障间隔时间（MTBF）应大于 10 年。

（2）现场控制设备（DDC）。

➤ DDC 作为对现场设备监控的重要设备，应充分体现楼宇设备智能控制系统集中管理、分散控制的设备管理模式。DDC 既具有直接数字控制和程序逻辑控制功能，在初始化及控制程序下载后，可独立地完成现场控制任务，又具有联网协同工作能力，有总线通信接口，通过分站总线将其点位和控制信息与总线上所有的控制器集成。

➤ DDC 应按照设计图纸，设置在被监控的设备附近的机房、弱电间等场所中，以到末端设备距离尽量短为原则，DDC 到被控制设备之间的距离不超过 80 米。应对被控设备分区域进行控制，针对被控设备类型及监控点数配置控制器。

➤ DDC 控制器要求采用 16 位及以上的处理器。

➤ 不能采用两台以上的 DDC 监控同一工艺流程。

➤ 为保证 DDC 的运算及数据保存量，要求 DDC 的内存容量不少于 1MB（以满足系统应用为准）。

➤ DDC 设备基本软件功能要求如下：比例控制、比例+积分控制、比例+积分+微分控制、开/关控制、时间加权控制、顺序、算术、逻辑比较、自动计数功能等，对于要求复杂控制的应用场景，还应提供高级自适应控制算法。

➤ DDC 应具有扩展功能，可根据现场不同需要，通过扩充输入/输出总线端口，结合多种输入/输出扩充模块，扩充到特定的输入/输出点数。

➤ DDC 应具有自我测试诊断能力，能自动将故障情形报告楼宇设备智能控制服务器。当 DDC 故障时，能够自动旁路脱离网络，并及时给出故障报警信号，并将报障信息传输给楼宇设备智能控制服务器，不至影响整个网络的正常工作，在 DDC 系统故障排除后，设备能自动联网运行。DDC 输入/输出点应能灵活配置，满足不同的控制需要，控制器配置输入/输出模块应留有扩展空间，在控制器上应有 10%～20% 的点冗余，且保留一个以上的 DI 和 DO 点冗余，以保证设备监控局部调整时无须增加控制器，而直接利用冗余点或增加输入/输出模块即可。

➤ DDC 应带标准 RS232 通信接口或 RJ45 通信接口，可接入便携式操作终端或笔记本电脑，以便现场编程修改控制参数。

➤ DDC 应具有电源故障保护能力，在系统长时间断电后不会丢失数据，来电后自动恢复工作，无须重新下载程序或重新配置参数。控制器系统时钟周期≤1秒，各控制器的系统时钟同步性良好，由服务器或分站网关统一协调设置。

➤ DDC 在与主控计算机进行通信的同时，还可以通过现场总线实现与其他 DDC 的点对点通信，DDC 点对点之间的通信无须经由网关处理。

➤ DDC 程序可于中央服务器/工作站通过系统总线上传、下载及更改，而不必前往现场调节。

➤ DDC 应配备用户在线编程通信、设备管理、设备控制、故障诊断等控制管理软件模块，并具有密码保护功能。

➤ 安全等级：遵循 UL 标准的 95 安全等级。

➤ DDC 的平均故障间隔时间（MTBF）应大于 10 年。

（3）传感器及执行机构。

➤ 楼宇设备智能控制系统中的传感器应选用支持相关工业标准，且与 DDC 相匹配，具有高灵敏度、高稳定性、寿命长等优良品质的工业级传感器。

➤ 楼宇设备智能控制系统品牌应具有完整的产品生产能力，除个别特殊情况外，传感器应采用与楼宇设备智能控制系统同一品牌产品。

➤ 浸探式或管装式传感器的相关选型应考虑现场工作环境（如工作温度、压力、安装方式等），传感器测量范围应尽可能使设定点在现场工况中点附近。

➤ 传感器必须适合固定于振动安装环境的表面，同时采用防腐蚀结构设计。

➤ 防干预式传感器须由制造商在厂内按要求调校妥当。在传感器安装前，对所安装的传感器进行校对检查，并应提供标准的测量仪计（如高精度温度计和湿度计），以作为检验依据。

➤ 风管式温度、湿度传感器探头长度应具备多种选择，以适应不同类型的风管，温度测量均匀，参数不低于以下要求：温度量程为 $-20{}^{\circ}\text{C} \sim 60{}^{\circ}\text{C}$，误差 $< \pm 0.5{}^{\circ}\text{C}$；湿度量程为 5%~95%RH，误差 $< \pm 5\%$RH。

➤ 室外安装式温度、湿度传感器应配暗装接线盒，若安装处易受阳光直射或雨淋，需安装保护箱进行保护，参数不低于以下要求：温度量程为 $-20{}^{\circ}\text{C} \sim 50{}^{\circ}\text{C}$，误差 $< \pm 0.5{}^{\circ}\text{C}$；湿度量程为 5%~95%RH，误差 $< \pm 5\%$RH；防护等级为 IP54。

➤ 压差开关：安装于新风机过滤段及送风管上，反馈信号为干接点信号，动作值现场整定，电接点容量不小于 24V AC、1A，回差可调，防护等级为 IP50。

➤ 二氧化碳浓度传感器参数不低于以下要求：量程为 $0 \sim 2000$ppm（可调整）；输出为 $0 \sim 10$V 或 $4 \sim 20$mA；测量误差 $< 2\%$；防护等级为 IP20。

➤ 液位开关：反馈信号为干接点信号（视情况选用常开接点或常闭接点），安装于水箱及集水井内，不得采用水银开关，带配重浮球。要求开关动作稳定可靠，电接点容量不少于 24V AC、1A。液位开关须配套 10m 以上防水电缆及相关防水接线附件。

➤ 控制阀门及其执行机构新风处理机、冷风柜等的冷冻水二通阀、新回风阀及其执行机构由空调及给排水专业提供。楼宇设备智能控制系统负责提供控制接口技术要求。

（4）现场控制器箱。

现场控制设备要求安装于保护箱体内，要求如下（设备本身自带外箱除外）：

①一般要求。

➤ 箱体要求采用质量优良的足厚喷涂彩色钢板制作，色彩美观大方，接地良好，具有良好的防锈防腐和抗电磁干扰功能。

➤ 箱体尺寸大小根据箱体具体配置设备的容量设计（应为可扩展模块预留一定的空位），同时要综合考虑散热性能、操作方便性及机房的安装空间。

➤ 箱内配置应包含控制器工作所需的电源适配器、中间继电器、接线排以及线槽等。

➤ 中间继电器必须选用进口优质产品，确保系统控制可靠性。

➤ 箱门需带锁及金属铭牌，箱内的元器件要求摆放整齐美观，便于维护。

➤ 上进线的箱子中进线处线槽外的缝隙须严密封闭，以防止灰尘杂质掉入箱体内。

②电源要求。

➤ 电源进线开关要求配置双位空气断路器，电源低压出线端须配置熔断器或空气断路器保护。

➤ 现场控制器电源的容量必须满足箱内所有控制器、扩展模块以及中间继电器的功率要求，并最少有 20% 以上的裕量。

➤ 若需要控制电动二通阀、风门驱动器以及其他执行机构的箱子，必须为有关执行机构配置单独的电源，电源的电压、功率容量需满足实际使用需要，并预留最少 30% 以上的裕量，且不能与分布式直流电源（DDC）合用。

➤ 若需要连接直流供电的传感器的箱子，箱内必须配置直流开关电源，功率容量满足使用要求，且应有 20% 以上的裕量。

③接线要求。

➤ 箱内连接线均采用铜芯线连接，线芯截面须满足实际负荷要求且面积不小于

$1mm^2$，每根接线两端均应套端号牌，以便于查对。

➤ 箱内接线要求在 PVC 线槽内走线，以达到整齐、美观的效果。

➤ 箱子要求配置端子排，箱子的所有对外接线（现场总线可除外）均要求在端子排上实现，端子排上应标明清晰的标号，不同电压等级的接线端子严禁相邻。

➤ DDC 的 DO 点控制要求通过中间继电器与被控制回路隔离，中间继电器要求采用进口优质继电器，预留的空余 DO 点应配置继电器插座，需要使用时，只需要插入中间继电器便可工作。

➤ 箱内元器件的安装及接线应在厂内完成。

➤ 每一个控制箱子均应提供完整的接线图，贴在箱门后，并需要另外提供完整的箱体设计文件及质量证明。

3.7.2 电力监控系统

1. 需求分析

按华工院的规划设计，番禺校区一期有 5 个 10kV 开关房、18 个变配电房。电力监控系统集合了电量采集、电能质量监测、快速事故诊断、波形瞬态捕捉、微机保护等功能于一体，可以为校区供电的安全性和可靠性提供保证，并提高供电的自动化管理水平，达到节约能源的目的。

2. 建设目标

电力监控系统既要满足当前番禺校区电力系统的监控需求，也要适应今后发展对电力监控的扩展需要。系统应该选型相对先进的自动化控制设备，并开展较多的冗余性设计。电力监控系统的主要功能目标为：采集校园内各主要设备的用电数据，为整个校园的节能分析提供详尽的第一手资料。

3. 系统组成与功能需求

（1）系统构成。

整个系统采用分层分布式结构，由主控层、通信管理层、设备层（间隔层）三部分构成。

主控层：在监控中心机房内设监控计算机和打印机等设备。

通信管理层：在变配电房内设多功能通信处理器和交换机等。

设备层：在配电柜上设微机综合保护装置、多功能仪表等。

系统结构如图 3-20 所示。

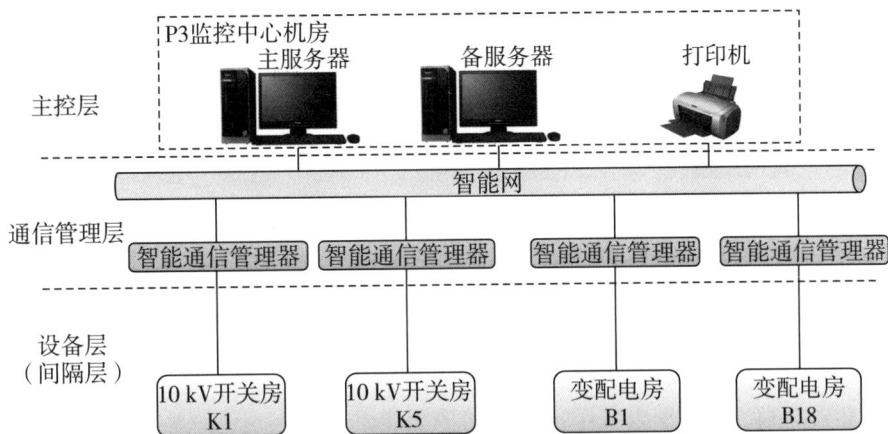

图 3-20　电力监控系统结构图

（2）电力监控系统主要功能。

番禺校区电力监控系统主要监控对象为校园 10kV 进线回路和出线回路，通过采用高端智能仪表和微机保护测控装置，实现对电网运行状况的实时监控。

系统传感单元安装在变配电房。主要监控对象包括：10kV 进线回路、10kV 母联回路、10kV 变压器出线回路、低压进线回路及母联回路、10kV 备用自投回路、低压馈线回路、变压器温控仪表、直流屏、发电机。

①高压配电房进线端电源测控功能。

➤ 局部短路故障、局部开路故障、电压扰动源故障、供电电源故障类型。

➤ 三相测量（供电电压测量、供电电流测量、频率测量、功率因数测量、有功功率测量、无功功率测量、有功电度测量、无功电度测量等）。

➤ 电压暂升瞬变、电压暂降瞬变、可捕捉不大于 0.5 周波的电压瞬变，实时在线监控电压和频率偏差。

➤ 63 次谐波和间谐波分析。

➤ 波形瞬态捕捉，512 条事件记录，16 组定时记录。

②高压配电房出线回路测控保护功能。

➤ 保护功能：速断保护、过流保护、谐波电压/谐波电流保护、大电流闭锁、重合闸功能等。

➤ 全电量高精度测量：电压、电流测量精度不小于 0.2 级，有功电度精度不小于 0.5 级。

➤ 大容量故障录波功能：记录 8 次故障录波波形（长度为 100 个周波），63 次谐波分析功能。

③高压配电房 10kV 线路测控保护功能。

➤ 保护功能：速断保护、过电流保护、零序电流保护、复合电压闭锁过流保护、反时限保护、过电压保护、低电压保护、告警功能等。

➤ 全电量高精度测量：有功电度精度不小于 0.5 级，电压、电流测量精度不小于 0.2 级。

➤ 大容量故障录波功能：记录 8 次故障录波波形（长度为 25 个周波），31 次谐波分析功能。

➤ 最近发生的 192 个 1ms 事件顺序记录（SOE）功能。

④高压配电房 10kV 配电变压器测控保护功能。

➤ 保护功能：速断保护、过电流保护、零序电流保护、接地保护、过电压保护、低电压保护、超温保护、非电量保护、告警功能等。

➤ 全电量高精度电量测量：电压、电流测量精度不小于 0.2 级，有功电度精度不小于 0.5 级。

➤ 大容量故障录波功能：记录 8 次最近发生的故障波形（长度为 25 个周波），31 次谐波分析功能。

➤ 最近发生的 192 个 1ms 事件顺序记录功能。

⑤高压配电房 10kV 母联测控保护功能。

➤ 保护功能：速断保护、过电流保护、过电压保护、充电保护、过负荷保护、TV 断线、同期检查、低周解列等。

➤ 全电量高精度电量测量：有功电度精度不小于 0.5 级，电压、电流测量精度不小于 0.2 级。

➤ 大容量故障录波功能：记录 8 次最近发生的故障波形（25 个周波），31 次谐波分析功能。

➤ 最近发生的 192 个 1ms 事件顺序记录功能。

⑥10kV 备用电源自动投入保护功能。

当发生 10kV 供电线路任一进线断电情况时，自动投入保护装置自动断开该路进线，合上母联开关，由另一路进线供电，以保障供电线路的平稳运行。

⑦低压供电房 380V 进线端测控功能。

在低压供电房配置三相多功能测控电表，实现如下监测功能：

➤ 各回路三相全电量的测量（电压测量、电流测量、频率测量、功率因数测量、有功功率测量、无功功率测量、有功电度测量、无功电度测量等），电压、电流测量精度不小于 0.2 级，有功电度测量精度不小于 0.5 级。

➤ 双向有功电量、无功电量计量功能。

➤ 128 点/周波的波形采样功能。

➤ 三相不平衡测量功能，2~31 次谐波分析功能，最近发生异常的 64 条 1ms 事件顺序记录功能。

⑧低压供电房 380V 联络柜、电容器柜自动测控功能。

在低压供电房 380V 联络柜、电容器柜配置三相多功能测控电表，实现如下监测功能：

➤ 各回路三相全电量测量（电压测量、电流测量、频率测量、功率因数测量、有功功率测量、无功功率测量、有功电度测量、无功电度测量等），电压、电流测量精度不小于 0.2 级，有功电度测量精度不小于 0.5 级。

➤ 双向有功电量、无功电量实时计量功能。

➤ 128 点/周波的波形采样。

➤ 2~31 次谐波分析功能，三相不平衡实时监测功能，64 条 1ms 事件顺序记录功能。

⑨低压供电房 380V 馈线实时监控功能。

在低压供电房 380V 馈线柜配置三相多功能测控电表，实现如下监测功能：

➤ 馈电回路三相全电量测量（电压测量、电流测量、频率测量、功率因数测量、有功功率测量、无功功率测量、有功电度测量、无功电度测量等），电压、电流测量精度不小于 0.2 级，有功电度测量精度不小于 0.5 级。

➤ 三相电流、三项电压不平衡监测，剩余电流保护功能。

➤ 电参量越限告警输出功能。

➤ 2~31 次谐波分析功能，32 条 1ms 事件顺序记录功能。

4. 主要技术参数

（1）设备层测控仪表。

①开关房高压电源进线测控；

②开关房出线回路高压实时测控；

③高压配电房 10kV 线路自动保护；

④高压配电房 10kV 配电变压器微机保护测控；

⑤高压配电房 10kV 母联微机保护测控；

⑥10kV 备用自投；

⑦低压房 380V 进线测控；

⑧低压房 380V 联络柜、电容器柜测控；

⑨低压房 380V 馈线测控；

⑩变压器温控仪表、直流屏、发电机测控。

（2）通信管理机。

通信管理机用于对电力系统安全运行相关参数进行数据采集和格式转换。通信管理机通过通信网络对其管辖的各类传感器信息进行采集、处理、存储并接入能源管理系统网络，具有实时数据采集、通信协议转换、数据存储和转发、时钟、数据安全保护等功能，通过 RS485 接口采集现场设备数据，通过以太网转发给上位机，并可接收来自上位机的设置命令，支持 Web 远程设置功能。

主要技术参数指标：

①采用可靠、稳定的嵌入式操作系统 VxWorks 6.7 或嵌入式 Linux 或 Windows CE 5.0；

②支持三种时钟源对时方式：内部时钟、GPS、SNTP，带有同步秒脉冲输出，授时精度<60ns；

③遥控响应时间：≤3s；

④遥信响应时间：≤2s；

⑤SOE 的时间最小分辨率 1ms；

⑥采用双电源冗余设计；

⑦低功耗无须散热风扇；

⑧工业级的可靠性设计。

3.7.3 风机盘管联网管理系统

1. 需求分析

建筑物内走廊、电梯厅、大堂等属于公共区域，一直以来处于人人可管又人人可不管的状态，如果采用常规的本地温控器控制方式，在使用和管理上存在很大的弊端：设备分散，不利于管理；存在温度设置点过低，或者非必要时段仍然开机等浪费能源的问题。

对于番禺校区教学楼这样的单体建筑，其内部有一百多间教室，共有几百台风机盘管设备，建设风机盘管联网管理系统可极大地便利教室空调的统一远程管理。随着校园节能日益成为智慧校园建设过程中重要的管理指标，风机盘管温度控制通过联网进行集中控制，如通过远程统一开关、室内温度自动设定等自动化管理功能，可极大减轻空调系统运行管理工作量，以先进管理技术节约能源，同时减少中央空调系统负荷，延长冷水主机设备使用寿命，降低系统运行费用，以先进管理技术实现减负、节能、增收的多重效果。

2. 建设目标

设立集中管理的风机盘管联网管理系统，合理设定温度点，按需要定时开关机，从而提高设备的管理水平。

3. 系统组成与功能需求

（1）系统组成。

系统由中央管理计算机、网络传输设备、控制面板（主控面板）、风机盘管控制盒（器）、外接温度传感器、挂墙面板等设备组成，中控电脑通过 RS232～RS485 网络转换器连接主控面板，每台主控面板连接 485 总线组成一级 Modbus 总线，主控面板通过 485 总线连接风机盘管控制盒的二级 Modbus 总线，风机盘管控制盒连线控制风机盘管。

每间教室配置一个墙装控制面板，管理其内的几台风机盘管。初步统计共有约 150 个控制面板、约 600 个风机盘管控制盒。

系统结构如图 3-21 所示。

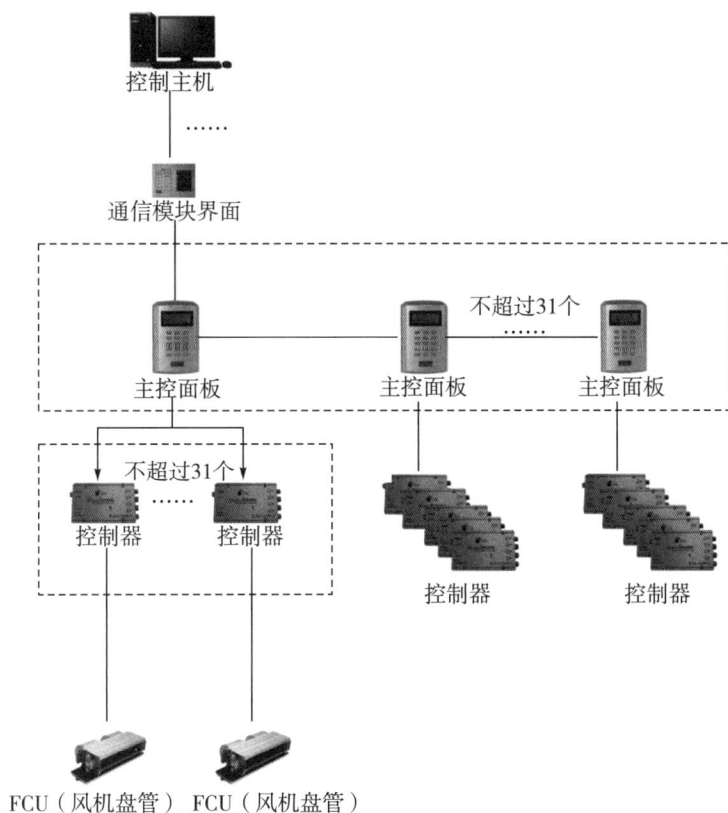

图 3-21 风机盘管联网管理系统拓扑图

（2）系统主要功能。

温控器依据设定的工作状态、风速（高、中、低）及温度，根据当前的环境温度控制电动水阀的开关，从而达到控制室温的目的。

联网型温控器可以实现联网，上位机可以实时读取温控器的状态，同时可以改变温控器的状态。

通过既定的时间程序定时启停风机盘管。

具备舒眠模式，可以通过干触点实现节能控制。

系统中所有温度、运行参数等数据的趋势记录将记录 5 天，供用户读取或据此提取制作相应的报表。

系统可以向 BAS/IIS 开放数据。

4. 主要设备技术参数

（1）控制面板。

①主控面板具有区域网络连线功能，采用 Modbus RTU 通信格式；

②主控面板可以控制最多 31 台风机盘管控制盒；

③每一回路最多可连接 31 个主控面板（IP 可设定 1~255）；

④具有群组（Group）控制功能（子机可独立设定，不受群组控制）；

⑤可分段启动控制盒；

⑥具有冷气、暖气、送风等功能；

⑦具有自动或手动调节风速功能；

⑧具有定时开关机功能；

⑨具有温度偏差设定功能；

⑩具有锁定子机功能，只能 ON/OFF；

⑪可选择面板感温或控制盒感温；

⑫可设定由 DI 接点控制节能功能启停。

（2）风机盘管控制盒。

风机盘管控制盒具有阀门开关控制及风机三速调节功能，自带温度传感器。1 台主控面板单回路可通过 Modbus 总线控制 31 台风机盘管控制盒。

（3）中心管理软件。

采用 Windows XP 以上操作平台，全中文界面，信息实时回输，操作便捷。中心管理软件系统采用开放型数据库，安装容易，适用性强；用户可通过数据接口协议访问数据库相关信息。通过中心管理软件，可将风机盘管联网管理系统设计成多分区或单分区管理模式，实时显示和控制各个分区内温度控制器的运行状态。中心管理软件有完善的密码管理及登录制度。

3.7.4 智能照明系统

1. 需求分析

采用专业化的分布式智能照明系统,对建筑物内部照明进行自动控制(或用现场手动方式进行控制),实现集中管理、节能运行。本项目在照明回路比较集中的单体建筑(如图书馆、教学楼)设立智能照明系统,主要实现对大厅、电梯厅、公共通道、地下停车场等公共场所,以及其他有需要的场所进行照明集中控制和管理。

2. 建设目标

系统以定时控制为主,结合照度技术测量,对公共照明回路进行开关控制。

为了更好地实现节能目的,宜对走廊等区域的灯具在强电照明设计时配置节能感应开关(红外感应、亮度感应),以达到人到灯亮、人走灯灭的效果。

3. 系统组成与功能需求

(1)系统组成。

智能照明系统主要由控制计算机、计算机通信接口、现场驱动模块、控制面板、亮度传感器和动静传感器(红外)等组成。

现场驱动模块安装在照明箱中,采用标准模数化 35mm DIN 导轨。

每个现场驱动模块按菊花链的连接方式接入该区域的网关。

为了使用方便,在每楼层容易管理的地方(如电房)安装控制面板,可以现场手动控制该层的公共走廊照明。在有需要的特殊区域,也相应安装控制面板。

智能照明系统先自成体系,再通过软件接口向 BAS/IIS 开放数据。

其系统结构如图 3-22 所示。

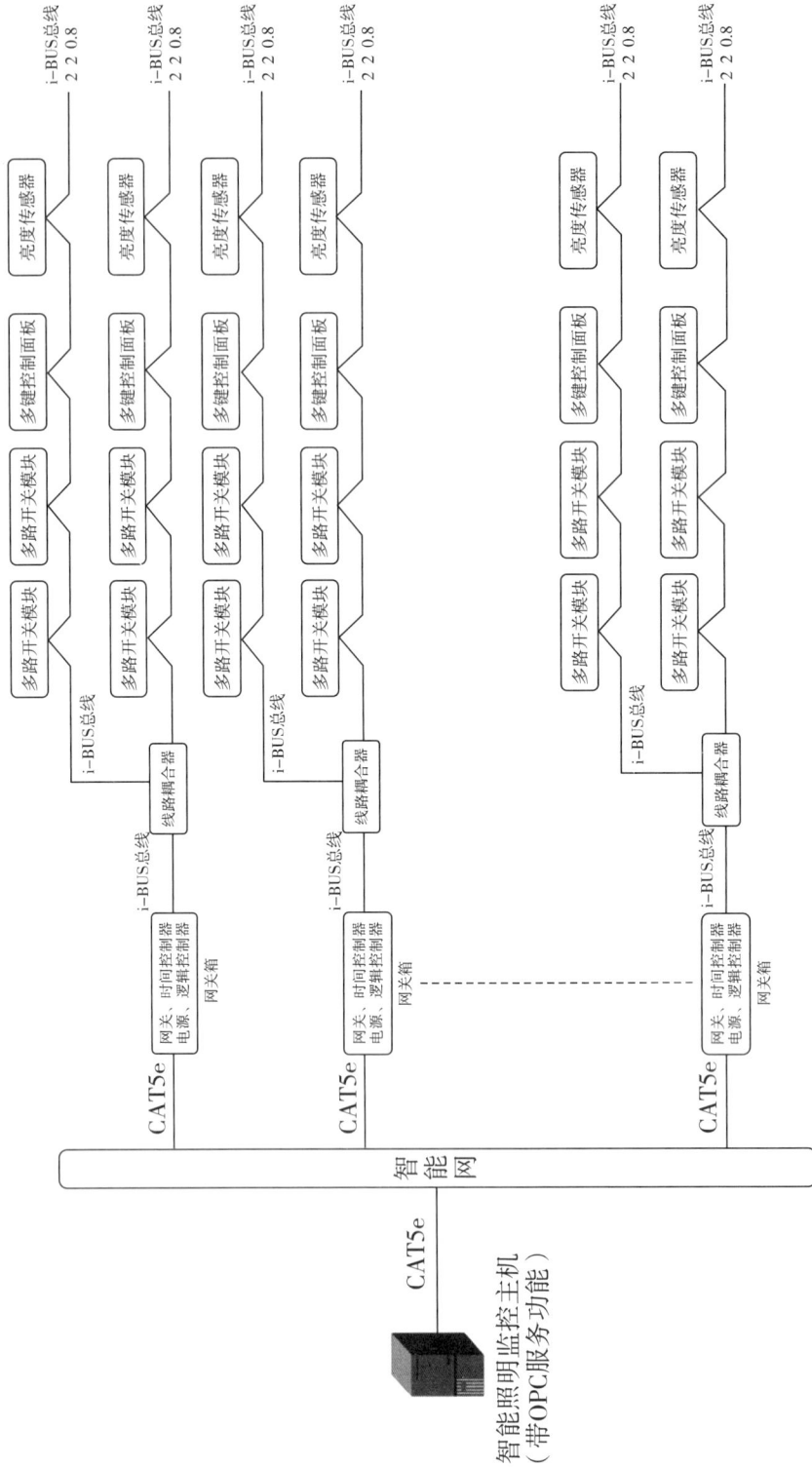

图3-22 智能照明系统拓扑图

（2）系统主要功能。

系统操作界面应该中文化、图形化，易于操作使用。系统应该具有开放的数据接口，便于系统集成。

各相关照明回路应该具有本地面板控制、时钟控制、中央远程控制的基本功能。

系统支持分时段自动运行模式切换功能：可以根据实际情况，进行一天的照明时段划分（如上午、中午、下午、晚上、深夜五个时段），通过软件系统设置，在不同时段内，自动控制灯具开闭的区域和数量，实现用电节能。

对室内照度与室外照度密切相关的区域，应根据外界自然光来控制灯具的自动开闭：当系统检测到当前照度低于照度设置最低值时，系统打开对应照明回路，使室内保持最佳的亮度；当系统检测到当前照度高于照度设置最高值时，系统自动关闭对应照明回路，实现照明用电节约。在各分区同时设计手动控制面板，用户可根据需要就地手动控制灯具的开关。系统使用模式应有一般模式、省电模式和全开模式三种控制模式可选，当系统设置为全开模式时，系统自动屏蔽照度感应信息。

建筑走廊采用分时段控制的自动照明控制模式：在正常工作时间，打开所有的走廊照明灯具；在非工作时间，采用间隔开闭的方式实现减光照明。在走廊各控制分区设计手动控制开关，可根据需要就地手动控制相关灯具的开启与关闭。建筑走廊靠窗口的回路照明可设置为根据外界自然光照度变化的感应控制，晚上也可设置为由红外传感器控制的自动开关模式，实现人来灯亮、人走灯灭的照明效果。

关于路灯的控制，根据华工院的规划设计，路灯电源分三个控制点接入，分别控制教学区、生活区、体育场馆三个区域，在控制上可以就近接入邻近的智能照明系统（或 BA 系统）。

4. 主要技术参数

（1）智能开关驱动器。

①智能开关驱动器安装方式：导轨式安装在照明配电箱内。

②单回路控制容量≥16A，具有手动开关功能，便于线路检修。

③智能开关驱动器应具备分组及延时开关功能，有效避免集中开闭时的浪涌电流干扰。

④智能开关驱动器上设置手/自动切换，系统故障时也可以手动开/关灯。

⑤智能开关驱动器上设置机械状态指示装置，在停电状态下也可指示回路通断状态。

（2）智能照明系统控制软件。

①智能照明系统控制软件主要构成：控制系统软件、智能照明控制系统开放性通信协议和系统管理软件操作说明。

②智能照明系统控制软件主要功能：在总控中心的控制端实现对整个照明系统

的实时监控，如以电子地图方式实时显示建筑灯具的位置和运行状态（开或关），各照明回路的开、关操作，系统运行时间和事件记录，故障报警提示功能等。

③系统易用性要求：系统操作应灵活、方便，系统运营人员可在总线上的任意控制点进行灯具状态监控及程序修改。

④系统可扩展性要求：系统采用模块化设计，具有良好的软硬件扩展性能。

⑤系统安全性要求：控制软件具备角色分配及权限管理功能，不同角色用户通过不同的用户名及口令登录系统，实现权限范围内的功能控制。

⑥灵活的编程及应用功能：系统控制程序编写界面简单易行，可根据不同的用户需求，任意编写程序进行照明系统开关控制和调光设定。

⑦智能照明系统控制软件应提供集成接口和开放协议，以便智能化集成系统的集成。

3.7.5 自动抄表系统

1. 需求分析

自动抄表技术是为提升水、电、燃气、冷量计量管理效率而发展出来的新型技术，是综合运用智能计量技术、通信和计算机技术等多项先进技术的集成技术。自动抄表系统实时采集数字计量仪表相关信息，将其通过传感器网络传送到中央数据库，对数据统一管理、集中存储，从而取代传统的人工抄表方式，极大地提高了仪表信息计量的工作效率和数据计量的准确率。自动抄表系统的成功建设，可实现对校园用水、用电、用气、中央空调冷量等状况的统一监控和远程管理，是现代化智慧校园能耗节约的硬件与数据基础。

2. 建设目标

实现自动多表（冷水、热水、电）抄表及计费，已成为新型智能建筑的发展趋势。按照学校节能减排的总体安排，逐步推行用能耗"定额"考核、管理的思路。自动抄表系统将番禺校区以单体建筑物为单位进行考虑，在每栋单体建筑物设置水表和电表，实现自动抄表，并将数据传输至 P3 动力保障楼的抄表管理中心进行处理。

3. 系统组成与功能需求

（1）系统组成。

➤ 番禺校区自动抄表系统采用分布式抄表模式，且每个单体建筑内都具有单个或多个智能节点控制器，通过智能节点控制器控制智能表采集建筑内用水和用电的计量数据，并经智能网上传到抄表管理中心（P3 动力保障楼）。

➤ 智能表：指智能电表与智能水表。

➤ 智能节点控制器：通过总线与智能表通信，负责单体建筑内某点（整栋/楼层/区域/房间）的水和电的自动抄表、控制（断水或断电，可另配置切断设备）和数据传输。

➤ 智能网：联通整个校区智能建筑自动化系统的网络，该智能网不属于自动抄表系统建设范围。

➤ 抄表管理中心：由抄表管理服务器、打印机、抄表管理软件组成，负责将智能节点控制器上传的水量和电量的信息经过汇总、整理和处理后，提供给用户管理模块、计费模块、用电管理模块和接口模块（一卡通系统数据接口和能源管理系统数据接口）使用。同时，用电管理模块可根据需求给智能节点控制器下达命令，实现定时或实时控制切断设备。

番禺校区一期工程建设的自动抄表系统所涉及的单体建筑有图书馆 J1、教学楼 H、学生食堂 N1、学生宿舍 T1~T4、后勤服务中心 W1、学院楼 B、实验楼 D、校门诊楼、P3 动力保障楼等。其系统结构如图 3-23 所示。

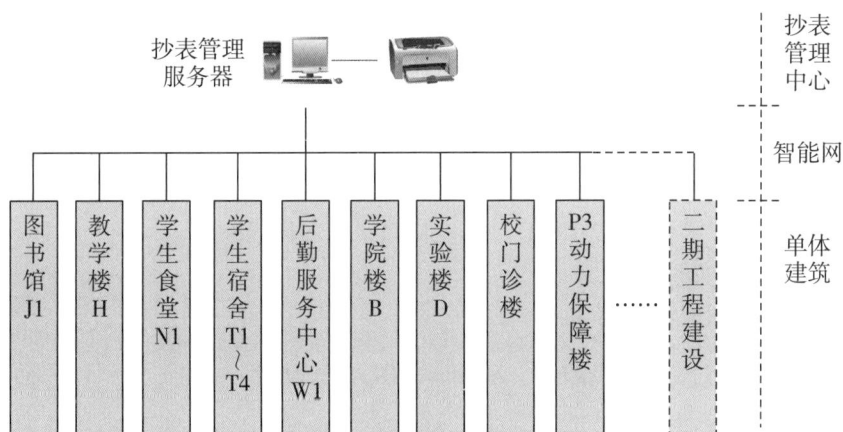

图 3-23 自动抄表系统拓扑图

（2）系统主要功能。

①智能节点控制器。

➤ 实时监测：实时、定时采集和控制。

➤ 计数准确：确保电子计数与水表机械计数一致。

➤ 数据存储：可存储一段时期的数据，保障智能网故障恢复后可上传历史数据。

➤ 实时时钟：具有实时时间，可由抄表管理中心校时。

➤ 支持多种智能表的协议，支持多种类型智能表在同一总线挂载。

②抄表管理中心。

➤ 数据查询和报表管理打印：包括用户日用量、月用量查询和用户注册资料查询等。根据用户需要可输出不同格式的打印报表。

➤ 实时监测功能：实时检测并记录用户在特定时段内的能源消耗状况，同时生成动态用能曲线，为后期电量计量数据查询提供参考依据。

➤ 报警功能：设备用水或用电出现异常状况自动报警，设备通信出现故障自动报警，并记录报警历史数据，为后期数据查询提供参考依据。

➤ 接口功能，具有开放的通信接口，方便与其他子系统或上级集成系统自由交换数据：实现与一卡通系统的数据交互，实现用水量和用电量等计费和欠费切断功能；实现与能源管理系统的数据交互，实现能源管理（分析）及控制（切断）。

➤ 分时计量功能：可设置分段计费，按客户的要求在不同时段设定不同的单价。

➤ 基于全中文数据库综合管理软件，结合计费系统的特点，可对番禺校区如冷水、热水、电等的用能数据进行综合分析、统计、打印和查询。

➤ 切断控制功能：依据一卡通系统的欠费和能源管理系统等命令切断设备（断水、断电）。

➤ 系统安全：系统采用严格的分级口令管理，具备角色分配及权限管理功能，数据的建立、修改、删除、查询都需要具备相关授权，以防止对数据的非法操作。所有数据变化均记录在日志文件中，为后期数据查询提供参考。

4. 主要技术参数

（1）智能水表和智能电表。

➤ 支持 RS485，支持 Modbus、M-Bus、DL/T 等协议；

➤ 支持切断控制；

➤ 支持（水/电）计量值累积；

➤ 支持波特率设置（至少）：2400，4800，9600。

（2）智能节点控制器。

➤ 32 位处理器；

➤ 1 路 10/100/1000M 以太网口；

➤ 模拟量模块接口：4AI，2AO；

➤ 数字量模块接口：4DI，4DO；

➤ 1 路 TF/SD 卡：支持 2GB 及以上；

➤ 至少 2 路 RS485；

➤ 最长距离 1200m；

➤ 至少可挂载 32 个智能表；

➤ 支持多种智能表协议，如 Modbus、M-Bus、DL/T 等。

（3）抄表管理中心。

➤ 抄表管理服务器，最低性能要求：

处理器：双核，主频 3GHz；

运存：4GB；

硬盘：7000 转，500GB×2；

操作系统 Microsoft Windows；

支持 RAID 数据备份；

➤ 系统采用 Microsoft SQL Server 2000 或更高版本，至少可设置 3 个管理用户；

➤ 系统对实时信息的显示延迟多数情况下不超过 3 秒；系统控制命令的响应时间小于 5 秒；发生报警时，报警响应时间小于 3 秒；历史运行数据可保存 3 年以上；

➤ 系统保证 24 小时长期不间断稳定可靠运行，在出现特别严重故障的情况下，能快速地对故障进行处理并使其恢复正常运行；

➤ 系统具有完整的网络冗余及软件容错解决方案；

➤ 支持数据库接口、OPC 接口；

➤ 支持与一卡通系统数据交互；

➤ 支持与能源管理系统数据交互。

3.7.6 能源管理系统

1. 需求分析

能源管理系统（简称 EMS）是"节能型校园""智慧校园"的重要组成部分。通过建设能源管理系统，校园的总能耗、各分体建筑能耗，甚至各部门能耗、学生个人能耗、平均用能能耗等以前难以统计的能耗信息均可以图表方式自动统计和快速呈现，为校园优化能源管理措施、制订能源收费方案等提供技术支撑，可显著提高高效空调设施与能源的利用效率，并降低学校用能成本。

2. 建设目标

能源管理系统是智慧校园楼宇设备自动化系统的一个重要组成部分。能源管理系统采用分布式系统结构，对校区办公用电、宿舍用电、热水、冷水、空调冷量等相关能源使用情况进行分析，通过全时、动态的能效分析和能耗管理，实现节能应用。

系统采用能源管理计划、能源实时监控、能耗统计、重点能耗设备管理、数字水电表管理等多种先进技术手段，实现对校区能耗构成、用能趋势的准确掌握。在此基础上，将校区的用能计划指标分解到各个环节（学院、部门、科室等），从而明确节能工作责任，实现切实的能源使用节约。

系统建立能源管控子平台，运用先进的大数据分析技术，实行在线或离线能源审计，实现统计报表、数据分析、预测分析等能源相关统计分析功能，从而实现高效能源利用，降低能耗，提高环保水平，达到节能降耗的目的，促进绿色校园健康稳定发展。

3. 系统组成与功能需求

（1）系统组成。

能源管理系统采用软件接口的方式取得电力监控系统与自动抄表系统的计量数据，经统计、分析后输出（曲线、报表、Web 发布）。

能源管理系统架构包括能源管理中心、智能网、电力监控系统和自动抄表系统三级物理结构。

①能源管理中心设备构成主要包括数据管理服务器、Web 服务器等相关服务器。

数据管理服务器：实时采集系统能源数据，对相关能源数据进行存储、计算、分析、统计、控制和用户交互。

Web 服务器：将能源系统的分析结果（报表、曲线）等数据经由 Web 发布。

②自动抄表系统：自动抄表系统是独立系统，将经自动抄表系统处理的能源（或能耗）数据提供给数据管理服务器进行能耗的统计分析。

能源管理系统结构如图 3-24 所示。

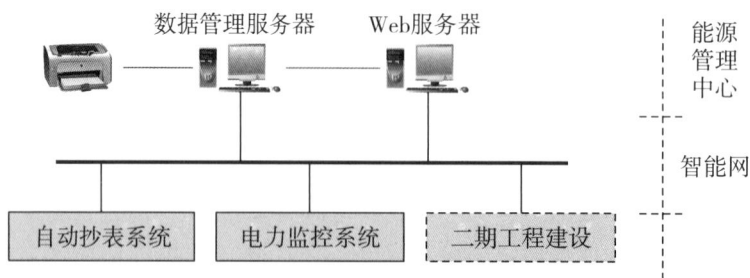

图 3-24　能源管理系统网络拓扑图

（2）系统主要功能。

①能耗采集功能：实时采集系统能源数据，对校区相关能源数据进行存储、计算、分析、统计、控制。

②监控功能：对电力监控系统和自动抄表系统的设备进行监控和实时调整。

③基础能源管理功能：将采集的数据进行归纳、分析和整理，结合能源管理计划的数据进行基础能源管理工作，包括能耗平衡管理、能耗统计分析、能源系统运行支持管理等。

④能耗控制功能：周期性地集中报告能源使用数据，与能耗预期数据进行比较，将相关比较结果周期性地提交给能耗管理部门，作为管理部门进行能耗计划和控制的依据，为校园节能规划和能源节约绩效管理提供考核管理依据。

⑤能耗预测功能：能源管理中心通过对比和查询数据库中能耗历史数据，综合考量人员变动、天气状况等外部客观因素，运用能源审计方案，对未来一段时期的能源消耗情况进行预测，给出能源消耗的发展趋势，提供校园节能规划技术方案。

4. 主要技术参数

（1）数据管理服务器（最低要求）。

①处理器：4 核，主频 3.0GHz；

②内存：8GB；

③网络：2 路 10/100/1000M 自适应；

④硬盘：7200 转，500GB×2；

⑤支持 RAID 数据备份；

⑥数据库：Microsoft SQL Server 2000，3 用户；

⑦操作系统：Microsoft Server 2000/2003/2008。

（2）Web 服务器（最低要求）。

①处理器：双核，主频 3.0GHz；

②内存：4GB；

③网络：2 路 10/100/1000M 自适应；

④硬盘：7200 转，500GB；

⑤操作系统：Microsoft Server 2000/2003/2008。

（3）能源管理系统。

①系统对实时信息的显示延迟多数情况下不超过 3 秒；系统控制命令的响应时间小于 5 秒；发生报警时，报警响应时间小于 3 秒；历史运行数据可保存 3 年以上；

②系统保证 24 小时长期不间断稳定可靠运行，在出现特别严重故障的情况下，能快速地处理故障并使其恢复正常运行；

③系统具有完整的网络冗余及软件容错解决方案；

④支持数据库接口、OPC 接口；

⑤支持与自动抄表系统数据交互。

3.8 公共安全系统

暨南大学番禺校区是一座以教、学、生活为主的综合性大学园区。人身、财产、信息的安全，工作、生活秩序的稳定是设防的重点。番禺校区内各功能大楼是学习、办公、居住及进行其他活动的场所，内部存放着大量重要的教学资料及学校财产，其安全是至关重要的。采用监控、报警及出入口控制系统相结合的方法能有效地保障教职工、学生的人身、财产安全。在每个大门及楼梯、通道、重要的办公室安装监控设备、报警器、门禁控制器，监视人员的进入情况，并自动地在安防监控中心作相应的记录，以使犯罪行为及意外情况发生时能提供相应的证据及资料。

为了确保暨南大学番禺校区的校园园区安全，番禺校区的公共安全系统应建成一套综合防范能力强、智能化程度高，由视频安防监控系统、出入口控制系统、周界防范系统、巡更系统、停车场管理系统等相互配合的，以多媒体计算机为中枢，通过集成软件和网络系统，把各系统连成一体，统一管理监控的智能安全监控系统。

校园公共安全系统结构设计遵循安全性、先进性、开放性、经济适用性的原则，采用标准化和结构化设计，并注意其前瞻性、可扩展性及可伸缩性。

根据对番禺校区安防的需求分析，本系统由视频安防监控子系统、周界防范子系统、门禁管理子系统、巡更子系统和停车场管理子系统等子系统组成。这些子系统有机地集成一个防护严密、手段先进、整体协调的综合性安全防范系统，并与智能化集成系统的其余部分协同一致地工作。

单体建筑根据自身重要程度考虑是否建设控制中心，主要负责对本建筑实施管理控制。如果该建筑规模较大或防护较复杂，则应建设分控中心。这一方面便于安防的实际操作，另一方面便于系统的布线及维护。另外，单体建筑根据需要，可以配备安防监控工作站。单体建筑系统可以独立地运行，也可以加入上一级的安防监控系统运行。

其结构如图 3-25 所示。

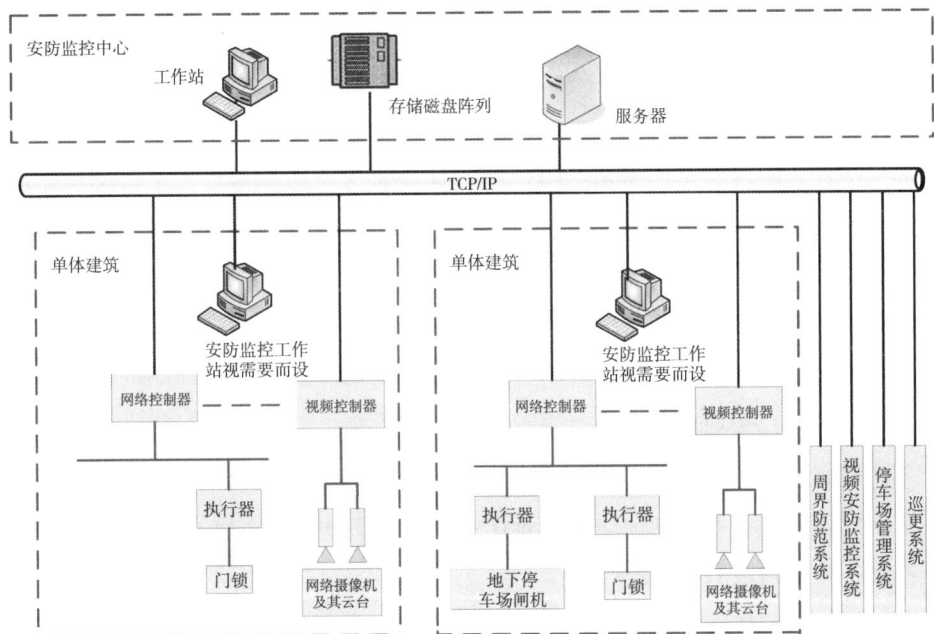

图 3-25 校园公共安全系统整体构架图

3.8.1 视频安防监控系统

1. 需求分析

由于番禺校园占地面积较大，因此系统采用局部汇聚与集中管理机制，根据建筑群来分区，就近汇聚，各监控点集中到就近汇聚点进行视频监控，以保证视频图像的质量和图像传输延迟最小。视频图像进入到汇聚点以后，通过网络（安防监控独立组网）上传，通过番禺校区总控室（图书馆内）进行集中控制管理，分区监控可以任意调用。

2. 建设目标

视频安防监控系统提供实时视频监控录像，通过计算机网络实现图像传输、远程监控、数字图像数据远程集中存储和远程实时点播回放等；同时，系统建成后，还能与校本部数字监控系统联网。视频安防监控系统为安防监控、教室管理以及综合监控指挥提供数字化的可视平台。

3. 系统组成与功能需求

（1）系统组成。

视频安防监控系统采用数字化网络视频监控架构，该架构分为三层：接入层、汇聚层、核心层。

接入层：主要由高清百万像素数字视频监控设备构成，实现对校园各监控点的高清接入；视频拍摄清晰度为720P（1280×720）或以上；监控信号接入线缆应采用六类非屏蔽线缆。

汇聚层：主要由多台汇聚交换机构成，在每座单体建筑设计一个汇聚点，架设一台或多台交换机，实现对单体建筑内或附近数字摄像机的接入汇聚；并可根据使用需要授权配置本地监控工作站和存储设备。

核心层：主要由大屏幕显示系统及对应的视频流存储服务器、视频流转发服务器、视频安防监控系统工作站等共同构成。该层实现对所有监控前端的远程集中监控、管理和存储，实现对各分控点视频流的实时监控、存储和转发。

本次建设完全采用先进的全IP高清网络视频监控架构，网络视频平台的承载网络将采取校园光纤骨干专网，通过分布在全校区监控点的网络接入点，将前端IP高清监控设备接入到该IP承载专网。

各单体建筑的视频传输网络单独组网，按1G/10G以太网标准进行设计，通过千兆/万兆交换机接入校园的IP光纤骨干网。

校园视频安防监控系统主要设备包括前端的数字摄像机、后端总控中心的视频管理平台，以及中间的视频传输网络。

前端设备：百万像素高清网络摄像机，按监控点的监控需求，可分为网络枪机/半球、网络红外高速枪机/半球等。

后端总控中心：后端总控中心设计在图书馆一楼，其内设置包含信令管理平台、数据存储平台和流媒体平台的网络视频管理平台。其中，信令管理平台负责统一管理数据库和信令调度，提供目录服务、流媒体服务等视频相关服务。总控中心设置IP-SAN存储及电视墙显示，后续如有需要仍可进行扩展和添加。

其结构如图3-26所示。

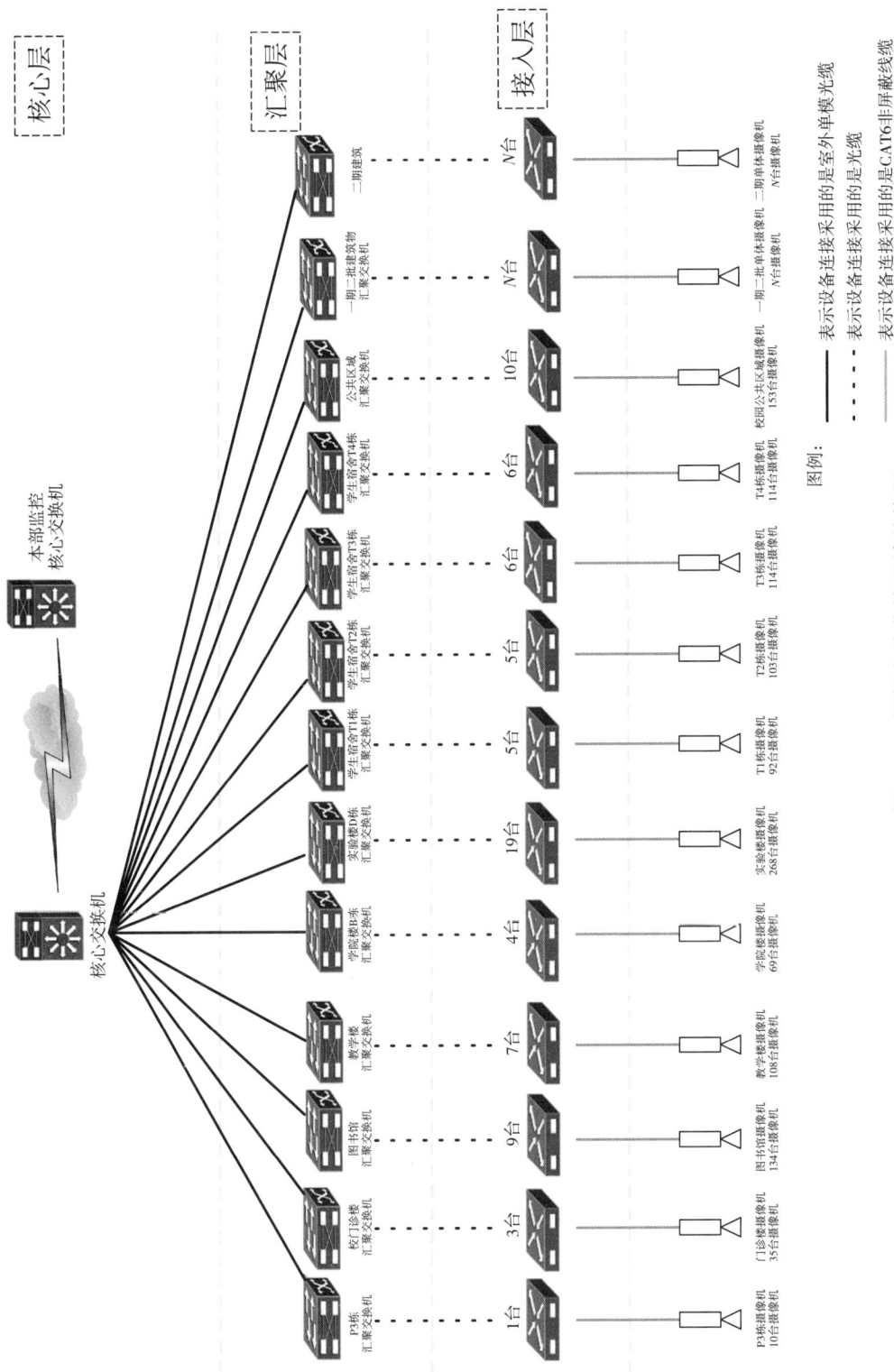

图3-26 视频安防监控系统结构图

（2）系统主要特点。

①系统架构灵活，利于后期扩容。

系统采用模块式结构设计，可以灵活部署平台设备。在未来需要扩容时，只需要根据增加的前端设备数据对应增加相关管理模块，可有效节省建设投资，方便后期系统平滑扩容。

②高效安全的分级管理功能。

系统通过对管理服务器设置多级、多层角色分配并对应赋予不同的管理权限，实现对整个监控系统的分级管理和控制。各分控中心可集中监察、存储和转发分控区域所有视频监控点的视频信息，总部监控中心可实现对各分控中心及其前端所有摄像设备的实时图像和录像数据的调取。

③集中存储功能。

校区所有视频监控点的录像数据均集中存储在总控中心，采用大容量 IP-SAN 存储设备，实现对校园视频安防监控系统所有数据的集中式存储。系统采用硬盘冗余备份技术，确保存储数据的安全性和可靠性。系统录像保存时间为 1 个月。

高清视频图像存储码流为 4Mbps，以 4Mbps 码流为例计算，存放 1 天的数据总量为 4Mbps÷8×3600 秒×24 小时（1 天）÷1024×1.1（影响系数）= 48GB，按要求规定存储时间不少于 30 天，30 天需要的图像存储容量为 $\sum$（TB）= 48GB×30 天 = 1.44TB。

按全部 1179 路视频监控摄像机录像 30 天，并集中存储，总共需要容量：$\sum$（TB）= 1179×1.44 = 1698TB。

各单体设计根据自身摄像枪路数进行存储容量计算，必须考虑计算机采用的是 1024 进制的计算，而实际上硬盘容量采用的是千进制计算，再加上做 RAID 部分的损耗。所有存储最终统一在图书馆进行。

（3）软件主要功能。

作为二十一世纪的新校园建设，暨南大学番禺校区应建立完善、可靠和先进的安防系统，使之具备高度的安全性和对自然或人为灾害的防御能力，拥有一个舒适的环境，提高综合管理能力。该系统应集开放性、集成性、灵活性于一体，采取集中管理、分散控制的策略，其功能组件既可独立工作，也可纳入系统作统一管理；既可单机工作，也可联网运行，使系统具有良好的可伸缩性。系统主要具有以下功能：

①系统采用先进、成熟的计算机控制技术、CCD 或 CMOS 成像技术和视频图像数字压缩技术，构成一套分布式的数字化、网络化的视频安防监控系统。

②系统传输架构采用分布式数字传输网络架构。为保证系统的实用性及先进性，考虑到暨南大学番禺校区面积较大、楼距较远，系统采用数字模式，采取分布式结构进行设计。在校园建设专用的数字化视频传输网络，数字摄像机以 H.264 的压缩格式通过数字化视频传输网络从前端传输到监控中心。根据管理模式需要，可以在网络的任意位置设置不同级别的视频监控中心，如校园区级监控中心、单体建筑分控机房，甚至公安 110 报警中心等。所有中心或机房通过系统的权限控制及优先级别控制，满足不同的管理要求。

③所有摄像机必须直接采用 IP 数字摄像机，通过以太网传输到分控机房或总控中心。

④监控系统的一个重要功能就是记录监控图像，为事件提供调查依据。番禺校区监控摄像机数量较多，没有必要对每一路摄像机图像进行录像，可采用重点录像与事件录像相结合的方式：对重要出入口，实行固定、重点录像；对安装了报警传感器的监管区，采用报警录像方式。且其具有电子地图功能，方便查询。

⑤由于采用分布式结构，数字录像系统一般设置在校区级监控中心，采用专门的录像管理系统对录像进行选择和控制；重要场所的录像采用 24 小时实时数字录像。

⑥视频安防监控子系统通过计算机网络与门禁管理子系统、防盗报警子系统、巡更子系统互联，实现联动控制，以形成完整的安全防范系统。

与其他系统的联动：本视频安防监控系统可与门禁管理系统、消防报警系统、停车场管理系统配合联动（见图 3-27），从而提升综合防范能力。

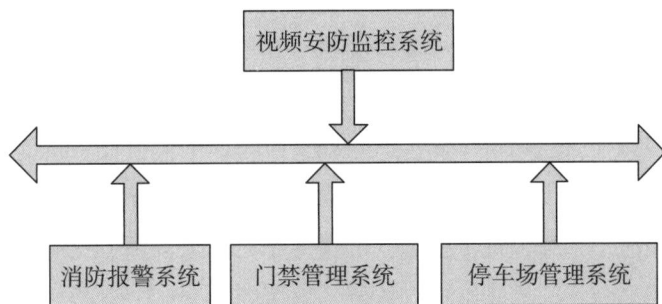

图 3-27 监控系统相关联动关系图

4. 主要设备参数

本系统原则上在图书馆的总控中心实现整体监视、摄像机控制、功能设置、录像查询、录像检索、录像回放等功能。其他客户端或分控工作站经授权后可进行本地监控及调用相关视频资料。前端摄像机的基本要求如下：

（1）固定式监控点（支持低照度）。

选用固定式百万像素高清网络枪机或半球（主码流不低于 1280×720，下同），支持 IP66 防水、防尘标准，支持在低照度（0.1Lux 以下）情况下监控场景清晰可见。

（2）固定式监控点（支持红外夜视）。

选用固定式高清网络红外枪机（主码流不低于 1280×720），支持 IP66 防水、防尘标准，支持红外夜视，要求在无灯光情况下 30m 监控区域内图像清晰可见。

（3）可控式监控点（支持 PTZ 控制、支持红外夜视）。

选用高清网络红外球机（主码流不低于 1280×720），支持 IP66 防水、防尘标准，具备旋转控制功能［控制速度 6（°）/s～15（°）/s］，支持 18 倍以上光学变焦，红外灯室外有效照射距离 100m。

（4）解码工作站。

电视墙显示系统解码工作站支持 BNC 信号、DVI 信号、VGA 信号、HDMI 信号等多种不同规格的接入显示接口，通过控制软件对需要上墙重点显示的视频信号进行显示，可实现视频信号的全屏显示、任意分割、任意组合显示、开窗漫游、叠加、拉伸缩放等一系列功能。系统的主要功能有：

①整个系统能够将实时的监控图像及 PC 等 VGA 信号实时地显示到屏幕上，并做拼接等功能，处理功能强大。

②系统能显示包括 1080P（1920×1080）及以下的分辨率。前端全部通过解码器解码直接输出到显示屏上显示。

③系统支持多屏图像拼接，可多块屏拼接显示一个画面，也可每块屏单独显示一个画面。

④图像拼接完整，液晶拼接显示屏物理拼接间隙不大于 6.7mm。

⑤支持不同分辨率（640×480～1920×1080）的 DVI 视频信号或者计算机信号。

大屏幕液晶显示系统先进、稳定，可保持每天连续工作 24 小时，一年 365 天不间断工作，使用寿命长，易于维护，软硬件连接简单。

（5）存储中心。

网络化存储采用全新双控器的存储架构，前端摄像机直接将数据流写入存储，采用磁盘阵列（RAID5）的方式进行数据存储保护。根据数据安全性要求，存储阵列可设计 $N+1$ 设备之间备份，保证数据的高可靠性。

3.8.2 周界防范系统

1. 需求分析

暨南大学番禺校区对周界防范系统要求十分高，其具体要求如下：

（1）对防盗报警系统的可靠性要求高，防止"误报"，避免"漏报"；所选的防盗主机要求稳定、安全；选择采用多光束探测器，以避免"误报""漏报"。

（2）可以根据需要设置相应的区域与闭路电视监控系统联动。

（3）原则上每一个探测器作为一个防盗区域；每个区域的使用者能通过键盘授权实现现场布防撤防，或者由控制中心统一进行布防撤防及管理。

（4）要求系统备有一定的余量，以便将来对系统进行扩容。

（5）要求系统备有后备电源，以便断电后防盗系统能继续起作用。

2. 建设目标

为了对校园围墙封闭状况实时监控，防范校区外闲杂人员翻墙进入，拟在校区内建立周界防范系统。在校区围墙上安装红外对射入侵探测器，当发生非法翻越时，设立在围墙上的红外对射入侵探测器立即报警，并将警信传送到安防监控中心。在安防监控中心设置周界报警监控子系统，对入侵报警行为进行识别，显示出翻越区域，并通过联动对应区域的视频安防监控子系统，及时调阅入侵地点的视频图像，以利于保安人员及时准确地处理，必要时可联动110进行报警。

3. 系统组成与功能需求

（1）系统组成。

周界防范系统由现场探测器、现场控制器及入侵报警监控中心三部分构成，其结构如图 3-28 所示。

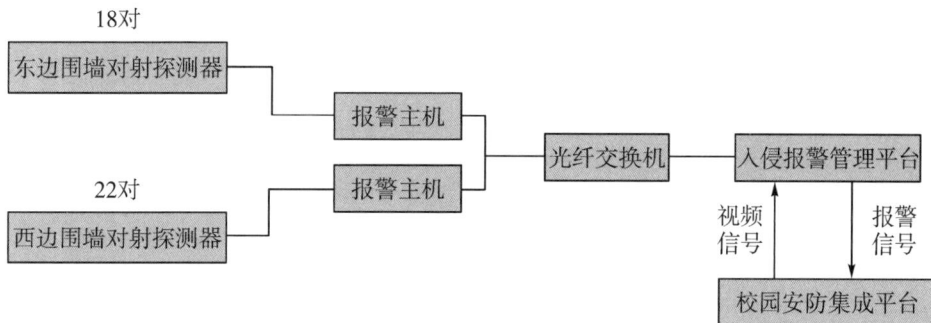

图 3-28 周界防范系统拓扑图

①现场探测器。

现场探测器（传感器）主要采用多光束红外探测器。此外，为了防止发生抢劫等恶性事件，在围墙内部分区域安装紧急按钮。

②现场控制器。

现场控制器也称防盗控制主机。一台控制主机可级联控制多对现场多光束红外探测器。当多光束红外探测器发出报警信号时，防盗控制主机负责将报警区域、报警类别传输到安防监控中心，配合入侵报警管理平台在监控中心的显示屏上显示、记录及打印相关报警信息。

③入侵报警监控中心。

入侵报警监控中心主要由高性能计算机、报警监控管理软件、大型彩色显示屏、信息打印系统、不间断电源（UPS）构成。监控中心主要功能为在收到现场控制器发来的入侵报警信息后，及时在监控中心的显示屏上显示、记录及打印相关报警信息，同时具备报表打印、资料处理、视频安防监控系统联动等功能。

（2）周界防范系统主要软件功能。

①布防与撤防。

当系统处于撤防状态时，系统即使接到探测器发来的报警信号也不会发出警报，以便工作人员出入探测器区域；当系统处于布防状态时，探测器报警功能被激活，现场控制器在收到探测器发来的报警信号时会立即报警。系统可按时间设置进行自动布/撤防模式切换，也可由保安或用户手动开展布/撤防操作。

②布防后的自动延时功能。

布防后，操作人员尚未退出探测区域时，现场控制器会自动延时一段时间，等操作人员离开后才开启探测报警功能。

③防破坏功能。

当系统检测到线路发生短路或断路、现场控制器外壳被非法撬开等情况时，现场控制器会发出报警信号，并能显示出相关故障信息。

④事件处理功能。

现场控制器接收到有效报警信息后，会自动在现场发出声、光警报，同时将报警防区、时间等信息记录并上传到入侵报警监控中心。

4. 主要设备参数

（1）报警主机。

①大防区容量：通过扩充模块，可扩充至120防区以上。

②内置应答机控制功能：无需安装额外硬件。

③布防时间设置功能：各分区可设置自动布防时间，可用现场布防来代替自动布防时间。

④总线连接：使用编码方式两线连接，对各探头进行实时监控。所有总线探头并联连接，安装简便，并有常规防区扩充器。

⑤遥控编程功能：可通过遥控编程软件远程控制系统布/撤防、编程、查看系统状态等。

（2）红外对射探测器。

采用优质元器件，安装方便，校对容易；具有户外型/室内型多种选择，不同型号的探测器具有不同的探测距离（由室内 30m 到室外 200m，主选型号为室外探测距离 100m，根据校区围墙具体情况调整选型）；具备全天候防破坏保护外壳设计，适用于各类场所。

➤ 三对（或以上）光束对射；

➤ 调节角度好，易于校对；

➤ 采用同步脉冲射束设计以增强稳定性；

➤ 即使信号损失 99.5%，仍可正常工作；

➤ 自动信号增益控制；

➤ 可调节射线切断周期；

➤ 采用坚固耐热的外壳设计；

➤ 使用 C 型继电器；

➤ 透过观景器可看到发光二极管警报状态显示。

3.8.3 门禁管理系统

1. 需求分析

番禺校区每栋建筑均有许多功能用房。根据使用功能的不同，可大略分为教室、宿舍、实验室、行政办公室、图书馆等。传统机械锁的开关方式，使得门锁的统一开关、钥匙的统一管理都极不方便。电子锁与门禁联网管理系统的应用，可极大便利管理、办公人员对校园门锁的统一开关管理。门禁管理系统通过对人员权限的明确限定，实现一张卡片可打开权限范围内的所有门锁，无论是内部人员还是外部人员，都可以通过对权限的设置界定自由出入的范围和时间。门禁管理系统通过与防盗报警、考勤、巡更、智能照明、消防报警等其他子系统的集成与联动，可实现对门禁管理房间其他设备的控制，如灯光和空调的自动控制等。

2. 建设目标

门禁管理系统的建设，可在确保校区各楼内固定资产安全的同时，提升校园安全管理效率。系统须对不同人员在不同场合出入权利进行设置与分配，设定不同区域的活动权限，实现对出入通道的科学分类管理，进而与校园消费、防盗报警、考勤、巡更、智能照明、消防报警、停车场管理等系统联动与集成，实现校园一卡通功能。

3. 系统组成与功能需求

（1）系统组成。

门禁管理系统主要由一卡通校园卡、门禁读卡器、电动门锁、门状态感知器（门磁）、门禁控制器、区域主控制器、系统服务器及相关软件组成（见图3-29）。

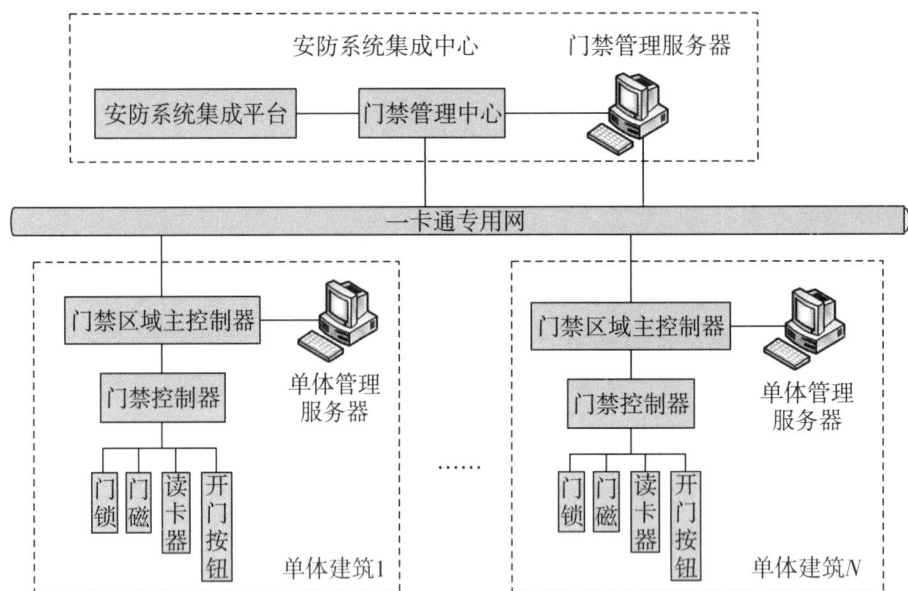

图 3-29　门禁管理系统结构图

（2）软件主要功能。

①设备管理：设备管理有基本模式和扩展模式，可由控制中心设定、监视、控制各出入口控制器的各种参数。该功能主要在门禁管理服务器中使用，对系统设备运行参数进行有效配置，并可通过电子地图实时查看和远程控制门禁的开关状态。

②持卡人管理：使用者容量可扩展；使用者库中有使用者照片、个人密码及其他个人信息；可设定使用期限及使用次数，可对使用者进行分组管理；可设置时间表，定义人员进出门的时间。

③操作员管理：要求每个操作员都具有不同的登录密码，该密码可由操作员自行更改；系统可以定义每个操作员可看到的设备、卡、消息以及可操作的功能模块和命令；系统支持多个操作员权限。

④人像显示功能：当人员进出刷卡时，在中心支持人像显示；可同时支持多个显示窗口。

⑤历史事件记录：系统对所有的操作、报警、故障及其他事件等都保持完整的记录。

⑥电子地图功能：支持分层电子地图，用动态图标显示门、报警点状态，在地图中可显示相应报警、门控制。

⑦卡证制作功能：支持卡证模板设计、卡片批量打印。

⑧考勤管理功能：系统能将读卡器作为考勤点，实现内部员工考勤管理，可根据用户需求生成各种报表。

⑨报表功能：可提供多种预先定义的报告类型以及筛选工具，使用户可以灵活生成所需的报告。

⑩支持程序界面启动第三方程序。

⑪支持在线巡更功能：利用已安装的读卡器。

⑫报警管理：除故障及常用报警外，系统操作员还可以定义其他某个事件作为报警事件；当报警发生时，系统会自动弹出故障点的报警画面，并有光或声提示。

⑬查询功能：通过输入读卡器号，其使用情况、部门、区域、卡号或姓名等资料，可从历史记录中检查，并定期打印自动分类报表。

⑭跟踪功能：实现对特定卡的追踪，并自动向中心报告。

⑮操作性要求：刷卡时可以通过 LED 指示灯和声音提示，指示门禁的各种状态；可以在门禁点现场通过刷卡把门设定成常开或临时提高限制级别。

⑯为确保系统稳定运行，要求系统选用进口知名品牌产品，供货时须提供 CE、FCC Class B、UL 或 EMC 检测报告。

⑰系统须与消防报警系统联动，当有火警发生时，可在电脑脱机的情况下，由消防报警系统提供的报警信号触发，自动打开相应区域的电控锁。

⑱系统须提供 SDK 开发包或 OPC 开放接口，被安防集成系统集成。

⑲系统应能与医院现有的出入口控制系统（包括门禁、电子消费、考勤等）实现一卡通用功能。

4. 主要设备参数

（1）网络及通信。

系统采用 TCP/IP 安防专网通信，线路应具有容错和监测能力及双向通信能力。当某一点遭到破坏或因其他原因发生短路或断路时，系统能立即向中心报告线路故障，确保在线路抢修的同时，不影响系统其他设备的正常运行和通信。

（2）门禁控制器。

①脱机运行：即使计算机和网络交换机出现故障，所有的门禁和其他控制功能都能在控制器的管理下完成；能支持 200 个门禁点以上的脱机联动；

②容量规格：具备 2 门、4 门、8 门等多种规格，可按需灵活配置；

③接口：以太网 TCP/IP；

④卡容量：100000 以上；

⑤离线历史记录容量：10000 条以上；

⑥指示灯：提供设备状态指示灯、检测指示灯，以及所有通信状态指示灯。

（3）卡及读卡器。

①一卡通系统使用与暨南大学校本部校园卡相同或完全兼容的感应式 IC 卡，卡片具备唯一的序号，以韦根格式输出；

②读卡器可以明装或暗装，并具有防金属衰减功能，可以直接在金属表面安装；

③读卡器感应距离：3~10cm 范围内；

④读卡器防护等级：IP65；

⑤读卡格式：韦根；

⑥读卡器传输距离：100m 以上；

⑦读卡器带防拆功能；

⑧读卡器能根据不同的刷卡状态具有不同的声/光提示；

⑨读卡器通过 CE 等认证。

（4）发卡器。

①读卡格式：韦根；

②接口方式：USB；

③通过 CE 等认证。

（5）锁、门磁、出门按钮。

出门按钮应该有明显标识，易于安装，颜色美观。门磁和电锁应根据门的特征来配置。

3.8.4 巡更系统

1. 需求分析

离线式巡更系统，工作人员手持巡检器沿规定路线在规定时间到达规定巡更点巡检，将巡检器在巡更点的有效范围内轻轻一晃，完成巡更工作。工作人员巡检完后，将巡检器的巡检记录下载到巡更管理中心，巡更管理中心进行统计分析，生成巡更报表，实现智能巡更。

巡更系统必须有自定义多路线功能，各个巡更点之间有时间限制，工作人员巡检完一个巡更点后，必须在规定时间内到达下一个巡更点。

电子巡更系统采用离线巡更，可在校区内根据保安人员巡逻路线进行设计并放置巡更点；巡逻路线及巡更点可灵活调整及扩充。

2. 建设目标

在需要巡逻的各层通道设置巡更点；建立科学、高效的巡更管理制度；作为考查巡逻员工作情况和保证校区安全的有力措施。

无线式巡更系统主要根据管理要求在巡更路线上进行巡更点布放，由保安或管理员携带手持式巡检器定时巡访以作记录，并以此作为对巡逻员的考查，以保证校区的安全。

3. 系统组成与功能需求

（1）系统组成。

本系统为离线式（无线式）非实时巡更系统，主要由感应式巡更点（感应卡/钮）、保安人员手持式巡检器、管理计算机、打印机、系统软件等构成。

其结构和路线如图 3-30 所示。

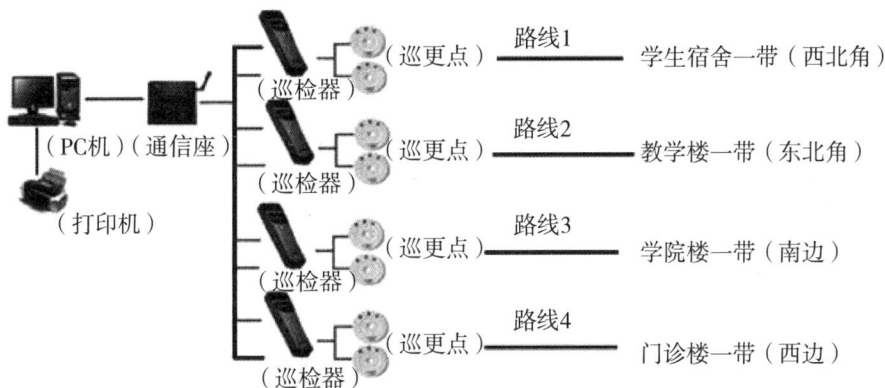

图 3-30　巡更系统结构图

（2）系统主要功能。

巡更管理中心应具备以下功能：完善的用户管理、用户分级分组管理、权限管理；巡检器登录及巡更人设置功能；巡更点登录及地点、事件设置功能；巡更班次设置功能，可划分不同的上班时间段，方便查询。

巡更管理软件的主要功能包括：

①巡更路线设置。

可将巡更员的地点组织成不同的巡更路线，规定巡更员按路线进行巡逻，对巡更员是否遗漏巡更点一目了然，软件中可设置的巡更路线数目不受限制。

②查询功能。

可按人名、时间、巡更班次、巡更路线对巡更员的工作情况进行查询。按照不同的查询条件可生成巡更情况总表、巡更实践表、巡更遗漏报表，并可通过打印机将结果输出。

③巡更数据备份、恢复功能。

由于巡更系统采用离线式方式，整个系统用信息钮作为巡更点。每个巡更点均设有不同的数据信息，巡更员在巡逻时只要将手持巡检器靠近巡更点，手持巡检器便自动记录信息钮上的数据信息。通过巡更管理软件可以在管理巡更系统的电脑上了解巡更员（保安）的巡逻情况。

④巡更记录。

在确定巡更路线后，设定合理的检测点作为巡更点，当巡更员的手持巡检器路过巡更点时，系统自动记录并将一系巡更点连接，生成实际巡更路线，从而有效地记录管理巡更员的巡视活动。

⑤发行。

软件设定巡更时间、路线、次数要求后，通过发行巡更点（信息钮），用手持巡检器确定巡更的具体规则。

⑥记录查询。

巡更员按规定时间及路线要求完成巡视，用手持巡检器接触信息钮，可自动上传巡更员实际巡更路线相关信息数据。控制管理中心可查询相关巡更数据，对巡更失职进行有效处理。

⑦数据采集。

可随时或者定时提取各巡更员的巡更记录。

⑧查询。

控制管理中心的巡更管理软件可对信息钮上传的巡更数据进行整理、存档，自动生成并打印相关报表。管理人员可随时在电脑上查询巡更员的巡逻情况。

4. 主要设备参数

（1）管理软件。

①管理软件基于 Windows 平台开发资料整理及报表输出等，界面友好，易于操作。

②管理软件可根据管理者的具体要求设定巡更的时间要求、路线要求、次数要求、巡更员工号、巡更点编号等内容，以及通过发行系统为巡更信息点写入信息资料编码。

③巡更员携带巡检器按要求依次巡视，到达规定的巡更点，在安装的巡更信息点上完成工作记录，巡检器上同时有声光提示进行确认。

④若不按设定的巡更路线按时巡逻，则巡更记录无效。该种情况视作巡更员失职，控制中心电脑自动弹出相关报警信息。

⑤系统可整理存档，自动生成并打印相关报表，为失窃失职行为分析提供技术支撑。

⑥系统数据管理可按班次、路线、方向等不同模式进行交叉管理，巡更信息记录清楚，准确无误。

（2）巡检器。

①巡检器坚固耐用抗干扰，全密封防水，可离线存储 2000 多条信息。

②电脑关机状态下，巡更工作照常进行。

3.8.5 停车场管理系统

1. 需求分析

随着经济的发展，进出校园的汽车越来越多，校园中的车辆集中存放管理、车辆进出的秩序、车辆存放的安全性、校园车位的合理引导等管理压力也愈来愈大。暨南大学番禺校区规划了部分地下停车场以及室外停车场。根据学校自身的条件和特点，应选择合理、稳定、实用的停车场管理系统，并设计一定的冗余性，从而提高停车场的运行效率，加强校园安全管理，同时满足学校规模不断扩大的管理需求。

2. 建设目标

根据暨南大学番禺校区的建设规划，一期首批工程中学校包含教学楼、BD 组团两处地下停车场，共有三个总出入口。因此，本次规划的目标是：建设应用以校园卡为信息载体的停车场管理系统，实现各地下停车场与校区总出入口的车辆进出管理系统的联网，使用统一数据库进行统一控制和管理。停车场管理系统应采用中央管理、出口收费模式，地下停车场应具有车位显示功能。系统还需具有多出入口的联网与管理功能，可在线监控整个停车场系统，要具有标准、开放的通信接口和协议，支持校园卡收费系统。

由于番禺校区总出入口是分期建设的，地下停车场也是陆续建成的，因此要从实际出发，保持一定的可拓展性，在应用的过程中不断完善和升级，满足日益增加的服务管理系统的需要。

3. 系统组成与功能需求

（1）系统组成。

停车场管理系统采用两级管理架构：校门出入口控制系统和单体建筑出入口控制系统为一级管理系统，分别控制管理对应的停车场出入口；安防监控中心为二级管理系统，可控制管理校园内的所有停车场出入口；所有系统通过联网实现全网数据统一处理。

①停车场管理通信网络系统。

停车场管理通信网络系统建设于暨南大学番禺校区智能化网络的基础上，是校园智能网络系统的一个子系统。通过在校园智能网络系统中划分独立的虚拟网段，实现各停车场出入口及车位引导系统相关设备的互联互通。停车场管理系统的相关信息首先汇聚到校门及各单体建筑的出入口控制管理平台服务器，之后二次汇聚到校园安防监控中心的核心交换机和数据服务器，通过双备份存储保障服务器和数据的安全。

②停车场管理服务器。

停车场管理服务器需存储大量的车牌识别信息，并实时与系统读取的车牌信息进行数据对比，因此选择采用两台中/高档小型机服务器系统，同时配置多个 CPU。两台服务器采用一主一备方式配置，以主、辅模式同时承担空间数据、图像数据、关系数据的管理，有效保障了系统的可靠性。

停车场管理系统结构如图 3-31 所示。

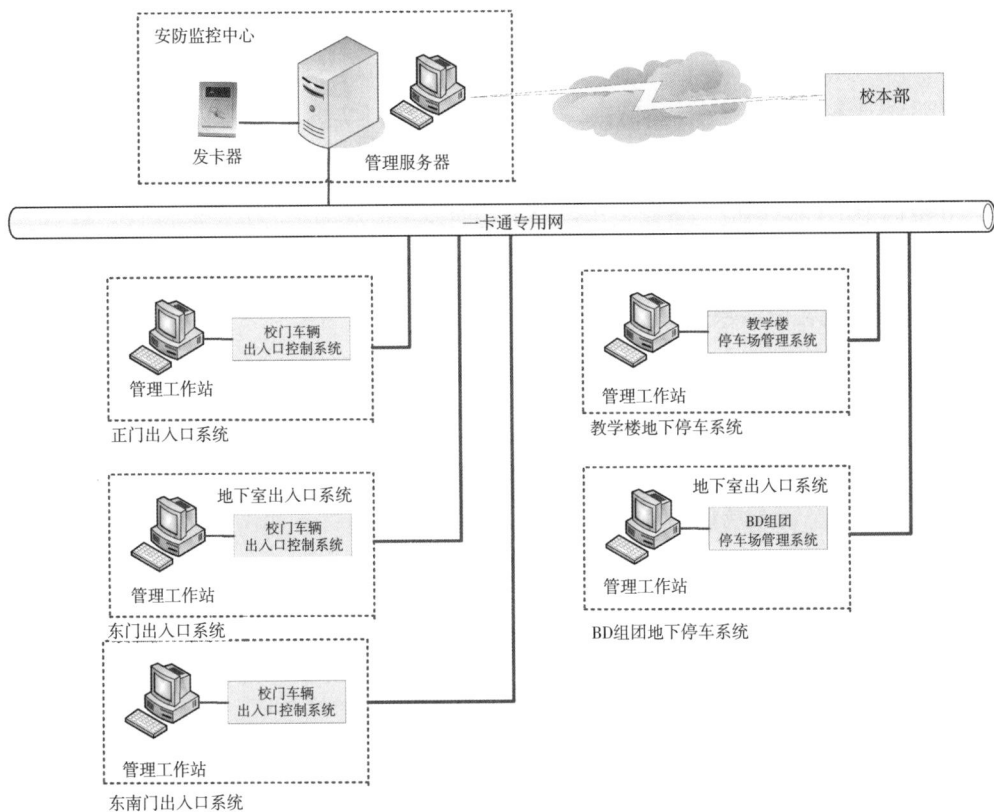

图 3-31　停车场管理系统拓扑图

（2）停车场管理系统主要软件功能。

暨南大学番禺校区停车场管理系统的主要服务对象为学校的教职工和部分外来人员。停车场管理系统要采用车牌自动识别技术、远距离车辆感应技术、手机自动缴费技术，并同时与暨南大学的校园一卡通功能集成。

其通用软件功能如下：

①当车辆被车牌自动识别功能识别为内部车辆时，系统通过车辆远距离不停车读卡功能自动开启闸机，让内部车辆无感出入学校。

②当车辆被车牌自动识别功能识别为外部车辆时，停车场道闸不放行，外来车辆可取临时卡进入校园，离校时通过手机或在出入口保安处缴费。

③停车场管理系统可灵活设计出入路线，如特定校门入，特定校门出，外来车辆某些区域禁止进入，任意校门进出模式设定等。

④在特殊情况下，停车场道闸可统一设定为常开模式，车辆无须验证出入，以保证车辆的快速通行。

⑤停车场道闸处可自动显示收款金额、停车时间、收费内容等信息。

⑥系统具备自检功能，在系统发生故障时能自动指示故障代码。

⑦系统具备 TCP/IP 上传通信接口，采用 OPC 接口实现与其他管理系统的软件集成。

⑧室内地下停车场应具备剩余车位显示功能。

⑨番禺校区停车场管理系统可实现与其他校区数据交换、备份与联动控制。

4. 建设范围和设点原则

停车场管理系统针对校园进行统一规划，主要在校门车辆出入口和重大单体建筑物地下停车场处等设置控制点。由于车辆出入点较多，应采用全部联网模式，实现统一管理，规划设计在 3 个校门使用两进两出管理系统，在学院楼、实验楼、教学楼单体建筑地下停车场使用管理系统。

5. 主要设备参数

（1）出入口控制机。

①独立操作，在不连接电脑情况下，也能自动完成临时卡及月租卡升杆等功能；

②在线操作，连接电脑完成系统功能设置工作；

③LCD/LED 中文操作显示器；

④求助按钮及语音对讲分机；

⑤可存放 200 张以上非接触式 IC 卡。

（2）自动道闸。

①快速稳定上落；

②无接触式限位开关，无损耗；

③内置独立电源总开关及指示灯；

④变速式分段上落设计，操作稳定；

⑤马达过载保护，电流过载保护，温度过热保护，防抬杆设计；

⑥备有应急升杆接口；

⑦起杆信息记录。

3.9 机房工程

3.9.1 机房概述

智能化机房建设的环境必须满足各种电子计算机、网络交换机及配套电子设备对温湿度、电磁场强度、空气洁净度、噪声干扰、设备安全、电源质量、设备防雷和设备接地等的要求。

智能化机房工程包括机房装修工程、动力配电工程、不间断电源工程、机房环境控制工程、综合布线、防雷接地工程和消防工程等部分。

3.9.2 机房的分类与等级

番禺校区的机房根据使用性质、管理要求，分为以下四类机房：

（1）核心机房（学校中心机房/重点建筑中心机房）：图书馆校园网络核心机房、图书馆视频监控机房、动力保障楼智能建筑控制管理中心机房，根据《电子信息系统机房设计规范》（GB 50174—2008）中 B 级机房进行设计。

（2）网络信息机房（单体规模较大的网络机房）：学院楼 B 栋网络信息机房、实验楼 D 栋网络机房、教学楼网络机房和中央控制机房、食堂网络信息机房、后勤服务网络信息机房、学生宿舍 T4 网络信息机房、门诊楼网络信息机房，按《电子信息系统机房设计规范》（GB 50174—2008）中 C 级机房进行设计。

（3）考场监控机房（单体建筑监控中心机房）：教学楼考场监控机房，按《电子信息系统机房设计规范》（GB 50174—2008）中 C 级机房进行设计。

（4）网络设备间（单体规模较小的网络机房）：学生宿舍 T1、T2、T3 设备间、泳池附属房设备间，按《电子信息系统机房设计规范》（GB 50174—2008）中 C 级机房进行设计。

3.9.3 机房工程的组成

机房工程的建设内容包括机房装修、机房电气及不间断电源、机房环境控制、机房综合布线、防雷接地和消防工程。

（1）机房装修包括机房内部的天花、地板、隔断及门窗工程。天花工程使用方形铝合金微孔天花。地板全部使用防静电全钢活动地板。隔断根据机房的功能区域进行设计，机房内部采用防火玻璃隔断，机房与外界的隔断使用砖墙。不同防火区域之间的门全部采用防火门。机房布局需科学合理、使用方便，规划冷热通道，有效提高制冷效果，降低能耗，节省能源。

（2）机房电气包括机房低压配电、UPS 不间断电源供电系统、机房照明、配电防雷和接地系统。机房按 B 级（核心机房）、C 级（其他机房）供电，低压配电应合理规划，平衡用电，有效降低用电损耗。UPS 主机须使用高效逆变技术，以提高能源使用率。UPS 电池需应用大容量、免维护、无泄漏、无释放等环保技术，提高电能使用效率的同时，将对环境的污染降至最低。照明系统应使用高效节能光源，在保证机房照度的同时降低能源消耗。

（3）机房空调系统包括机房专用柜式分体空调、精密空调。机房空调是一个重要的环节，必须采取有效措施节省能耗，规划布置遵照"先冷设备、后冷环境"原则，合理采用自然冷源制冷、精确送风等节能措施，并根据现场面积及需求换算，制定机房空调规格。

（4）机房智能化工程包括机房内部的综合布线系统。

（5）机房的防雷接地设施应符合国家相关标准，保护性功能性接地宜共用一组接地装置，其中最小值确定接地电阻标准。防雷接地应按现行国家标准《建筑物防雷设计规范》（GB 50057—2010）和《建筑物电子信息系统防雷技术规范》（GB 50343—2012）的相关规定执行。

（6）机房消防由消防专业设计单位按规范进行设计。

3.9.4 系统总体要求

暨南大学番禺校区中心机房的地面按要求铺设 600mm×600mm×35mm 抗静电全钢活动地板，采用全钢组件结构，常温常湿下地板绝缘电阻大于 100kΩ，地板分布荷载 15000N/m² ~ 35000N/m²，集中荷载 2000N/m² ~ 7000N/m²，机械性能高、承载能力强、防火性能好，维修方便，经久耐用，地面抬高 300mm。

机房墙面涂覆白色乳胶漆。

机房顶面吊 600mm×600mm 方形铝合金微孔天花，通盘考虑隔热、照明、吸音、美观、轻质等功能需求。

（1）机房配电。

机房设置 1 个市电配电柜，1 个 UPS 配电柜：用于机房内部设备的配电，主要负载空调机、照明灯具、BAS 系统设备、安全防范系统工作站、电视墙等设备。

配电柜中开关均采用性能优良开关，以保证整个供电系统安全、有效的运行。

配电柜中设立三相数字电流表、三相数字电压表，配电柜三相电回路分别设立电源指示灯，检测各相电的开关状态，电源指示灯颜色按相关国家标准区分，并设立标志牌。配电柜内走线整齐，相线、中线、地线按国家标准用颜色分区。配电柜设立工作地线和保护地线端子排，并加上标识牌。

机房内设有市电、UPS 二三孔插座，主要负载网络设备、工作站、监控设备等用电。UPS 插座和普通插座选用不同颜色的面板或贴标签加以区别，底盒选用 86 镀锌底盒。

机房采用 UPS 供电。UPS 除给信息机房内网络设备供电外，还向各个楼层弱电间弱电设备供电。UPS 供电最少需要延迟 1 小时。

（2）防雷接地。

市本机房工程的防雷接地要求参照《建筑物电子信息系统防雷技术规范》中所规定的要求。

市电配电柜和 UPS 配电柜的输出端安装三级电源防雷器，输入端安装二级电源防雷器，机房等电位联结网格应采用截面积 ≥25mm² 的铜带或裸铜线，构成边长为 0.6m～3m 的矩形网格，强弱电接地点各自独立，接地电阻不得大于 1Ω。

（3）机房环境监控系统。

机房建设场地环境监控与安全防范系统。机房环境监控系统包括：配电系统监控、空调系统监控、漏水报警、机房温湿度监控、消防系统、防雷系统、机房安全监控系统等子系统。

配电系统监控设备范围：配电柜、不间断电源等。主要监控内容是：开关状态、电源电压、电流、频率、有功功率、功率因素、电池电压等，显示故障报警信息。

空调系统监控设备范围：精密空调、新风机组等。主要监控内容是：开关、制冷、制热、加湿、温湿度、压缩机工作状态等，显示报警信息等。

漏水报警：能显示发生漏水位置。

机房温湿度监控内容：能显示机房的温湿度，并对其超过机房温湿度设定范围进行报警。

消防和防雷监控系统：要求能显示消防和防雷系统的报警信息。

机房安全监控系统由视频安防监控系统、入侵报警系统和门禁管理系统共同构成，实现对机房人员的授权进入，非授权报警及进出信息的记录查询等功能。

（4）在火灾等紧急情况发生时，机房门禁管理系统应能自动释放电子锁，方便相关人员逃生。

（5）各级机房建设、改造时，其安全防范体系必须达到《广东邮政信息网络运行维护管理规定实施细则》物理安全等级的各项要求。

3.9.5 主要设备技术指标

（1）抗静电地板。

①规格：600mm×600mm×35mm；

②集中载荷 ≥363kg；

③电阻值 $1×10^6Ω～1×10^9Ω$；

④有效防止静电、阻燃效果好；

⑤防滑，耐化学腐蚀；

⑥钢壳加厚，耐压；最新麻塑喷底，防止底面生锈，延长使用寿命。

（2）玻璃防火门。

①开门方式：单开或双开；

②规格：1000mm×2100mm，1200mm×2100mm。

（3）荧光灯。

①规格：600mm×1200mm；

②灯盘采用防火安全型电子镇流器；

③采用冷色温（＞5300K）光管，与灯盘相配可产生柔和的效果，不会产生眩光。

（4）配电柜。

①额定电压：380V；

②最高工作电压：不低于690V；

③额定绝缘电压：1000V；

④额定冲击耐受电压：12kV。

（5）空调。

①符合电磁兼容标准，能安全可靠地工作于电子设备环境；

②采用直流变频技术，能效比不高于2级；

③具备来电自动重启功能，方便无人值守时应用；

④环保型制冷剂；

⑤具备换气功能，可以为机房带来新风。

（6）防雷器。

①保护级别：B级；

②模块数：4；

③工作电压：380V；

④最大可持续操作电压：505V；

⑤单模块最大放电浪涌电流：不低于100kA；

⑥响应时间：<25ns；

⑦IP等级：IP20。

（7）UPS主机。

①额定容量：时延约1小时；

②输入电压范围：210V～475V；

③输出电压范围：220V±1%；

④可以在负载持续供电情况下安全进行在线维修。

3.10　小结

本章以暨南大学番禺校区为例，从建设背景、需求分析、系统构成、子系统的组成与功能、主要设备参数等各方面，详细论述了智慧校园基础设施子模块的规划与建设，给出了相对完善的基础设施规划和建设范例，以期对读者在实际操作过程中有所参考和帮助。

第4章 高等学校智慧校园应用服务系统规划与建设

4.1 概述

高等学校智慧校园的应用服务系统围绕高等学校改革与发展目标，支撑高等学校的管理服务、人才培养、交流合作、教学科研、文化传承等业务，为校园生活提供便利服务。

应用服务系统包含内部统一的公文业务、业务流程、信息类业务和通用办公类业务，实现大学管理人员、教学科研人员、学生等的综合信息管理目标，支撑全体人员的办公应用。

系统主要由办公门户系统、科研管理系统、人事信息管理系统、教学管理系统、学生工作系统、综合管理与查询系统等子系统构成，可为高等学校自动化教学科研管理提供一定的参考。

4.1.1 建设目标

（1）满足大学对于办公自动化的实际业务需求；

（2）满足大学业务管理、公文管理、信息管理平台、通用业务管理的需求；

（3）满足大学（个性化）公文需求、业务流程需求；

（4）满足大学信息化平台建设的需求；

（5）实现信息有效共享，快速检索；

（6）快速应对新需求及需求变更，减少开发、维护工作量。

4.1.2 建设原则

应用服务系统的规划与建设遵循先进性、可靠性、实用性、安全性、易用性、开放性、可扩展性、可维护性等原则。

（1）先进性：系统规划应用主流技术，在系统规划设计阶段同时考虑应用平台的先进性和系统架构的先进性，为后期业务管理、扩容和系统升级提供便利条件。

（2）可靠性：系统的规划和建设须采用稳定、可靠的软件技术，系统故障率低，在面临高并发使用场景时能长期稳定运行。

（3）实用性：系统功能设计、模块划分须从实际情况出发，以校园应用业务需求和实际业务流程为依据，在设计过程中须通盘考虑突发事件处置、实际工作流程变动等突发状况。

（4）安全性：系统应规划建设完善可靠的安全保障体系，系统安全要符合国家信息安全相关标准，能够有效防范非法攻击和病毒攻击，数据安全和操作安全措施稳定可靠。

（5）易用性：系统应规划建设简洁、易用的功能使用界面，符合系统用户的思维方式和工作习惯，具有丰富的联机帮助功能，便于用户快速掌握系统使用方法。

（6）开放性：系统各功能模块应具备开放性软件接口，方便系统后期升级及其他系统的接入与集成。

（7）可扩展性：当外部业务需求环境发生变化时，可通过升级建设扩展对应功能模块；系统规划建设应采用主流计算机编程和框架技术，保障后期应用的兼容性，方便后期开展对应的技术继承、升级和扩展。

（8）可维护性：系统应采用模块化设计，单个功能模块相对独立，方便后期功能修改和软件维护。

4.1.3 建设内容

智慧校园应用服务系统的主要建设内容包括：公文管理、信息管理平台、业务流程管理、维护管理、组织结构管理、通用办公管理等。

公文管理：由发文管理、收文管理、传阅管理、查询与统计等功能模块构成。

信息管理平台：新建信息采编、发布平台，满足单位内的各类信息管理需求。

业务流程管理：对单位部门业务流程进行管理，方便业务流程运行。

维护管理：主要是为系统管理员提供维护工具，包括公文稿签信息维护、审批意见维护、作废文件维护、流程重定位、业务活动监控、业务流程信息维护等。

组织结构管理：主要是对系统组织结构权限进行管理。

通用办公管理：日常办公的辅助功能，主要包括休假管理、值班管理、办公用品管理、通知/公告管理。

4.2 智慧校园应用服务系统构成

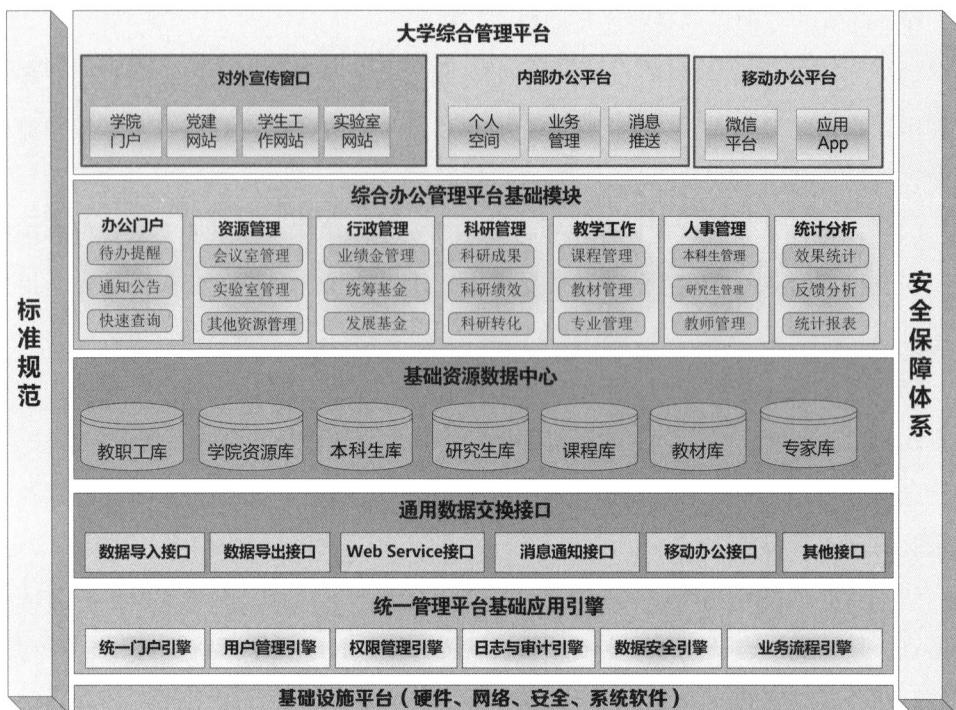

图4-1 高等学校智慧校园应用服务系统软件架构图

系统以综合办公管理为目的，依托现有流行的数据接口、消息接口模块、移动办公模块和大学基础数据库，搭建满足大学业务要求的上层应用模块，最终通过对外宣传窗口、内部办公平台和移动办公平台展现与管理。

在应用层面，高等学校智慧校园应用服务系统主要由办公门户、资源管理、科研管理、人事管理、教学工作、统计分析等模块构成（见图4-1），以满足学校教学、科研、管理需要。

4.3 智慧校园办公门户应用服务系统

该应用服务系统以门户网站为依托，涵盖通用公文管理、通知及公告管理、业务流程管理以及移动办公终端等子系统。

4.3.1 通用公文管理

通用公文管理模块主要用来处理单位内部起草的公文。拟稿工作在发文管理中提交后，根据用户所选的发文流程在系统内进行流转，公文流转流程结束后进行登记和归档处理。流程结束后进行发布，然后将发布的文件进行传阅。在整个过程中，用户可以随时查看、打印流程跟踪表，查看公文流转、处理的状态信息。

发文在办理过程中包括草稿文件、待办文件、已办文件与办结文件四种状态。

草稿文件：指已起草并保存，但还未发送的文件。

待办文件：需要当前用户处理的文件。

已办文件：上一步处理过的待办文件，发送给下一步处理人后，待办文件自动转为已办文件。即本人处理过的但审批流程未结束的文件。

办结文件：指当前办公人员已经处理过，并且文件流转过程已经结束的文件。其中包含的主要功能有起草文件、文件审批、发文登记、文件发布、文件查询、登记簿查询、流程查看与监控等。

起草文件：办公人员启动一个文件审批流程时的第一步操作，主要包括填写稿签内容、起草正文、选择下一步操作人及将文件送出等功能。

文件流转：在发文流转过程中，单位领导、各部门领导及办理人员等参与者所执行的会签、核稿、签发等操作。

发文登记：文件在审批流程结束后，综合秘书封发前进行的登记操作，提取文件的基本信息放在登记页面上，并可对页面内容进行修改、编辑。

文件发布：在文件审批流程结束后，并且未执行办结操作前，发文秘书将文件按主送、抄送单位进行文件下发。文件发布之后，综合部发文秘书、发文起草者和部门综合代表要对文件的接收情况进行监控，查看文件是否已被接收。

文件查询：关键字的模糊查询。根据文件的关键字，如文件标题、来文时间、来文字号等对所有文件进行模糊查询。

流程查看与监控：所有处理过该文件的处理人可以对该文件的流转信息进行查看，发文管理员可以对文件的流转状态进行监控。

1. 发文传阅

发文流转结束后，由发文秘书将文件发送给主送与抄送单位相关部门及领导进行文件传阅。传阅过程中由相关部门及单位的综合秘书按其领导意见进行文件传阅。如果只阅文件则不需要参与文件处理流程，即文件无需等待只阅人员办理就可办结；但文件处理人需要填写办理意见，并将文件送回后才可办结。

传阅的文件在整个过程中有待阅文件、已阅文件与阅毕文件三个状态。

待阅文件：需要当前办公人员阅读处理的文件。

已阅文件：指当前办公人员已经阅读并处理，但是传阅过程并未结束的文件。

阅毕文件：指文件传阅过程已经结束，并且当前办公人员已阅或处理过的文件。

在待归档文件中，办公人员可根据时间、分类等特定的查询条件查询文件列表，进行批量归档操作。

2. 文件归档

针对流转完成的公文类文件进行电子归档，按照装订、分类、排列、编号、编目等档案管理系统的要求归入档案管理系统，以备调阅。

主要包括以下功能：

待归档查询：针对待归档文件提供的查询功能。

归档登记：对于待归档文件进行的归档信息登记操作。

归档：将已进行归档登记的文件导入档案库的操作。

归档历史查询：对已归档文件的查询操作。

导出公文列表：将根据不同查询条件查询出的文件导出 Excel 列表的功能。

归档异常管理：对不能正常归档文件作的处理。

3. 文件登记

收文文件在接收之后，送审批之前要进行登记操作，将文件基本信息提取到登记稿签中，登记人可对信息进行核实修改，保存后生成登记文档存储在收文登记簿中。

发文文件审批流转完成后，发文秘书将文件封发办结之前，要进行登记操作，将文件基本信息提取到登记稿签中，登记人可对信息进行核实修改，保存后生成登记文档存储在发文登记簿中。

文件登记簿提供查询功能，可将常用的文件登记信息生成查询条件，文秘按查询条件查看登记簿中的文件。

4. 综合查询

综合查询含收文查询与发文查询，实现通用查询与高级查询两项功能：

通用查询：在收、发文查询中设定按常用条件进行查询，如文件标题、文件字号等。

高级查询：通过文件的关键字（主题词等）、文件字和号、文件名称、发文单位、发文时间，以多种条件、模糊方式查询已经办结的文件目录。文件查询目录如果未归档到文史中心，并且是本部门的办结文件，可以直接浏览文件。

5. 委托授权

在办公人员不能查看某种文件时，可按照不同的文种选择要授权的文件，将其授权给其他办公人员处理。授权文件按不同的文种与授权开始、结束的时间自由选择。被授权操作过的文件形成两种列表给授权人（已授权文件）与被授权人（被授权文件）查询查看。

6. 公文统计

统计功能按业务要求不同分两种统计方式：时限统计与数量统计。

时限统计：收文处理超时文件统计，如积压公文部门统计通报表、积压公文汇总表。

针对收文处理超时文件进行统计汇总，通过授权可实时查询各时间段各部门办理公文数和延时公文数。

办公人员按照年度时间段、月份时间段查询。查询出来的文件按是否结束进行分类、显示数量和按是否延时进行分类、显示数量。

数量统计：将所有办理文件生成统计表，有文件管理权限的办公人员可在表内根据不同的查询条件进行查询汇总，生成不同的文件统计表，如按年限、按月份、按文种等。

主要包括以下功能：

（1）发文统计：根据年限、文种等不同条件对发文进行统计，生成统计表。

（2）收文统计：根据年限、文种等不同条件对收文进行统计，生成统计表。

（3）积压公文部门统计：针对收文所汇总的按部门统计的超时文件列表。

（4）积压公文汇总：针对收文所汇总的按文种统计的超时文件列表。

（5）部门超时统计：各部门可查看的本部门的超时文件列表。

（6）登记簿统计：按不同的文件类别对登记簿中的信息进行统计。

4.3.2 业务流程管理

1. 新建业务流程

部门内的申请人根据实际的业务需要，新建业务流程表单，填写业务信息，上传需要的附件。

2. 待办业务流程

系统以列表的形式，展现当前登录人的待办流程，通过对流转及业务信息的查看，完成对业务流程的审批。

3. 在办业务流程

系统以列表的形式列出已经办理过的且没有流转完成的业务表单，而且可以通过标题，链接具体的业务表单进行查看。

4. 办结业务流程

系统以列表的形式列出已经办理过的且已经流转完成的业务表单，而且可以通过标题，链接具体的业务表单进行查看。

5. 业务流程查询

以业务表单的关键字作为查询条件，查询自己申请的业务流程表单，系统以列表的形式列出符合条件的业务表单，并且可以通过表单的标题，查看表单的详细信息。

6. 业务流程统计

系统根据实际的业务需求，以报表的形式展现各类业务流程信息，方便单位领导进行决策。

7. 流程权限管理

系统通过配置的方式完成用户对表单使用权限的管理，可以按照部门和人员进行配置。

8. 表单信息维护

系统管理员可直接更改任何一个表单信息内容。

9. 流程类别管理

对业务类别基本信息进行管理。

4.3.3　门户网站信息管理

门户网站信息分为两类：第一类，面向全大学的信息模块，指的是那些需要为大学办公人员提供信息服务的模块；第二类，面向部门的信息模块，此类信息模块由某个部门进行管理，使用者也仅限于该部门人员。

不同分类的信息模块间的区别仅体现在应用对象和管理层次上，信息内容本身不存在本质上的差异，信息管理平台的选择应本着从实际出发，面向应用的原则，完善办公系统的功能，充分发挥信息管理部分集中后的作用。

网站信息管理平台功能模型如图 4-2 所示。

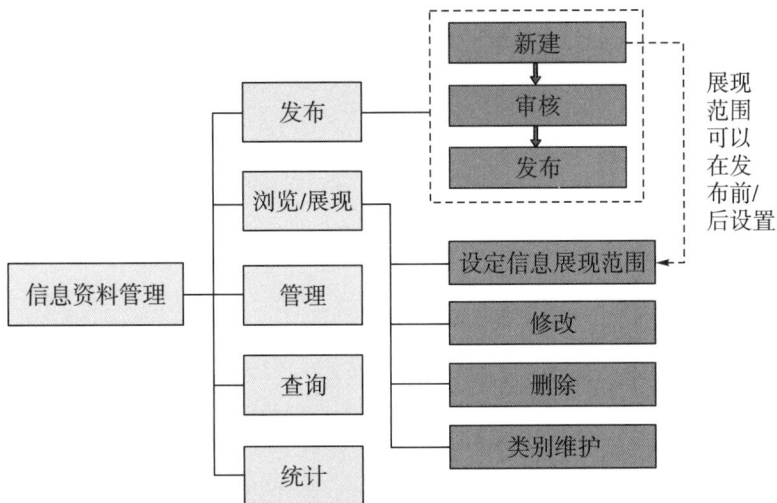

图 4-2　门户网站信息管理平台功能模型

信息管理模块同时具备以下功能:

(1) 稿件信息采编:通过在线的编辑器对信息进行编辑处理并保存到系统中。采编内容支持图片上传、附件上传、视频上传与编辑等功能。

(2) 信息浏览展现:将发布信息项展现到前台的页面区域,即在首页中进行信息集中展现。

(3) 信息审核发布:采编后的信息经过相关管理员发布后,即可在页面中展示。

(4) 信息综合查询:提供按照各种条件进行信息查询的功能。

(5) 信息分类管理:管理系统中所有信息按以上二类模块区分类别。

(6) 内容分类管理:按内容信息分类进行管理,对信息按照内容进行分类管理。

4.3.4　通知及公告管理

通知及公告管理包括通知消息公告、消息公告群发、待办提醒信息以及已办工作事项 4 个功能模块。具体运行方式如下:

(1) 通知消息公告。

管理人员可以在系统中发布通知公告信息,发布的通知公告信息将通过以下方式推送到个人:

①邮件方式;

②短信方式;

③微信推送;

④个人空间。

（2）消息公告群发。

一些消息公告可以选择指定人员进行群发，管理人员可以选择多种群发方式：

①邮件方式；

②短信方式；

③微信推送；

④个人空间。

（3）待办提醒信息。

每位人员（管理人、教务人员、教师、学生）登录系统后，系统将提供不同的待办工作提醒。点击待办工作提醒可以查看到详细的提醒信息。可以点击待办事项查看并处理事项内容。

（4）已办工作事项。

每个用户可以查看所有已办的工作事项，已办事项以时间分组的形式展现。可以查阅已往的工作事项。

4.3.5　微信移动办公终端

为了对现有的办公平台进行延伸，增强大学信息流通的便利性，在综合办公平台上增加微信移动办公公众平台，可以让教师、管理人员、学生在 OA 系统中的工作流程审批、信息中心和微信整合起来。用户只需要在微信中绑定 OA 系统的账号，就能够在微信中使用工作流程审批的功能，包括待办工作提醒、系统通知提醒、已办事项查询、归档异常管理等功能。

（1）待办工作提醒（见图 4-3）。

图 4-3　待办工作示意

点击待办工作信息的标题，就可进入审批界面进行审批与查阅。在微信办公平台可进行同意、加签、不同意、添加备注等各项操作。

（2）系统通知提醒（见图4-4）。

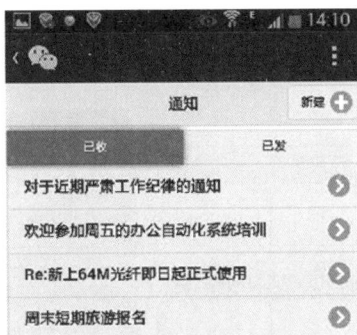

图4-4　系统通知提醒

系统提供综合办公平台和微信整合的功能。用户并不只是被动的信息接收者，还可以发起信息。用户在微信中发布的通知，其他用户可以在综合办公平台接收到，这是一种完整的双向整合。一方面，用户可以不必完全依赖于电脑，从而使得综合办公平台的应用更加便利。另一方面，综合办公平台的强大功能，也进一步发挥了微信的应用潜力。

（3）已办事项查询。

已办事项查询，主要包括以下功能：

①待归档查询：针对待归档文件提供的查询功能。

②归档登记：对于待归档文件进行的归档信息登记操作。

③归档：将已进行归档登记的文件导入档案库的操作。

④归档历史查询：对已归档文件的查询操作。

（4）归档异常管理。

对不能正常归档文件作的处理。

4.4　智慧校园科研管理应用服务系统

智慧校园科研管理应用服务系统通过建立统一的科研信息资源库、科研业务管理模块、科研信息发布与服务窗口、信息统计、查询模块，实现高效的科研管理和服务。系统按照"科研业务管理""科研信息服务"和"日常办公管理"三条主线进行功能设计，实现科研业务的网上填报与审批，科研项目的事后监督、统计、分析等管理工作，可有效提升科学研究管理水平，对科研资源的优化配置、科研管理体制改革规划，均具有重要的现实意义。科研管理应用服务系统主要功能由基金项目管理、科研成果管理、科研奖项管理、成果转化管理、科研平台与团队、科研绩效管理、科研统计与分析等多个模块共同构成（见图4-5）。

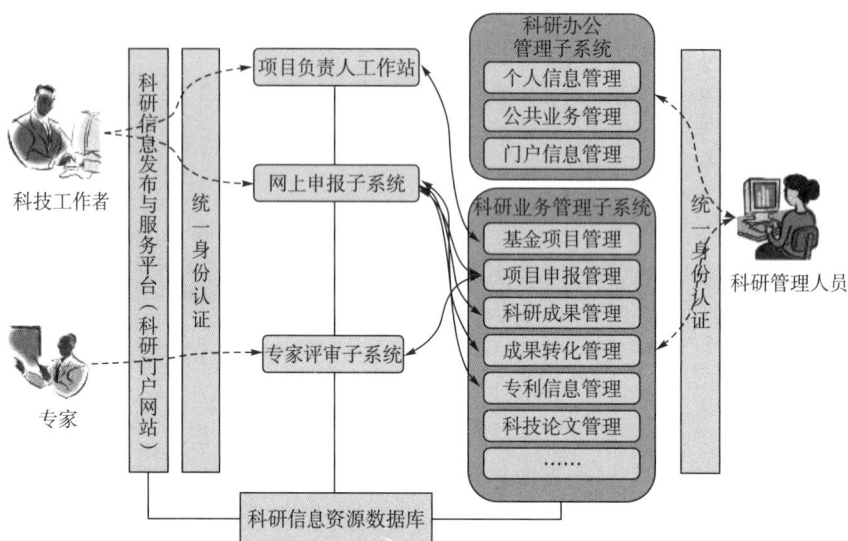

图4-5　科研管理功能模块

4.4.1　基金项目管理

科研处管理人员对网上申报系统提交的项目资料进行审核批复，可动态生成某一时间段的项目申报、审核情况一览表。项目审核权限设置支持院系初审、科研处终审的二级管理模式，可批量安排申报项目的专家审核过程，并可通过"专家评审系统"直接获得专家评审意见。

主要功能如下：

（1）申报信息的浏览、添加、删除、修改。

（2）安排审核专家、查看专家审核意见。

（3）转入在研项目库。

（4）数据导入、导出。

需要按照基金项目的来源、研究方向、研究团队、领头人、项目成立日期、项目研究范围、项目描述等几个方向进行录入与维护。

4.4.2　科研成果管理

该功能模块主要对大学的教师与学成的科研成果进行统一的管理，需要管理科研鉴定成果、专利信息、论文信息、专著信息、报告信息以及会议信息等。

该功能模块由教师录入后，送交科研管理人员审核，审核通过后汇总成册，教师需要按照以下的要求进行录入。

鉴定成果信息：成果名称、鉴定日期、鉴定单位、鉴定级别、鉴定人员、成果参与人员、成果描述以及成果鉴定的材料复印件等。

专利信息：在专利申请获得正式批准后，获得专利的教师可按以下信息进行管理（专利授权资料）录入：申请号、申请日期；申请名称、申请类别；申请人员、备注；授权日期、专利时效；所属部门、课题组、项目信息等。系统可动态生成专利申报、专利授权一览表。

论文信息：在论文发表或论文收到录用通知后，教师可以在系统中录入论文发表的详细资料。需要由教师录入论文的题目、发表的期刊、发表的页码、参与作者（多个作者时，如果是同一个大学的，需要自动关联到该作者的科研成果集中）、发表时间、论文字数、论文类别与方向、论文引用文献、发表论文全文复印件、发表收费复印件等。系统将根据论文发表的情况自动在网络上搜索该论文的引用条目与次数等。

专著信息：在专著发表后，由教师按照以下信息进行录入：专著名称、作者信息（多个作者时，如果是同一个大学的，需要自动关联到该作者的科研成果集中）、发表时间、发行数量、专著类别（教材、论著等）、专著页数、发行单位、专著封面复印件等。

报告信息：在教师举行了专题报告会后，需要由教师在系统中录入报告会的信息：专题报告名称、举行地点、参与人数、与会重要人物名单、举行时间、报告时长、报告会类别与研究方向、报告会现场照片等。

大学科研成果管理人员对每位教师或学生录入的科研成果信息进行审核。

4.4.3　科研奖项管理

通过科研奖项管理可以记录教师在科研方面的奖励，也可以记录整个大学的科研发展历程。系统需要录入科研奖项的明细信息：奖项名称、奖励人员、奖项类别（国家级、省级、地市级、校级）、奖项研究方向（可以根据获奖领头人所在的研究方向自动获取）等。奖项分发明奖、创新奖、科技奖等。需要支持导入导出的方式，以便将以往的获奖数据导入系统中。

4.4.4 科技转化管理

科技转化管理包括已转化科技信息和待转化科技信息，具有科技转化基本信息的录入、删除、修改、查询、报表和统计等功能。提供任务提醒功能，实现应收款项定时提醒，提供图片上传保存功能。

（1）转化合同信息管理：增加、修改、删除、检索合同信息。

（2）设置合同提醒功能：可根据合同信息设置时间点，进行付款、失效等合同信息的提示。

（3）管理合同模板：可用预先保存的合同条款信息生成合同草本，也可增加、修改、删除合同条款信息。

（4）统计转化信息：可根据院系所、学科领域进行统计，生成报表和图表。

（5）科技论文信息管理：提供多种统计和查询功能，可管理的信息主要有论文编号、论文中文名称、论文英文名称、院系所部中心号、论文类型、论著类别、学科领域、学科门类、所属项目来源、语种、SCI 收录、EI 收录、ISTP 收录、ISR 收录、所属项目编号、刊物名称、出版号、发表日期、国别、刊物级别、年号、卷号、期号、总期号、起始页数和论文的人员信息。支持数据导入功能（可从国家科技论文统计中心或其他论文统计单位导入数据）。

（6）科技著作信息管理：提供多种统计和查询功能，可管理的信息主要有著作编号（全校统一编写的科技著作序号）、著作中文名称、著作英文名称、所属院系、学科领域、所属项目来源、论著类别、语种、出版社名称、出版社级别、出版日期、出版号、著作字数、所属项目和科技著作人员情况。

4.4.5 科研平台与团队

科研平台与团队主要记录大学内每个科研平台与团队的详细信息，可以根据团队内成员的科研成果进行自动关联。团队信息包括：团队名称、团队简介、成立时间、负责人、联络人、团队成员、团队成果以及团队对外宣传的个人空间。

每位团队成员登录系统后，可以为自己的团队空间添砖加瓦，可以上传团队最新的日志信息，可以发布团队研究相关的文章，可以共享团队的一些资源与工具等。成员发表的信息需由该团队的负责人审核通过后方能在大学的科研团队网站的团队主页上发表与宣传。

4.4.6　科研绩效管理

科研绩效评估是科研管理部门的重要工作之一，也是耗费人力、时间最多的工作之一。系统实现科研项目、科研成果、论文、科研人员人事数据等关键数据的标准化，通过网上申报系统进行数据收集，科研管理人员只需在日常管理中审核和维护数据的准确性，根据需要制定绩效评估计算办法，系统即可自动对绩效评估所需的数据进行收集、计算和分析，形成客观、准确的评估结果，并可快速生成各类报表。

（1）科研项目绩效可设置的影响因素有：项目来源等级、项目来源、项目经费等级、项目组角色排名等。

（2）科研成果绩效可设置的影响因素有：鉴定级别、获奖类别、获奖类别等级、获奖等级、获奖人排序等。

（3）论文绩效可设置的影响因素有：期刊级别、期刊类型、影响因子、作者排序等。

（4）著作绩效可设置的影响因素有：著作类型、著作级别、作者排序等。

（5）科技人员人事数据可设置的影响因素有：职称、受教育级别、工作年限、职务等。

（6）其他可参与科研绩效评估的数据：科技成果转化、学会任职、参加和举办学术会议等。

4.4.7　科研导航图

为了便于广大科研人员及时跟踪高校当前主要研究方向，需要在科研管理首页放置一个科研导航图。该导航图需要根据录入的科研成果数据动态生成（见图4-6）。

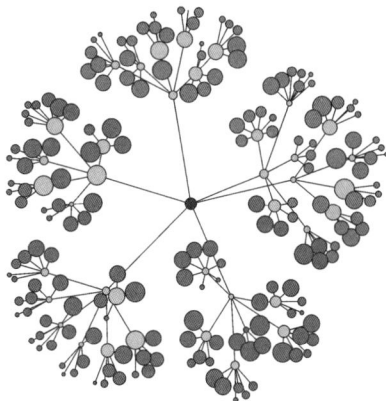

图 4-6　科研导航图示意

科研导航图展示了以大学为中心扩展的科研团队与成员数量，每个成员后面描述最新的研究成果和研究方向。

4.4.8 科研统计与分析

科研管理人员可以通过该系统提供的统计分析报表生成各种形式的统计报表：科研绩效排名、个人科研绩效详细信息、科研发展方向趋势图、科研团队绩效排名等。可以对比往年和今年的科研成果数量、科研方向等，也可以按照年度、季度或不同的人才类别对科研成果进行统计，还可以将统计结果导出到 Excel。

科研统计与分析功能模块主要由科研绩效计算模块、科研绩效发放统计模块和科研数据统计分析模块等模块共同构成。

1. 科研绩效计算模块

科研绩效计算过程如图 4-7 所示。

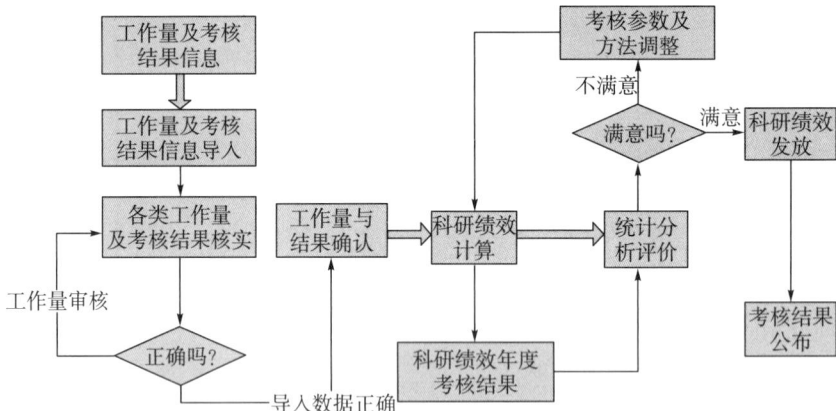

图 4-7 科研绩效计算过程

科研绩效计算子系统的功能包括：绩效信息查询、绩效标准维护和计算、绩效发放管理和数据分析等。其功能模块如图 4-8 所示。

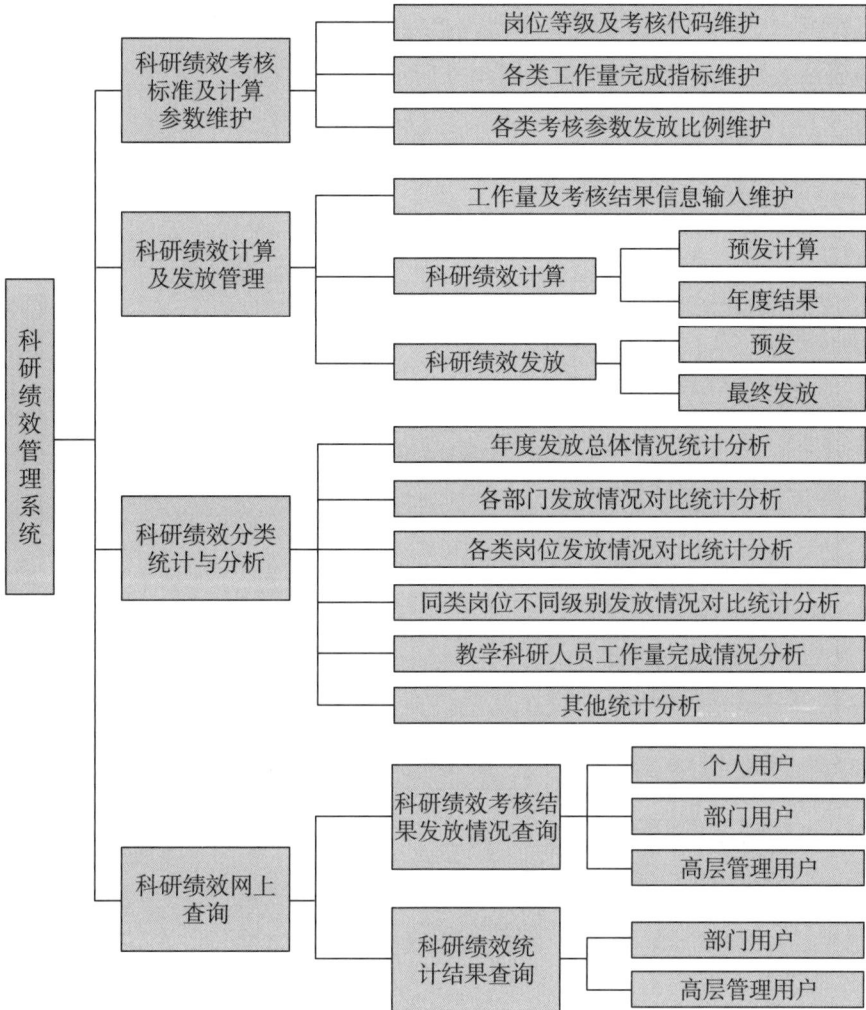

图 4-8 科研绩效计算模块主要功能

2. 科研绩效发放统计模块

科研绩效发放统计管理流程如图 4-9 所示。

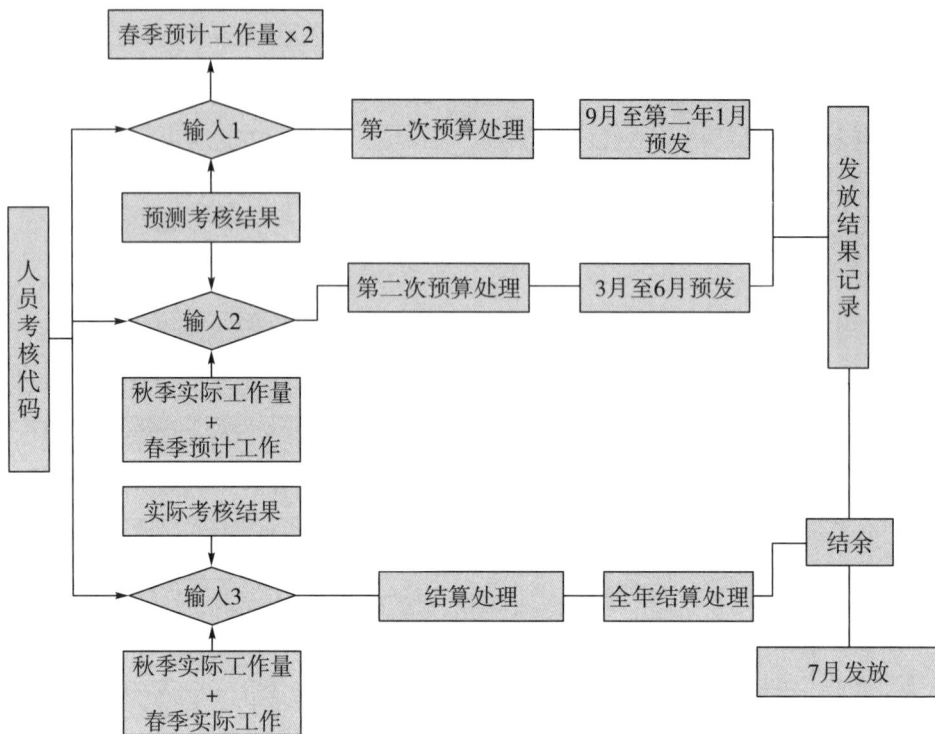

图 4-9　科研绩效发放统计管理流程图

科研绩效发放统计具备二次预算、期终结算、发放结果记录、数据接收、数据修改、计算结果校核等功能。

3. 科研数据统计分析模块

科研数据统计分析模块主要功能为：对全校科研工作者科研工作的综合统计与分析。该模块通过对比分析各部门、各类型人员的科研绩效平均值，为学校的科研管理工作提供数据基础。

该模块主要功能如下：生成各部门科研绩效发放统计、各部门工作量情况统计、各部门个人工作得分排行榜、各部门科研绩效发放排行榜、各部门专职教师与任课教师人数统计、各部门教学科研类人员岗位等级发放比例人数统计、各教学部门教学科研类人员科研绩效发放情况对比统计、各教学部门教学科研类人员工作量对比统计、各部门综合统计等统计报表。

4.5 智慧校园人事信息管理应用服务系统

智慧校园人事信息管理系统通过构建人事基本信息库、人才工程信息库、劳资社保信息库、培训信息库，实现劳资管理、社保管理、人事管理、人才工程管理、职工教育管理等现代化人事信息管理应用服务功能（见图 4-10）。其主要管理功能如下：

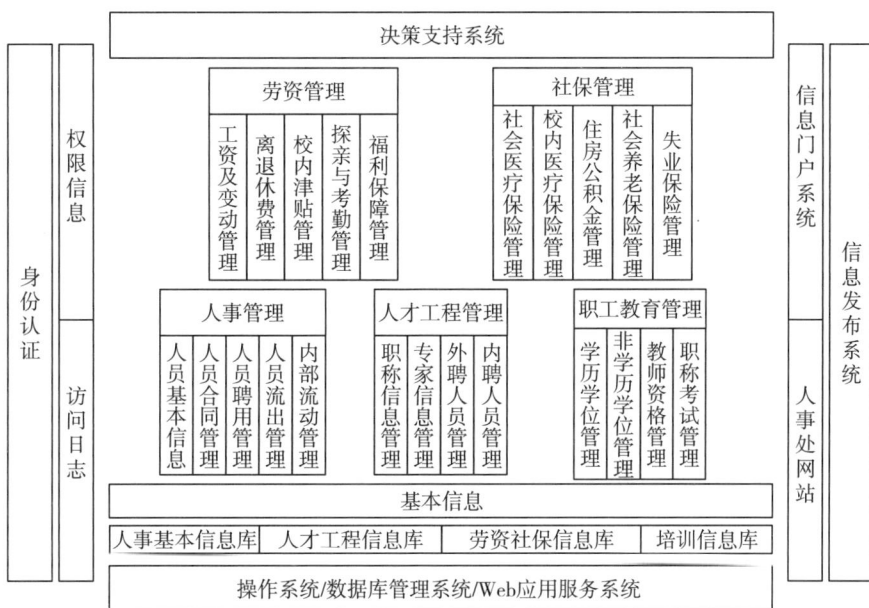

图 4-10　人事信息管理功能模块

4.5.1　人员组织架构管理

对大学内的部门、单位等进行管理，可以增加、删除、修改人员组织架构中的部门信息；可以通过单位查看每个单位的人员名单；管理人员可以根据权限将人员名单导入 Excel 表中。

4.5.2　人事信息检索功能

系统将详尽地记录每个人员的具体信息。为了从大量的数据中检索出符合要求的人员记录，需要系统提供多种检索方式：

（1）快速检索：输入人员名称或人员的工作证号后，可以快速检索出与关键字相关的人员名单。

（2）组合检索：可以按照单位、性别、人员类别、是否为专家等条件进行组合检索，可以对人员的基本属性集进行多个条件的组合与逻辑运算检索。

（3）高级检索：可以对人员的基本属性集与人员信息子集等进行组合检索。如检索某个单位中合同即将到期的本科以上学历的人员信息，则涉及人员的基本信息、合同子集、学历子集的组合检索。

4.5.3 人事信息预警功能

系统根据人员的合同信息自动提醒哪些人员的合同即将到期。对于一些试用期人员，系统需要提醒其试用期即将结束。

4.5.4 人员常用报表下载

系统需要提供常用的人员入职表格、离职表格、调薪表格、体检表格等的下载，下载的表格可以根据查询条件或者是选中人员自动生成相应的表格进行批量或单个文件的下载。

4.5.5 人事管理文档下载

系统提供常用的人事管理文档，如入职须知、职称评定、劳动合同等与人事工作相关的文档。这些文档可以在办公平台内下载，有权限的人员都可以下载。

4.5.6 人事统计分析报表

根据人员的数据生成各种统计分析报表，如按照性别、年龄、学历、政治面貌等以柱状图、饼状图等形式生成各式统计报表。提供详细的图表结合的报表文件下载功能。

4.6 智慧校园本科教学管理应用服务系统

自 1999 年高校扩招以来，我国高等教育事业取得了历史性的突破，高等教育实现了从精英教育阶段向大众化教育阶段的转变。随着本科阶段学生的不断增多，对现代化本科教学管理技术手段也提出了更高的要求。

智慧校园本科教学管理应用服务系统由本科教学工作管理系统、本科教学全程跟踪培养系统两部分构成。

4.6.1 本科教学工作管理系统

通过教学工作管理系统对大学的专业、课程、教材等进行系统化的管理。教学工作管理系统功能模块构成如下：院系专业管理、教授课程管理、专业课程设置、课程教材管理、课程考试管理、教学工作量核对、教学统计分析等。各子功能介绍如下：

1. 院系专业管理

对院系内的所有专业进行统一的管理，可以设置每个专业的研究方向、专业介绍、培养方案、培养年限，还可以根据不同的学制设置不同的专业培养方案与介绍。

2. 教授课程管理

对大学内所授的课程进行管理，需要对课程的教学大纲、课程时长（不同的专业需要不同的时长）、课程介绍、课程教学的教师等信息进行管理与设置。

3. 专业课程设置

可以对每个专业对应的课程进行便捷的配置与管理，可以管理不同的专业对同一门课程设置不同的时长、不同的教材信息。每个任教的教师都可以参与专业课程的规划与管理。

4. 课程教材管理

每个教师都可以参与同一门课程的教材管理，可以为课程上传教学材料、演示文件、课程题库、课程试卷、课程的教学进度表信息等。

5. 课程考试管理

可以从校园网下载大学的课程考试信息，也可以直接将系统中生成的考试安排同步到学校的考试系统。可以为每门课程的考试安排相应的监考人员，并通知监考人员应在考试日期到岗；可以为每门课程的考试导入成绩信息（可以由教务人员统一导入，也可以由教师导入），导入后的成绩经教务人员审批后将不能再修改；可以为考试不及格的人员安排补考，并发放补考通知信息。

6. 教学工作量核对

导入教学工作量信息后将其与教师的教学、实验的工作量进行匹配，并将相应的工作量核算结果发放到各个教师的工作面板，由教师进行确认。确认通过后的工作量可以计入科研绩效的计算公式中。

7. 教学统计分析

系统提供教学统计分析，按照各种形式对教学相关工作进行统计分析：

（1）课程参与人数最多的统计分析；

（2）通过率最高/最低的课程分析；

（3）课程教学工作量最多/最少/平均值分析；

（4）课程教学时长统计分析等。

4.6.2 本科教学全程跟踪培养系统

本着目标驱动、全程跟踪、实时响应、精心培养的本科生培养原则，在大数据背景下对本科生从入学到毕业的全程记录，通过知识、技能、能力、素质和意识五大类收集每位学生在校情况与校外实践的数据，结合学业专业的培养方向，并持续跟踪学生毕业后 5 年内的职业成长方向，反向推演制订新的培养方案，从而根据学生的在校表现，有针对性地对每位学生设定不同的引导与培养方案。

基于以上目标，系统通过信息化系统辅助大学的工作人员录入每位学生校内与校外的活动历程，为未来设立精细化培养模型提供必备的基础数据。

本科教学全程跟踪培养系统由多维度数据收集模块和精细化培养服务模型两个子模块共同构成。

1. 多维度数据收集模块

通过数据采集系统，自动化或辅助性地收集每位学生入学前、入学期间、在校期间、毕业期间、毕业后的多个维度数据（见图 4-11），为每位学生建立多个维度的数据集。数据集按精细化培养原则划分为五个大类：知识、技能、能力、素质和意识。

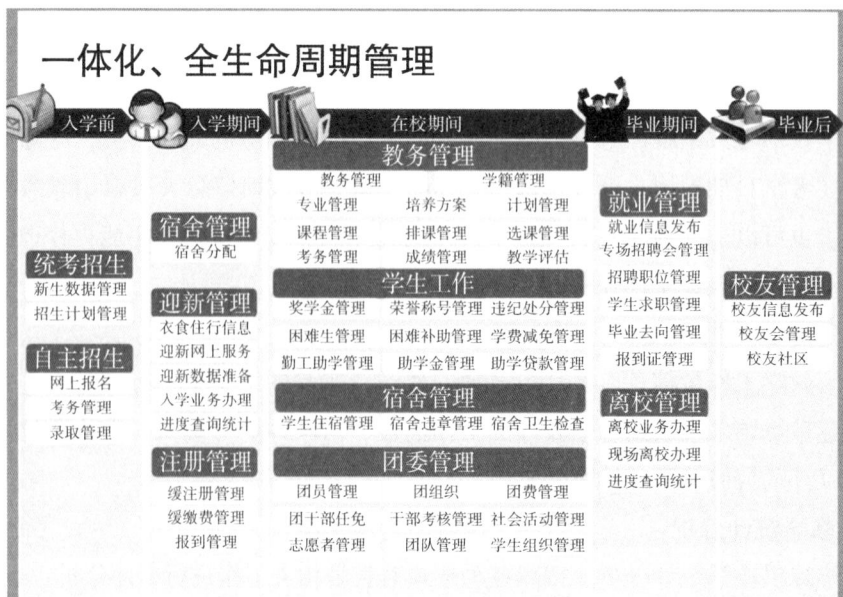

图 4-11　本科多维度数据收集模块构成

2. 精细化培养服务模型

根据每位学生不同维度的数据和培养方向的通用目标，通过模型方案推演出每位学生所需要的不同服务。比如针对性格阳光的学生，系统将推送更多的社团与志愿活动到学生的平台；又如针对性格内向的学生，系统将自动推送更多的生活服务、集体活动的信息到学生的桌面；又如某位学生对电子专业有很大的兴趣，根据培养模型，系统将推送更多的与电子专业相关的课外活动给他，以使得其在电子专业方面更加的专长。

结合培养模型，系统将从学生的住宿、学习、财务、生活等多个方向引导服务（见图 4-12），使得学生能在各自擅长的领域发挥各自的专长。

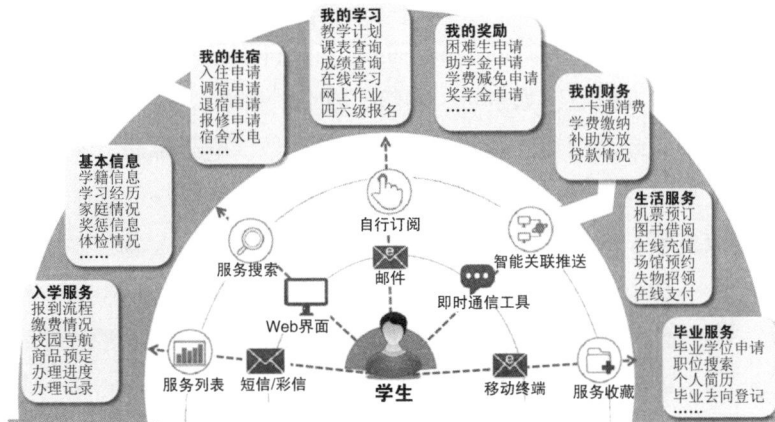

图 4-12　精细化培养服务模型构成

4.7　智慧校园本科生工作管理应用服务系统

本科生工作管理系统包括学生信息管理、学生工作计划管理、团委工作管理、党建工作管理、毕业管理、奖惩信息管理、奖学金管理、助学管理、学生干部管理、学生思想教育管理、学生综合测评、学生心理咨询、网上调研、人文素质学分管理等功能，是本科生管理工作的有效辅助工具，可使学校管理人员摆脱繁杂、重复的信息统计和维护工作，将更多的精力用于学生思想及文化素质教育，对建立良好的学风、维护稳定的校园秩序、提升管理及服务水平具有重大的现实意义。

4.7.1 学生信息管理

学生信息管理流程如图 4-13 所示。

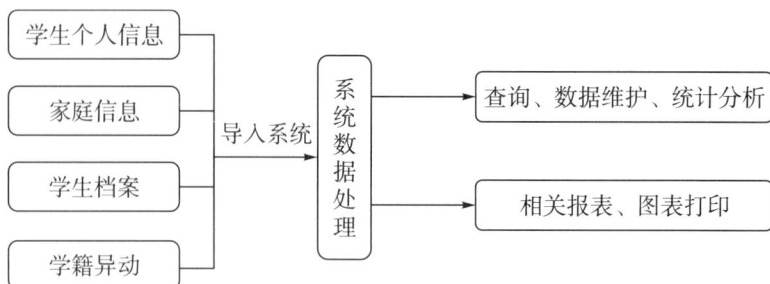

图 4-13　学生信息管理流程图

　　系统需要从学校学生处系统同步最新的学生资料信息。学生信息包含多个属性子集，涉及学生的基本信息，如学号、年级、姓名、院系、性别、专业、出生日期、班级、民族、学制、政治面貌、学籍状态、身份证号、电子邮箱、来源地区、联系电话、籍贯等信息（见图 4-14）。每位学生登录系统后可以自己维护自己的电子邮箱、联系电话以及家长的联系人、联系电话等信息。

学生基本信息			
学号：		年级：	2005
姓名：		院系：	信息科学与工程学院
性别：	男	专业：	自动化（控制系）
出生日期：		班级：	自动化（控制系）0501
民族：		学制：	4
政治面貌：	中国共产党党员	学籍状态：	
身份证号：		电子邮箱：	
来源地区：		联系电话：	
籍贯：		手机号码：	
宿舍号：		宿舍电话：	
党团建设			
评奖评优			
对外交流			
学生资助			
勤工助学			
心理健康			
学生军训			
违纪处分			
其他数据			

图 4-14　学生信息录入界面

工作人员可以按照不同的专业分类、班级分类对学生信息进行分类查看与管理，能随时查看、统计全院学生各种基本详细信息，并导出相关信息。学生的基本信息还应包括：辅导员、辅导员联系方式、银行卡号等，基本信息的字段以及修改权限可由管理员自行设定。

4.7.2 学生事务管理

学生事务管理包含学生的心理健康、奖惩信息、奖金助贷、问卷调查、办事指南、资料下载、业务咨询等功能事项。

1. 心理健康服务

心理健康服务模块包括学生及机构管理、心理测评系统、人口学调查系统、个案辅导管理系统、心理档案管理系统、心理咨询与预约系统、学生心理自助查询系统等子系统。

（1）学生及机构管理。

通过 Excel 文件自动导入学生信息，实现不同专业、班级学生的多级管理，授权分院系访问学生档案，实现心理咨询师的授权访问管理功能。

（2）心理测评系统。

心理测评系统通过在线测评方式实现对学生人际关系、学习压力等多个心理健康方面的测评量的收集，并提供测试结果分析报告，单台 Web 服务器支持 1000 人以上同时在线测评。

（3）人口学调查系统。

人口学调查项目支持单选、多选、填空、问答项目，通过对不同学生的背景信息调查，自定义问卷调查项目，让心理老师更全面地了解学生心理健康状况。

（4）个案辅导管理系统。

通过个案辅导管理系统，每个辅导人员可以对以下人员进行重点关注：

①降级的学生；

②心理困难的学生；

…………

从而根据学生的不同心理状态，制定针对性的干预措施。系统在每次个案干预过程中，自动开展个案建档、辅导总结报告、访谈记录、回访反馈跟踪的规范化管理。咨询中心也可通过该系统实现对特殊学生的集体会诊，更好地对学生的异常心理进行及时干预。

（5）心理档案管理系统。

系统实现对心理测评结果与报告、人口学调查项目、个人成长报告、心理咨询记录、教师评价等学生心理相关信息的统一汇总，形成学生心理健康干预档案，让心理老师全面了解学生的心理状况。系统同时具备综合报告生成、打印、输出功能，通过相关要素的灵活配置，实现心理档案的个性化、专业化输出。

（6）心理咨询与预约系统。

系统提供心理咨询与预约功能。当学生感觉需要进行心理干预时，可通过该系统以匿名的方式在网上向心理老师预约远程心理干预，也可以实名方式在网上预约线下心理咨询服务。

（7）学生心理自助查询系统。

系统提供常见心理知识手册，学生可以自行在网上查阅或下载打印。

2. 问卷调查管理

管理人员可以设置各类问卷调查，如：学习类、生活类、就业指导类的调查问卷信息，并可以选择参与问卷调查的班级、学生。工作人员可以通过收集调查问卷查看每个选项的答卷结果，并查看答卷的比例图，以便于工作人员对学生的工作作出合理的决策。

3. 学生成长记录

通过记录学生的成长档案（在校档案与离校档案），记录学生的政治面貌的成长；每个学生可以通过登录系统相关界面查看自己的成长记录和成绩信息。

4. 课外创新实践

记录学生在社会实践、创新创业、志愿服务、社团活动等的历程。每个学生自己录入后，交由辅导员审核，审核通过后生效。

5. 参与课外讲座

为每一个讲座自动生成一个二维码，当学生参与讲座时，需要扫描该二维码，可以自动记录学生是否参与讲座。最后可以统计每个学生参与讲座的次数、类型。

6. 学生业务咨询

学生可通过学生工作信息网或者综合办公平台上的学生工作窗口填写学生业务咨询信息。相关的咨询信息将发送给工作人员进行回复。回复后的信息将通过微信、移动办公、邮件、系统消息等形式反馈给学生。

7. 辅导员队伍管理

辅导员是高校教师队伍中一个特殊而重要的群体，他们处在大学生思政教育和日常管理的第一线。面对辅导员队伍现状和高校建设中的新挑战，加强辅导员队伍建设，需要通过建立辅导员信息系统，对辅导员的配备与选聘、培养与发展、管理与考核等建立相应的管理制度。

4.7.3 学生工作外网

在大学的门户网站上加挂一个学生工作信息网，学生工作信息网将主要涵盖以下内容。

1. 消息通知公告

主要放置与学生工作相关的消息通知公告。需要后台提供便捷的功能以方便工作人员添加、修改消息通知公告的内容。

2. 创新创业专题

通过开辟创新创业专题频道介绍大学的学生创新、创业的成功经验；提供创新资源、创新人才库数据。该专题的内容以图文并茂的形式展现大学生在创新、创业方面取得的成功经验。

3. 历年学生荣誉

通过该板块的内容宣传本科生历年的荣誉，如科技获奖、学生专利等，通过图文并茂的形式介绍大学生获得的荣誉，以增强学生的荣誉感。

4. 学生团学活动

通过文章列表的形式记录大学生团学活动的历程。要求后台上传相关的图片、视频、材料等。团学活动含校园文化、青马工程、体学活动等。

5. 学生就业指导

提供学生就业的指导性文档，通过发布就业心理、就业知识、就业经验等方面相关的文章，以指导学生顺利就业。

6. 学生榜样力量

上传与本科生在学习、工作、就业等方面取得成绩相关的文章，并发布到学生工作信息网上，为学生提供学习榜样。

7. 办事资料下载

系统提供学生办事的资料下载，通过该窗口，学生或工作人员可以下载常用的资料、办事指南等信息。

4.7.4 学生工作统计

学生工作统计可以为工作人员提供相关的统计报表：可以按照年级进行统计、按课程统计率进行统计、按全国大学英语四、六级通过率进行统计、按就业情况与去向进行统计。

4.8 智慧校园研究生工作管理应用服务系统

研究生工作管理主要包括了研究生学籍管理（研究生基本信息管理、发表文章获奖、毕业学位、奖惩信息、培养计划等）、研究生双向选择、研究生奖学金管理、研究生课程管理、研究生工作相关的表格（请休假、退宿、外出实习等），以及研究生毕业信息。最后提供研究生统计分析报告（从政治面貌、毕业去向等多个维度的统计分析）。限定权限为每个导师只看自己的学生信息。

4.8.1 研究生学籍管理

通过导入的形式从学校的研究生处获取最新的研究生基本信息（学号、姓名、民族、身份证号、籍贯、政治面貌、婚姻状况、出生年月、性别、出生地、家庭详细地址、邮编、电话、学位类型、导师姓名、院系名称、学科专业、入学年月、本人经历）。导入后的信息将按照大学、学科进行分类。

每位研究生登录系统后可以补充自己的信息（如：电子邮箱、通讯地址、家庭电话、家庭住址、家庭联系人等信息）。

当研究生的学籍发生异动（公派留学、留级、降级、试读、延长年限、试读通过、回国复学、休学、复学、停学、转专业等）时，可以选择申请异动申报，需要研究生到工作网下载相关的表格，填写个人基本信息和申请表后上传到系统，作为备案查询；办好手续后，将材料送至研究生院审批。

4.8.2 研究生双向选择

可以在线上将研究生双向选择的结果导入系统，也可以直接在系统上对研究生双向选择的结果进行维护。双向选择后的关联数据在经过研究生和导师的确认后即锁定，该关联关系不允许作修改。如果需要修改，需要学生或导师一方发起解除关联的请求流程，发起的请求经工作人员审核同意后即从系统中解除。解除关系后的研究生需要重新申请双向选择，同时在研究生选择新的导师后重新关联。新的关系建立起来后要提醒工作人员将该数据上报到学校研究处。

4.8.3 研究生奖学金管理

管理人员可以对研究生的奖学金进行统一的管理，可以通过 Excel 的形式导入、导出学生的奖学金列表，可以查看不同学年、大学之间的奖学金分配结果。每位研究生也可以看到自己当月已发的奖学金，以及以往已发的奖学金日期与金额等。

4.8.4 研究生课程管理

系统提供研究生网上自动选课功能（见图 4-15）。学生根据导师要求和个人兴趣选定对应课程后，在网上提交经导师签字的个人培养计划。在研究生学习期间，学生可通过该系统自主查询相关课程安排及课程成绩，以便研究生教学的顺利开展。

培养计划制定　　帮助

提交培养计划　返回

当前学位课:21门,56.00学分 非学位课:0门,0学分 本专业最低要求(学位分:32.0总学分:36.0最高学分:36.0)　　添加任意选修课课程

选择	课程编号	课程名称	学位课	学分	学时	选修学期	选课类型
☑	02100005001	中级微观经济学	学位课	3.00	51	1	学科基础课
☑	02100005002	中级宏观经济学	学位课	3.00	51	2	学科基础课
☐	02100006001	中国经济改革与发展专题	学位课	3.00	51	1	专业课
☐	02100606001	演化经济学	学位课	2.00	34	4	专业课
☐	02100606002	新政治经济学	学位课	3.00	51	3	专业课
☐	02100606003	现代企业理论与企业制度	学位课	3.00	51	3	专业课
☐	02100607001	马列经典著作选读	学位课	2.00	34	4	研究方向课
☐	02100607002	中外马克思经济思想	学位课	2.00	34	4	研究方向课
☐	06100001001	基础英语	学位课	2.00	34	1	公共课
☐	06100001002	英语写作	学位课	2.00	34	2	公共课
☐	06100001003	经济英语	学位课	2.00	34	2	公共课
☐	06100001061.	德语(上)	学位课	4.00	68	1	公共课
☐	06100001062	德语(下)	学位课	2.00	34	2	公共课
☐	06100001071	法语(上)	学位课	4.00	68	1	公共课
☐	06100001072	法语(下)	学位课	2.00	34	2	公共课
☐	06100001081	俄语(上)	学位课	4.00	68	1	公共课

图 4-15　研究生课程管理界面

4.8.5 学习期间研究成果

每位研究生可以登录系统录入学习期间的研究成果，研究成果包含论文成果信息、获奖成果信息、专利成果信息。录入的成果信息需由负责研究生工作的人员进行审核，审核通过的成果将同时计入其导师的成果。

论文成果信息需要包括以下信息：中文标题、英文标题、论文类型、论文编号、会议级别（会议论坛需填）、发表形式、论文分类、所属学科、语种类别、论文语言、刊物号、刊物名称、出版单位、刊物年份、总期号、刊物卷号、刊物期号、刊物级别、开始页码、截止页码、论文字数、会议报告形式、资助项目类别、资助项目号、关键词、论文集名称、刊物检索、论文状态、中文摘要、英文摘要、收稿日期、发表日期、发表复印件等。

获奖成果信息需要包括以下信息：获奖名称、获奖类型（如科技成果奖等）、获奖级别（如国家级、省级等）、获奖等级（如特等、一等、二等等）、承担角色（项目主持人、项目参与人等）、完成单位、获奖日期、获奖证件复印件等。

专利成果信息需要包括以下信息：专利号、发明人、专利名称、完成单位、专

利类型、批准日期、专利证书等。

4.8.6　研究生学位论文管理

为了对研究生的论文进行有效的管理，对研究生的开题报告、预答辩、毕业论文答辩等信息进行录入与跟踪。

开题报告需记录：开题报告日期、开题题目名称、参与开题的专家名称、开题报告举行地点。需要由研究生录入信息，经导师审核后，送交研究生工作人员批复。

研究生毕业论文答辩过程：申请答辩、论文上传、论文评审、答辩会、授予学位。申请答辩时需要填写参与答辩的专家信息、专家职称、专家所在单位信息，并上传论文的电子版等。填写完毕后经由导师确认，送交研究生工作人员批复后，安排答辩的时间和答辩地点。

正式答辩时，还需要由研究生填写答辩论文信息：论文中文题目、英文题目、论文密码、起始日期、终止日期、论文字数、选题类型、论文类型、题目来源、中文主题词、英文主题词、中文摘要、英文摘要、论文主要内容、论文主要成果及创新点等。

4.8.7　研究生统计分析

研究生工作管理人员可以通过系统查看有关研究工作的各项统计信息：

（1）学生科研成果分布统计图、科研成果趋势图；

（2）学生学习成绩统计分析；

（3）学生课程达标率统计分析

（4）学生奖学金分配统计分析；

…………

4.8.8　研究生服务网

为了更好地宣传大学的研究生招生简章、研究生工作成果、研究生办事指南等信息，需要在大学的门户网站上加挂研究生工作网站。通过研究生工作网站开辟以下频道：

（1）研究生通知公告。

发布研究生相关的通知公告信息。

（2）大学专业介绍。

发布大学专业的介绍，介绍每个专业的优秀导师、课程设置、专业的研究方向、优秀的创新成果等。

（3）培养方案。

介绍大学对博士、学术硕士、专业硕士的培养方案，介绍每个方案的培养目标、培养方式、学习年限、研究方向、课程设置、学位论文工作等。

（4）导师风采。

介绍大学所有导师的研究领域、个人简历、代表性成果和荣誉、科研项目、人才培养、代表性论著等信息。

（5）就业信息。

发布校企合作的最新就业招聘、就业指导、就业去向等信息。

（6）工作动态。

发布大学的最新工作动态信息，以图文并茂的形式展现大学导师、学生、科研等的信息。

（7）办事流程。

提供如研究生结婚申请流程、医药费报销申请流程、退宿申请流程等信息。

（8）资料下载。

提供如招生工作、研究生培养、学位管理、学生管理、学科建设、非全日制招生等相关工作的资料、表格下载。

4.9 智慧校园应用服务综合管理与查询系统

4.9.1 业务活动监控

为了全面了解业务流程的运行情况，方便用户查看，系统提供业务活动监控功能，通过图形化显示，让业务相关用户可以对自己的业务流程运行情况一目了然。

通过业务活动监控功能能够使管理者及时掌握业务运营情况，对异常业务流程迅速调整，不断改善自身工作方式，从而提高管理效率，发挥系统更大的附加价值。

4.9.2 公文业务统计

按业务要求不同，统计功能分两种统计方式：时限统计与数量统计。

时限统计：收文处理超时文件统计，如积压公文部门统计通报表、积压公文汇总表。

针对收文处理超时文件进行统计汇总，通过授权可实时查询各时间段各部门办理公文数和延时公文数。

办公人员按照年度时间段、月份时间段查询。查询出来的文件按是否结束进行分类、显示数量和按是否延时进行分类、显示数量。

数量统计：将所有办理文件生成统计表，有文件管理权限的办公人员可在表内根据不同的查询条件进行查询汇总，生成不同的文件统计表，如按年限、按月份、按文种等。

主要包括以下功能：

发文统计：根据年限、文种等不同条件对发文进行统计，生成统计表。

收文统计：根据年限、文种等不同条件对收文进行统计，生成统计表。

积压公文部门统计：针对收文所汇总的按部门统计的超时文件列表。

积压公文汇总：针对收文所汇总的按文种统计的超时文件列表。

部门超时统计：各部门可查看的本部门的超时文件列表。

公文流转时限统计：统计公文从起草到办结所经历的时间。

登记簿统计：按不同的文件类别，对登记簿中的信息进行统计。

4.9.3　数据操作日志

系统数据操作日志用来对业务和数据操作行为进行记录。系统数据操作日志实时记录操作员进行的所有操作，以备后期能够根据日志对数据操作的发生时间、操作人员、影响范围进行跟踪，同时能够加强系统的安全系数，所有的系统日志数据要保留至少 3 个月以上。

系统日志管理功能包括：

（1）日志记录：能够记录操作人员的姓名、操作时间、操作的业务、修改数据的原始数据项等。

（2）日志查询：提供多种组合条件的查询功能。

4.9.4　用户登录日志

完整地记录系统中每一次用户登录会话的日志，记录用户的登录地址、登录终端以及注销退出的时间。

4.9.5　工作移交管理

工作移交管理是对因单位内部人员调动和离职而产生的公文等工作业务移交进行管理，保障工作的正常交接。

交接过程中要填写工作交接单，记录交接的项目、完成日期、负责人、接收人等情况。

办公系统对公文授权、流程授权、历史文件处理等内容进行管理。

1. 公文授权

当办公人员不能查看某种文件时，可按照不同的文种选择要授权文件，将其授权给其他办公人员处理。授权文件按不同的文种与授权开始、结束的时间自由选择。被授权的文件形成两种列表，供授权人（已授权文件）与被授权人（被授权文件）查询查看。

主要包括以下功能：

被授权文件查询：对于别人授权给当前处理人的文件所提供的查询功能。

已授权文件查询：对于当前处理人已授权过的文件所提供的查询功能。

委托授权：针对文种或文件进行的授权操作，执行此操作后，所选文件即可转入被授权人的待办列表进行办理。

2. 流程授权

对个人的事务选择相应的人员进行授权，授权可以指定时间等限制条件。授权之后，系统会通知实际授权人员代办相关的流程事务。

3. 应用模块授权

对系统中的其他辅助办公模块进行授权，使用负责人可以获取并使用交接人的文件。

4.9.6 系统角色管理

提供系统的角色管理，可以增加新的角色，为每个角色配置不同的权限模块功能。

4.9.7 系统用户管理

对系统中的所有用户进行管理，可以给不同的用户配置不同的角色，也可以为每个用户独立设不同资源权限和模块权限，还可以禁用或启用用户登录信息。当学生或人员离职后，可以禁用或删除用户信息，并将其已占用的个人空间收回。

4.9.8 审批意见管理

对在办公中经常使用的常用语进行维护、管理，包括新增、修改和删除功能。在办公应用中，如果希望把输入的语言作为常用语，可以通过此功能将其维护到常用语中。在办公应用中，可以通过此功能在实际应用中直接选用常用语。

4.9.9　系统备份管理

为了保证系统在出现故障时能够快速地恢复应用及数据，同时降低在使用系统时造成的数据损失，需要对 OA 系统数据进行备份。

备份主要针对单点的 NFS 中存储的公文正文及业务流转时的附件文件，备份的目标为四台应用服务器，采用增量备份的策略实施备份。

备份管理主要对增量备份的文件信息进行管理，能够搜索到 NFS 中的数据哪些已经备份，哪些需要备份，同时查找目标主机的存储空间，实现备份时能够根据存储空间合理分配文件的备份位置。

在出现故障时，根据文件备份时存储的主机位置将文件恢复到 NFS 的源目录，从而实现文件备份的有效管理。

4.10　小结

本章从建设目标、系统构成、子系统的功能等方面，详细论述了智慧校园应用服务系统的构成及功能分析，给出了相对完善的智慧校园应用服务系统建设范例，以期对读者在实际操作过程中有所参考和帮助。

第5章 高等学校智慧校园三维可视化
综合管理系统规划与建设

5.1 规划与建设背景

三维可视化校园是智慧校园的重要组成部分,是实现智慧校园空间管理的必然要求。三维可视化校园运用虚拟现实技术,将校园全景在屏幕上显示出来,具有漫游、人机交互等功能,从而实现校园人、财、物的三维可视化综合管理。

因此,暨南大学番禺校区在建设过程中应用三维可视化技术,在构建校园三维模型的基础上,开发管网管理、能源管理、视频监控管理等智慧校园三维可视化管理子系统,有效提升了校园管理水平。

5.2 系统总体架构设计

5.2.1 系统体系结构

系统体系(如图 5-1 所示)由三维虚拟环境数据库、用户图形界面、三维渲染引擎、对外调用接口等构成。

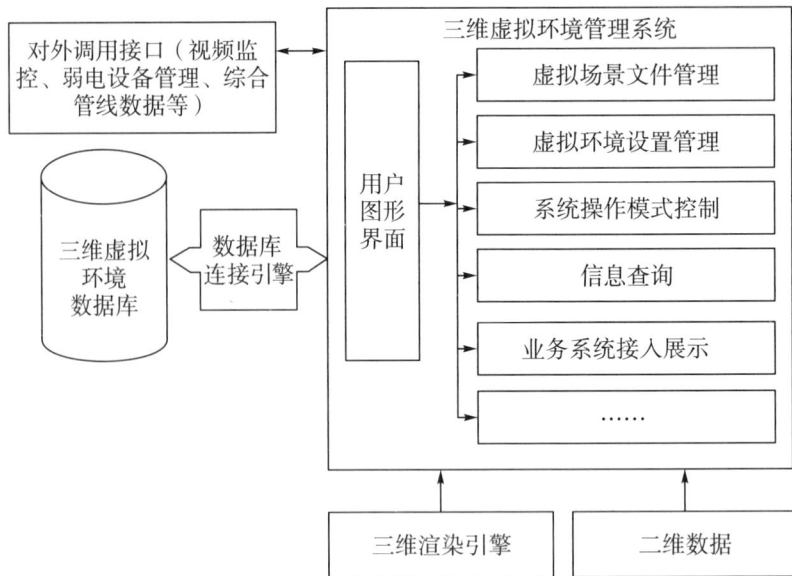

图 5-1　智慧校园三维可视化综合管理系统体系架构

1. 三维虚拟环境数据库

用来结构化地保存虚拟环境中的模型，以及模型的相关属性信息，如位置、结构、面积、材质等。

2. 用户图形界面

用来响应用户通过鼠标和键盘对三维虚拟环境的一切操作，以实现番禺校区三维虚拟校园仿真操作功能。

3. 三维渲染引擎

基于三维图形库开发的三维渲染引擎。

4. 对外调用接口

系统为各类现有监控、控制软件提供公用的接口，以供外部调用。

5.2.2　系统扩展架构

智慧校园三维可视化综合管理系统基于三维地理信息系统构建，在搭建校园三维地理模型、三维建筑模型、三维设备模型的基础上，实现以校园地理信息为基础的校园建筑、设备、管理信息的整合与共享，从而实现基于三维可视化界面的校园运行与管理服务。

智慧校园三维可视化综合管理系统整体框架包括空间基础信息网络层、数据层、服务层、应用层（见图 5-2）四个部分。

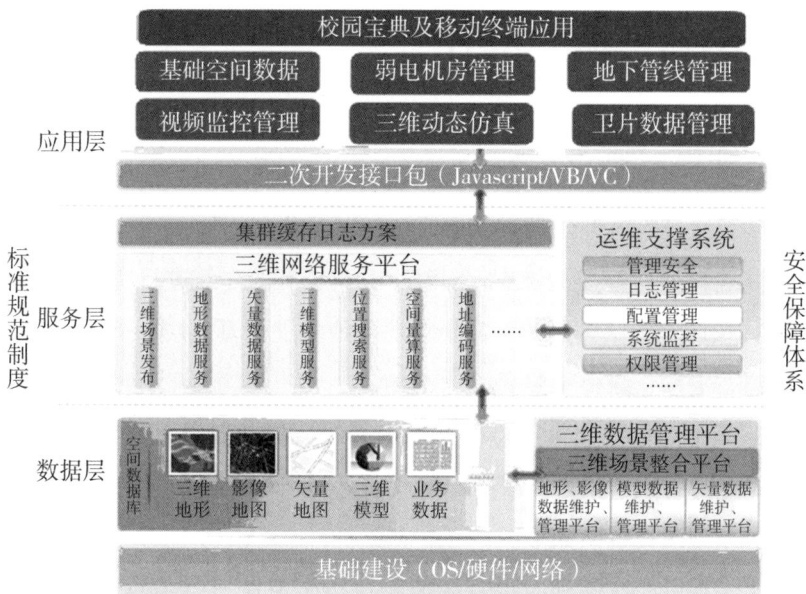

图 5-2 系统扩展架构图

1. 空间基础信息网络层

空间基础信息网络层以校园三维地理信息系统为依托，同时包含以地理信息为基础的校园网络系统及相关建筑机电设备信息。空间基础信息网络层将智慧校园建筑、设备、地理空间数据库连接成松耦合系统，实现校园硬件系统的三维建模与展示。

2. 数据层

数据层由一系列数据库组成，如空间基础地理数据库、校园建筑三维仿真模型库、机电设备三维模型库、公众电子地图数据库等。

3. 服务层

服务层利用三维 GIS 平台引擎获取空间数据，通过对空间基础地理数据库、校园建筑三维仿真模型库、机电设备三维模型库、公众电子地图数据库等数据库的联通访问，实现数据目录服务、基础数据服务、数据分析服务、元数据服务等多项数据交互功能。

4. 应用层

应用层根据用户需求，采用三维计算机编程软件，为用户定制不同主题的三维可视化综合应用。

5.3 智慧校园三维模型设计

5.3.1 建模范围

暨南大学智慧校园模型建设范围主要包括以下几个部分：

（1）番禺校区建筑群模型制作，对整个番禺校区的建筑进行实体模型制作；

（2）番禺校区地形结构制作，需要对地形地貌进行真实场景效果制作，其包括道路、人行道、水系、绿植等要素；

（3）管线模型数据制作，需要根据二维管线数据信息进行三维实体模型制作，管线类型包括电力管线、雨水管线、给水管线、污水管线等。

建筑部分模型建设范围如下：

对暨南大学番禺校区的建筑以及附属物进行全方位三维信息和高清影像采集，包括三维虚拟场景模型数据、三维虚拟环境参数数据、虚拟场景配置数据、场景对象属性数据。

对建筑本体所有建筑及厅堂外部建筑采用 1M 的精度进行模型制作；非建筑部分的内部空间和园林小品采用 0.5M 的精度进行模型与高清纹理表达，如图 5-3 所示。

图 5-3 校园环境建模精度示意

5.3.2 建模流程

智慧校园三维建模按以下流程开展：

（1）数据采集阶段：通过现场调研、外业采集、内业整理收集校园相关的二维设计资料及纹理贴图素材；

（2）三维模型数据制作阶段：根据已有的二维设计资料及纹理贴图素材，采用计算机三维建模工具，建立番禺校区三维模型。总体流程如图 5-4 所示。

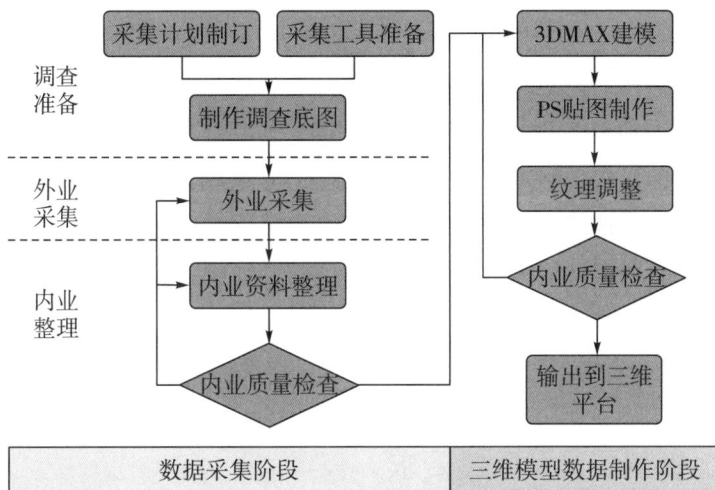

图 5-4　模型总体建设流程

数据采集阶段的主要任务是准备三维建模所需要的各种素材，如电子地图、建模要素、建筑装饰图等，主要工作内容包括二维设计资料整理和纹理贴图素材整理。项目需要收集的资料及相关说明如表 5-1 所示。

表 5-1　三维建模收集资料列表

序号	资料类型	说明
1	校园电子地图	尽量收集大比例尺地图，如 1∶1000 或 1∶2000 地图；尽量保证最新的现势性；电子地图包含要素尽量多，要包含道路信息、道路注记、建筑信息、建筑注记、等高线、地名注记等要素

（续上表）

序号	资料类型	说明
2	校园影像图	尽量收集高分辨率影像图，如航空拍摄、卫星影像等；尽量保证最新的现势性
3	DEM 数字高程模型	尽量选用高精度的数字高程模型（DEM）用于三维模型辅助设计，如 10 米数字高程模型数据、12.5 米数字高程模型数据等
4	室外园林专题数据	校园室外园林设计过程中的道路专题数据、行道树专题数据、路灯专题数据等，用于校园三维模型的设计参考

在资料收集工作完成后，需要整理建模资料并开展可用性分析，及时舍弃无用的建模资料，并用现场录制、实地测量等其他方式补充和完善必需的三维建模资料。

在获得足够的可用建模资料后，使用计算机三维建模软件，以二维矢量数据为基础，制作校园三维地理白模型；再将采集的校园影像或装修效果图转换为纹理贴图，按用户需求进行纹理贴图，形成完整的校园三维地理模型；将该模型转换为三维仿真系统编程软件所支持格式，如 Unity 的 FBX 格式等，并集成到虚拟仿真平台中，开展应用层面的三维可视化功能开发。

5.3.3 模型要素及质量要求

1. 模型要素

模型要素主要包括地面、建筑外部、建筑内部、管线、配景五大类。各模型要素质量要求简述如下：

（1）地面模型。

地面模型主要包括地块面模型、道路模型和水系模型。

①地块面模型。

包括建筑和人行道地面。建筑地面通常可选用通用纹理贴图。人行道地面的重点路段需要根据实际情况粘贴纹理图，人行道地面的非重点路段可选用通用纹理贴图。

②道路模型。

校园地形图中的道路都需要进行三维建模。道路模型的几何结构包括车行道、绿化带和人行道。道路模型的重点地段需要制作交通护栏、交通标志、隧道、交通指示灯等三维模型。

③水系模型。

校园水系模型几何结构包括水面和堤岸。水系表面贴图通常可选用通用纹理贴图。

（2）建筑外部模型。

按照学校提供的 CAD 图纸或档案图纸的各建筑总平面图、四方图、建筑平面图、立面图等数据进行建筑三维模型制作，需要精细制作重点建筑，表现出窗体结构和阳台结构甚至建筑内部结构。

（3）建筑内部模型。

按照施工图中的结构要素确定内部建筑模型、位置。现状与施工图不一致时，以现状为准。

（4）管线模型。

对给水、电力、污水、雨水这几类管线数据进行模型制作，模型应体现出管线的整体布线效果以及埋深情况。

（5）配景模型。

配景模型主要包括：路灯、绿化、凉亭、公交站、广告牌、指示牌等构筑物，其中社区内环境绿化包括绿地、植被。

其他要素模型整体位置、体量、形态与地形图基本一致。具体要求如表 5-2 所示。

表 5-2 模型要素说明

模型要素	要素说明
地块面	地面铺装、地面绿化、交通出入口等
道路	车道纹理、交通护栏、交通标志、隧道、交通指示灯等
水系	水面、堤岸
建筑外部	一般建筑三维外形，重点建筑包括建筑内部结构
建筑内部	重点建筑墙壁、装修、设备
管线	主管线、分流管线、井盖、管槽
配景	路灯、绿化、凉亭、公交站、广告牌、指示牌等

2. 模型质量要求

（1）模型制作精度要求。

可以从以下三方面来衡量精细模型的质量：

①完备性。

建模要素是否完整，是否能完整地反映建筑、地物、地貌的特征。完备性是相对的，主要通过与预先定义的对建模要素的规定进行对比来确定要素的完备性。

②真实性。

模型基本属性与真实情况的一致性，例如建筑的结构、颜色、高度、位置等。

③美观性。

模型是否美观。例如颜色是否漂亮，贴图是否清晰，与周围环境的协调性。美观性有时与真实性是相矛盾的。例如，有部分建筑非常陈旧，或表面有大量污迹，在这种情况下，需要根据项目的目的进行平衡和取舍。

各类模型制作精度要求如表5-3所示。

表5-3　模型要素精度要求

建模要素类型	需建模要素	精度要求
建筑物及其附属物	主体部分	要求结构与CAD数据一致（如没有CAD数据，参考效果图进行结构制作）、颜色与实际基本一致（允许同一色系之内的颜色偏差）、层数与实际一致。垂直方向窗户数量与实际一致，横向不能有明显变形。贴图要求清晰
	屋顶部分	参照CAD数据对屋顶的结构进行建模，如照片素材与CAD数据有偏差，则按照照片的情况对屋顶进行建模
	附属设施部分（阳台、门廊、车库、台阶、围墙、烟囱、室外楼梯、悬空结构）	要求对阳台、门廊、车库、台阶、围墙、烟囱、室外楼梯、悬空结构进行建模（上述要素凸出或凹进距离小于0.5米，或面积小于0.5平方米时可以不建模，直接用贴图表示）
道路及其附属物	道路路面、道路中心线、斑马线、道路两边的人行道、道路中间的隔离带、水上桥梁、交通信号灯、交通岗亭	1. 要求要素完整，道路斜坡效果根据CAD数据所示高差进行坡度制作 2. 斑马线、人行道、隔离带为示意性模型 3. 路面、交通信号灯、交通岗亭采用标准模型库中的预定义模型，其位置要求与实际相对一致 4. 路面材质类型要与实际一致
市政设施	路灯、电线杆、电话亭、岗亭、喷泉、雕塑	路灯、电线杆、电话亭、岗亭通过标准模型来实现，为示意性模型，其位置不要求与实际完全一致 喷泉与雕塑要求与实际的形状、大小、风格基本一致

（续上表）

建模要素类型	需建模要素	精度要求
植被	独立树、行道树、草坪、花坛	1. 独立树、行道树通过标准模型来实现（示意性模型），其位置不要求与实际完全一致 2. 草坪按照 CAD 数据划分绿地位置进行建模，草坪根据 CAD 所示高差进行制作，误差<0.1 米 3. 主要针对校区内部花坛进行建模处理。其他花坛不进行处理。花坛位置要求与实际一致，误差<0.5 米
水域	河面、河道、湖泊、水库、泳池、池塘、景观水面	大小、形状要求基本一致；要有立体感；水面与周边景观要衔接

（2）基础模型制作要求。

基础模型严格采用世界坐标系建模，模型不能进行旋转、平移等坐标变换。模型材质和贴图制作依照以下原则进行：

①使用标准材质，材质类型使用 Blinn 类型。只有在 Diffuse 通道后可加贴图，如图 5-5 所示。

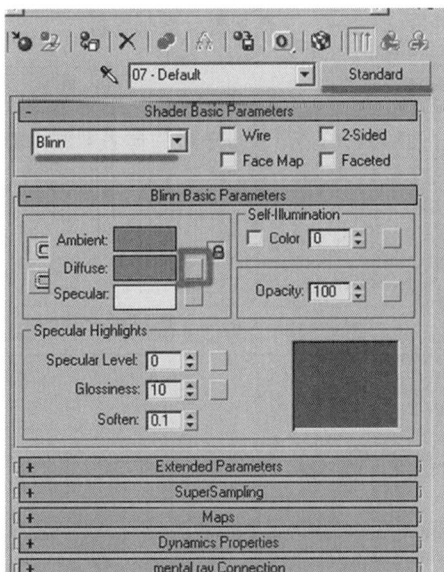

图 5-5　材质类型选择示例

②在 Max 材质编辑器中不可对材质贴图进行裁切（见图 5-6）。

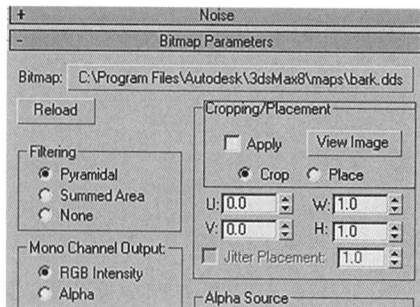

图 5-6　贴图裁切界面

③表面贴图选用 JPG、PNG 文件格式的图片，贴图文件命名不能含空格。贴图的长宽方向像素点数必须为 2 的幂次方。贴图最大尺寸不能超过 1024×1024，最小尺寸不要小于 16×16。通道贴图不可以超过 1024×1024。

④贴图重用（在符合要求的情况下，重用以前的贴图）：原则上一个模型一张贴图，一个模型一种材质，尽量避免贴图重用，贴图材质要求选材准确，纹理明暗清晰，质感突出；模型本身材质必须为标准材质，贴图在通道 1 上。

三维模型素材命名原则如表 5-4 所示。

表 5-4　模型素材命名原则

模型素材分类	命名原则
单体建筑模型	以建筑名称拼音首字母为命名规则，如学生宿舍 T1 栋，则命名为：XSSST1
材质	XSSST1（建筑编号）
建筑贴图	XSSST1_1；XSSST1_2
屋顶贴图	统一用公共贴图素材，禁止改变贴图名

5.4　系统功能设计与实现

系统在设计智慧校园三维基础信息的基础上，实现了地下管线管理、能源管理、楼宇水电管理、视频监控联动管理等多项功能，建立了基于三维地图的智慧校园三维可视化综合管理系统。各部分功能简述如下：

5.4.1 校园三维基础信息功能与实现

1. 智慧校园三维展示功能

该功能可实现对校园三维模型的任意放大、缩小、平移等操作。用户通过鼠标操作即可实现对校园的二维平面、三维景观及实时卫星图像的快速阅览（见图 5-7）。

图 5-7 校园概览界面

2. 地图导航功能

用户点击二维平面导航图上任意图元，即可快速定位对应的三维实景模型，通过右键点击，不仅可以查看相关三维对象的属性信息，而且可以根据三维对象的属性信息进行地图导航（见图 5-8）。

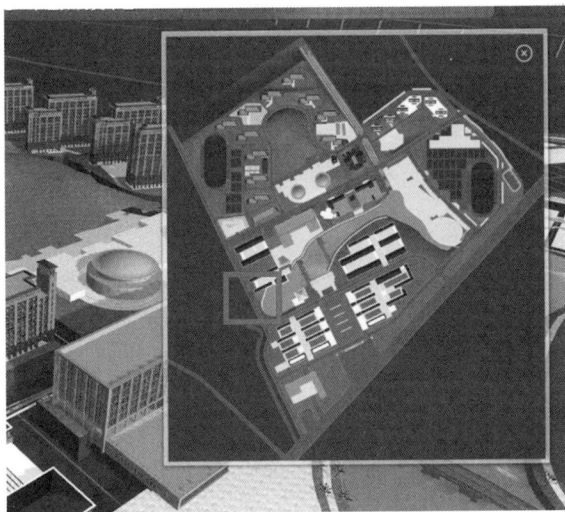

图 5-8 地图导航功能界面

3. 信息查询与统计功能

通过右键点击建筑物的三维模型，可激活建筑属性查询与统计、建筑能耗查询与统计功能。建筑属性查询自动连接建筑档案数据库，以文字方式展示建筑物功能、用途、建筑面积、二维图纸等相关档案信息，方便后期资料查询及规划；建筑能耗查询自动连接校园能源管理系统，分别给出单体建筑的冷热水、冷量、电力使用状况（见图5-9），方便相关部门对校园节能状况的统计与分析，为用户决策提供依据。

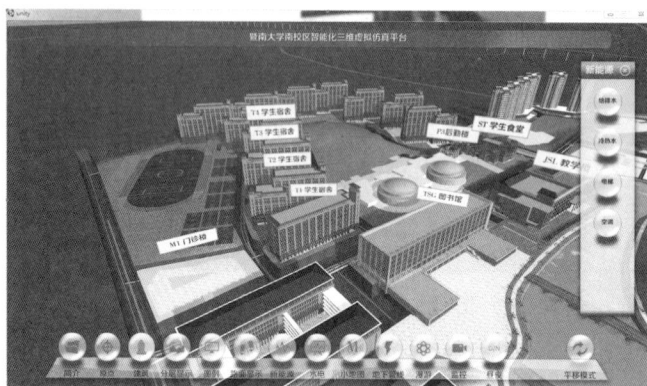

图 5-9　信息查询与统计界面（建筑能耗查询）

4. 信息共享与输出功能

系统通过数据直接访问来实现数据共享与输出。通过点击系统左侧的悬浮窗，用户可以按建筑名称检索该建筑的所有相关信息。查询、分析的结果能够按用户需求以图形、统计图表等形式输出（见图5-10），从而满足智慧校园的教学、科研、管理需要。

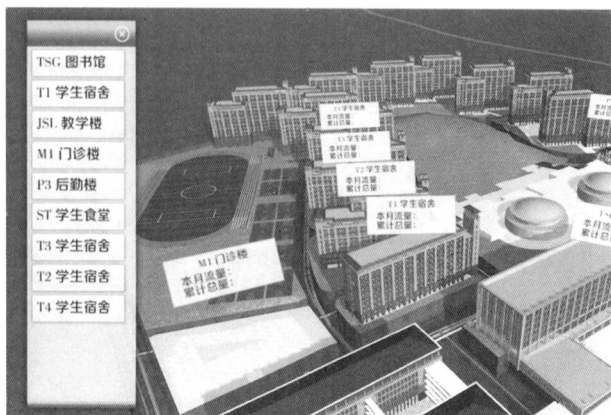

图 5-10　图形、表格、统计图表方式的信息输出

5．全景浏览

（1）模块描述。

用户可以通过系统平台完成对三维场景模型的视图操作，实现在一个固定的视点中，360°浏览校区建筑、设备，同时实现各种三维的基本操作，如三维的基本放大缩小、拖动、场景的水平旋转、垂直旋转、升降场景、场景的恢复显示等。

（2）模块功能。

实现定点各个场景视角的全景浏览。

（3）逻辑流程。

①选定场景中的某一个视点；

②3D 场景坐标的获取和查询；

③相机坐标定位及锁定操作；

④实现 360°全景浏览（见图 5-11）。

图 5-11　校园全景浏览界面

6．多种漫游方式切换

（1）模块描述。

支持自动漫游、手动漫游，并可以在这两种方式之间切换；同时支持多种漫游方式，包括行走、飞行、驾驶，展示并实现键盘操作控制漫游；通过系统平台的参数设置，实现对校区各种方式的场景漫游。

（2）功能描述。

在三维虚拟平台上设置多种漫游方式。

（3）逻辑流程。

①通过漫游参数设置，确定自动（见图5-12）或手动漫游方式；

②若指定路径，通过选择预选编辑的线路自动漫游三维场景；

③若无指定路径，确定漫游三维场景的其他操作方式；

④若确定飞行方式，可确定飞行高度、飞行速度、飞行方向等；

⑤通过键盘操作实现漫游的方向控制，通过鼠标操作实现视角控制；

⑥通过鼠标点击界面，实现漫游的开始、暂停、继续等操作；

⑦其余漫游方式类似。

图5-12　校园自动漫游界面

7. 地图快速定位

（1）模块描述。

支持地图导航，通过校区相对应的二维平面图所设定的空间位置信息快速定位，并可在小地图上显示用户视点所在的位置和方向。

（2）功能描述。

通过校区相对应的二维平面图的空间位置信息，实现快速定位；通过计算获取到达目的地的路径并到达指定的目的坐标。

（3）逻辑流程。

①通过相对应的二维平面图获取平面空间位置信息；

②通过计算获得到达目的坐标的视角、路径等参数；

③对三维虚拟场景的路径和相机的坐标进行快速移动计算；

④实现在三维虚拟平台上显示快速定位到目的地的三维空间（见图 5-13）。

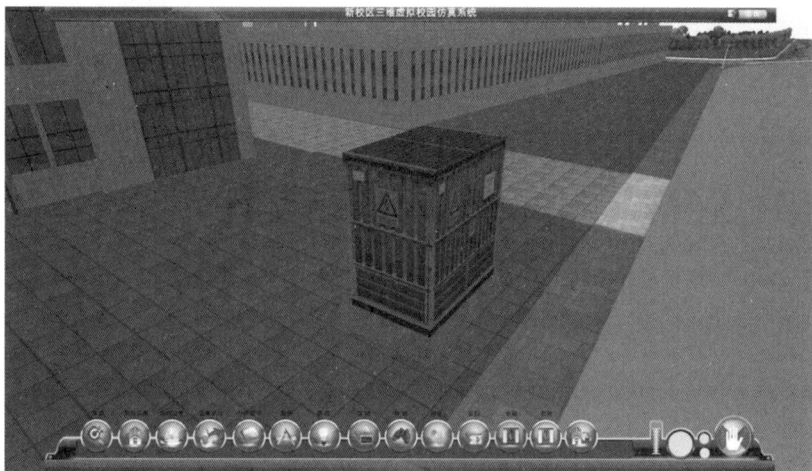

图 5-13　地图快速定位界面

8. 路径漫游

（1）模块描述。

通过校区二维平面的空间属性信息，可以设计指定路径的漫游路线，实现三维虚拟平台的路径漫游。

（2）功能描述。

按指定路径进行漫游的方式。

（3）逻辑流程。

①快速定位当前位置，确定当前空间信息；

②输入目的地信息，设计指定路线；

③计算机自动绘制指定漫游路径；

④让相机按照指定路径的空间点进行移动漫游；

⑤输出漫游路径动画，实现路径漫游（见图 5-14）。

图 5-14　路径漫游界面

9．模型信息实时查询

（1）模块描述。

该模块利用数据库结构化查询语言（SQL）语句实时更新校园建筑及设备信息，通过输入各类建筑、设备等模型的相关信息，连接基础数据库，获取相关场景的字段属性信息，完成模型信息实时查询。

（2）功能描述。

访问数据库，完成建筑、设备模型信息的实时查询。

（3）逻辑流程。

①通过信息查询窗口，输入建筑、设备的相关信息；

②通用 SQL 语句访问基础数据库；

③通过数据库实时更新相关模型场景的信息；

④根据访问的数据，输出显示相关字段属性（见图 5-15）。

图 5-15　模型信息实时查询界面

10. 模型相关信息显示

（1）模块描述。

在校区二维平面图和三维场景图，录入部分建筑、设备等模型的基本属性信息。当选择光标接近指定的部分场景模型的限定距离时，实现自动显示场景模型的基本属性信息。

（2）功能描述。

在接近指定的部分模型的限定距离时，显示模型的基本属性信息，例如名称、类别等。

（3）逻辑流程。

①在平面图和场景图中，录入部分建筑和设备等模型的属性信息字段；

②设置接近显示属性的限定距离；

③当选择光标接近指定场景点的空间点时，访问基础数据库；

④调用属性显示窗口，根据条件输出模型相关信息（见图 5-16）。

图 5-16　模型相关信息显示

11. 模型属性反向定位

（1）模块描述。

通过对校区三维场景模型的各类属性进行模糊条件查询，访问基础数据库，划分相关模型，定位查询模型的空间位置；亦可以继续通过进一步设置查询条件，缩小相关模型范围，达到属性查询反向定位模型视点。

（2）功能描述。

通过反向查询，定位到相对应的建筑、设备等模型的视点。

（3）逻辑流程。

①通过查询窗口文本，输入相关条件查询字段；

②访问基础数据库，根据模糊条件查询字段搜索相关模型；

③划分相关模型属性分类；

④通过反向查询，定位模型空间位置。

5.4.2　三维管网管理信息系统功能与实现

在番禺校区的基础设施建设中，地下管线是重要的隐蔽工程。校区内地下管线包括雨水管线、污水管线、给水管线、电信管线、燃气管线、电力管线、工业管道等多种类型。通过建设三维管网管理信息系统，在番禺校区建设期以三维可视化方式精确记录地下管线的类型、高程及走向，使得在平面显示下错综复杂的管线清晰可见，该种做法可有效避免后期检修过程中的无效地面开挖，也可为后期工程规划建设提供翔实的技术支持。

校园三维管网管理信息系统用于番禺校区地下管线数据的三维可视化、管理和应用。系统所管理的管线数据类型包括给水、污水、雨水、燃气、电力、路灯、通信、电视等行业管线数据。

地下综合管线是校园发展的生命补给线，是运送物质与信息或能量的网络实体的总称，根据其形状与用途，可以作如下的划分：

（1）管道类管线：这类管线包括水管道和煤气管道，一些特殊的工业管道（如输油管、输料管）也属此类。它们的共有属性包括管径、管材、建设时间、接头形式、建设标高、使用状况、压力值等。管道管线通过主管、干管和支管，形成特有的网络型管线体系。

（2）排水道类管线：主要用途是对污水、雨水的处理，设施的主要特点是水道比其他管道大，是一种"道"而非"管"。尽管如此，一般也把此类管线归于第一类管道管线，因为它们有相同的属性。

（3）缆线类管线：其材料类型是缆线，没有"管"的意义。缆线类管线以传输能量和信息为特征，可分为三类：电力线、电信线、电视电缆线。

三维管网管理信息系统利用三维建模技术、计算机技术、网络技术、数据库技术，把番禺校区的全部地下管线信息以数字的形式获取、存储、管理、分析、查询、输出、更新。

系统以地形图库和管网数据库为基础数据库，在此基础上，建设图形数据建库子系统、管网数据入库子系统、报表输出子系统、综合应用子系统等相关系统。系统数据构成如图 5-17 所示。

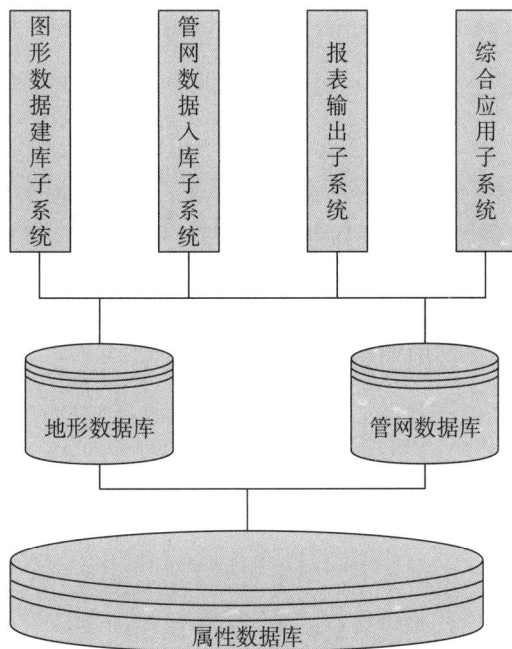

图 5-17 三维管网管理信息系统结构

1. 图形数据建库子系统

图形数据建库子系统实现对地形图的建库、维护和管理功能。系统以精度为1：1000的校园数字地形图为数据基础，具备输入地图、编辑地图、修改地图参数、查询地图信息、存储数字地形图、显示数字地形图和打印输出等功能。

（1）图库管理模块。

图库管理模块包括图库控制、图层控制两个方面的功能。

①图库控制。

能够对地理信息数据库进行管理；能够添加、删除、修改图形数据库；能够对图形数据库的显示和关闭进行控制。

②图层控制。

能够对图层数据显示情况进行管理；能够实现图形数据叠加显示、图层显示控制、图层选择控制、图层编辑控制、图层顺序调整、图层属性调整设置等功能。

（2）图形定位模块。

图形定位模块包括格网显示和图形定位两个方面的功能。

①格网显示。

②图形定位。

图形定位包括坐标定位、图幅定位、注记定位、索引图定位四种方式的定位。

坐标定位：根据给定的坐标，调取坐标范围扩大一定尺寸内的图形数据，并显示在屏幕上。

图幅定位：根据给定的图幅号，调取图幅号所代表范围内的图形数据，并显示在屏幕上。

注记定位：根据给定的注记（如地名称、道路名称、单位名称、河流名称等），调取注记附近一定范围内的图形数据，并显示在屏幕上。

索引图定位：根据索引图上的范围，调取该范围内的图形数据，并显示在屏幕上。

2. 管网数据入库子系统

管网数据入库子系统提供方便的网络输入手段，构造网络拓扑关系，在所建立的管网数据库的基础上，对新管网数据进行入库操作。

（1）空间数据输入。

系统提供多种空间数据输入方式,包括:格式文件输入、坐标点列输入、直接编辑输入。

(2)属性数据输入。

系统提供简洁、方便的属性输入工具。

(3)数据合法性检查。

数据合法性检查利用计算机快速、准确地对入库的 GeoStar 格式矢量数据进行错误检查,检查通过的数据为合格数据,可以入库;检查没有通过的数据为不合格数据,需要进行修改后再检查,直到数据通过检查为止。

3. 报表输出子系统

报表输出子系统主要功能有:报表模板设计、报表打印、报表导出。

(1)报表模板设计。

系统提供工具,对报表的格式、版式以及相关的信息进行设计,保存为模板,为报表打印与输出作准备。

(2)报表打印。

利用查询统计功能,得到需要统计的报表数据,结合设计的报表模板进行报表输出。

(3)报表导出。

对于一些特定的报表,系统提供报表导出功能,将报表数据导出到 Excel 文件,由用户来进行后期处理。

4. 综合应用子系统

系统提供地下管网的地面全透视浏览、开挖浏览和地面半透视浏览三种浏览模式,缆线类管线支持用户材质颜色显示和行业标准色显示两种显示方式。用户通过鼠标操作实现三维场景的拖拽、平移、旋转、回正,或使场景处于全屏状态,以对校区地下管线进行直观、多方位的浏览。

（1）管线地面浏览（地面半透明）。

地面半透视管线查询见图 5-18。

图 5-18　地面半透视管线查询界面

（2）管线地面浏览（地面透明）。

地面全透视管线查询见图 5-19。

图 5-19　地面全透视管线查询界面

（3）管线查询。

系统提供关键字查询、空间查询、图属互查以及基于属性表的各种 SQL 查询方式。用户右键点击相关管线，即可快速获取想要了解的管点或管段对象属性信息。

系统针对用户对于管线管理的需要，制定了管线查询分析功能，用户通过使用该功能，可以通过管线类型、管径大小等查询条件的设定，查询相应的管线。在实现管线定位的同时，能够查看管线相应的属性信息（见图 5-20）。

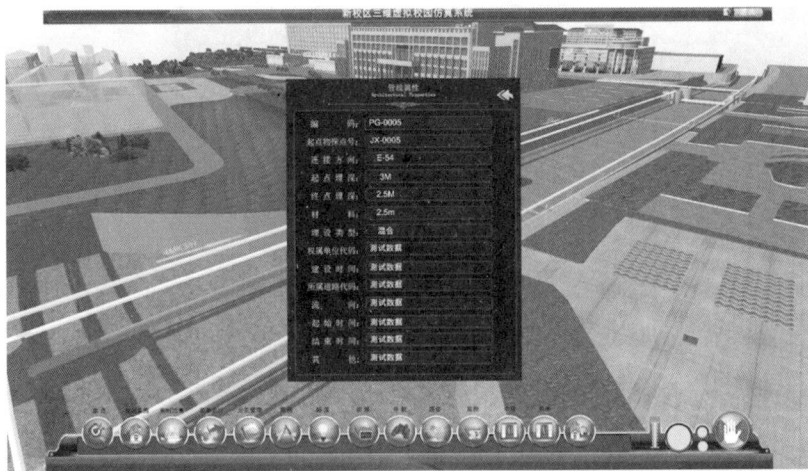

图 5-20　管线属性查询界面

5.4.3　能源管理信息管理系统功能与实现

在三维仿真平台中点击楼宇，通过与新能源系统的接口进行数据调用和管理，其中包括电梯、给排水、空调、冷热源等内容（见图 5-21）。

其操作方式为左键点击建筑标签，选择需查询的建筑，建筑上方会出现对应的能耗数据，从而实现对建筑水电能耗的查询与管理（见图 5-22、图 5-23）。

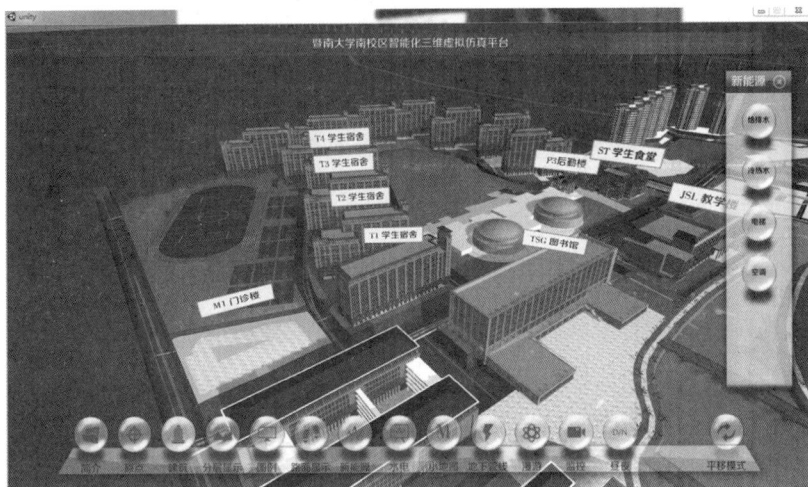

图 5-21　能源管理系统界面

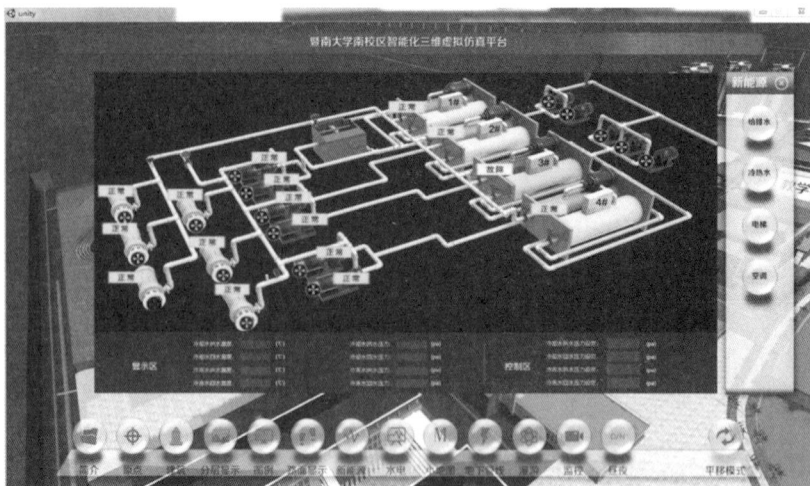

图 5-22　点击"空调"按钮后对应的空调用能参数界面

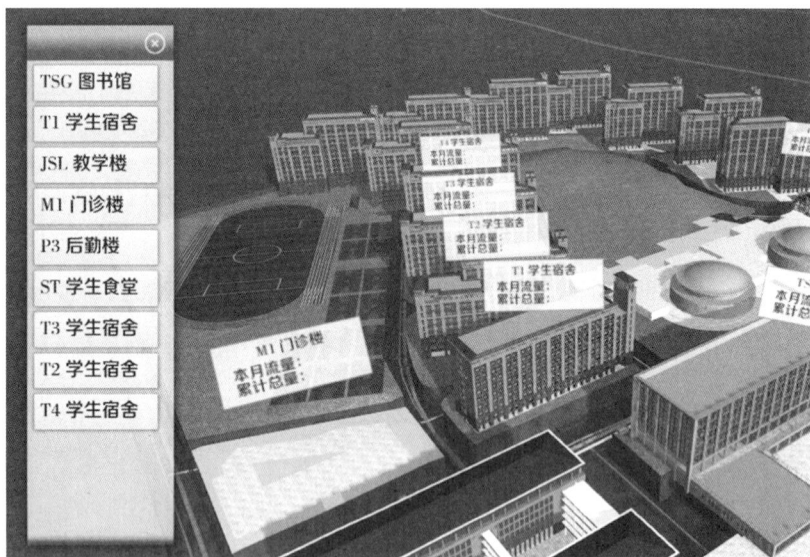

图 5-23　点击"冷热水"按钮后对应的建筑用水参数界面

5.4.4　基于三维地图的视频监控联动管理系统

基于三维地图的视频监控联动管理系统提供视频监控功能：系统通过与视频安防监控系统的接口实现视频监控，通过在三维地图上点击相应摄像头位置，可调用视频安防监控系统提供的视频接口，从而实现基于电子地图上的实时视频调用和视频播放。用户通过地图浏览将地图放大到一定程度，可以在电子地图上看到摄像头的三维模型，左键点击三维地图里的摄像头模型，即可打开该摄像头对应的实时视频监控界面（见图5-24），还可进一步查看当前视频或调用过去某个时间段的视频。

系统运用三维管理系统助力平安校园建设，有效保障校园及学生安全。校园实时监控系统界面如图 5-25 所示。

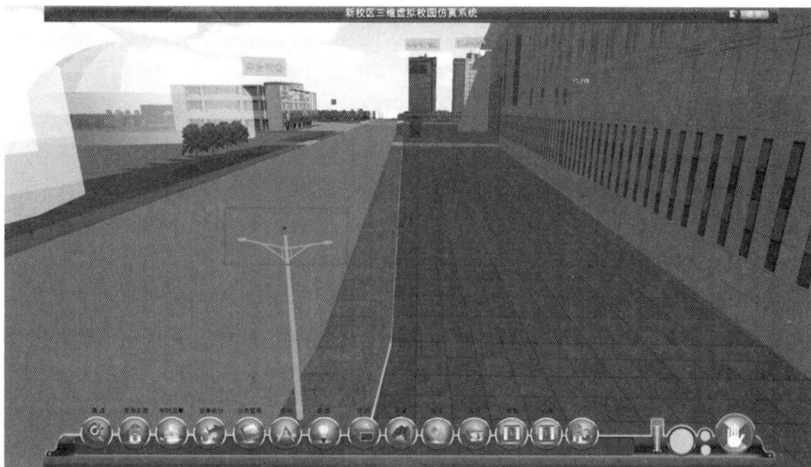

图 5-24　校园三维场景中的摄像头示意，点击可加载实时视频

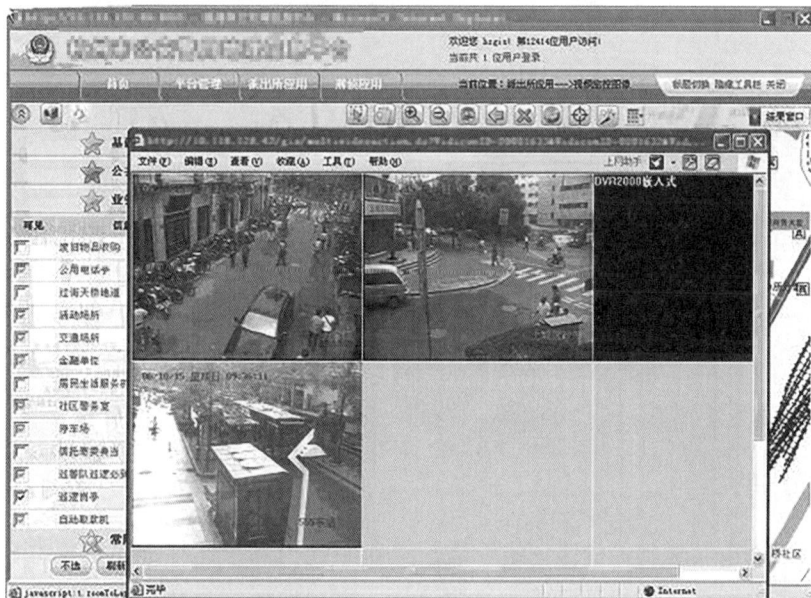

图 5-25　校园视频监控子系统界面

由于三维场景中摄像头图标较小，系统采用列表检索、区域查询、周边查询、模糊查询等多种方式实现对摄像头的位置信息检索，从而实时查看该摄像头采集的实时视频。

（1）视频摄像头列表检索。

以设备列表方式在悬浮窗上显示视频摄像头编号及位置信息。

（2）视频摄像头区域查询。

用户可依据区域位置条件检索查询想要的摄像头视频。用户可以检索地图上特定区域的全部摄像头，也可以输入相关条件进行过滤，如查询指定位置距离最近的摄像头等。

（3）视频摄像头定位功能。

在查询结果或列表中，左键点击一个视频摄像头，系统可在电子地图上快速定位该摄像头的位置，并可通过校园三维信息系统实时查看该摄像头周边建筑分布。用户在三维地图上左键点击摄像头三维模型，即可获得该摄像头的实时摄录信息（见图5-26）。

当消防管理系统、出入口管理系统、入侵检测系统等其他安全防范管理系统有报警信息时，系统可根据报警定位信息，自动标识出该报警位置附近的所有视频监控设备，方便用户及时选择最优位置的实时视频图像。

图5-26　点击摄像头后，实时加载视频界面

5.5　小结

本章以暨南大学番禺校区三维管理信息化系统为例，详细描述了智慧校园三维可视化综合管理系统的建设背景、架构设计、模型设计，以及三维可视化综合管理系统的基本模块、地下管网三维管理、基于三维地图的建筑能源管理和视频监控联动管理等子系统的功能组成与实现。

参考文献

［1］中华人民共和国教育部. 教育部关于发布《高等学校数字校园建设规范（试行）》的通知［EB/OL］.（2021-03-12）. http://www.moe.gov.cn/srcsite/A16/s3342/202103/t20210322_ 521675.html.

［2］智慧校园总体框架：GB/T 36342—2018［S］. 北京：国家市场监督管理总局中国标准化管理委员会，2018.

［3］IBM. Smarter Planet[EB/OL]. https://www.ibm.com/ibm/history/ibm100/us/en/icons/smarterplanet/?mhsrc＝ibmsearch_a&mhq＝Smarter%20Planet.

［4］中华人民共和国教育部. 教育部关于印发《教育信息化2.0行动计划》的通知［EB/0L］.（2018-04-13）. http://www.moe.gov.cn/srcsite/A16/s3342/201804/t20180425_ 334188.html.

［5］中华人民共和国中央人民政府. 国务院关于积极推进"互联网+"行动的指导意见［EB/OL］.（2015-07-04）. https://www.gov.cn/zhengce/zhengceku/2015-07/04/content_ 10002.html.

［6］中华人民共和国教育部. 教育部关于印发《教育信息化"十三五"规划》的通知［EB/OL］.（2016-06-07）. http://www. moe. gov. cn/srcsite/A16/s3342/201606/ t20160622_ 269367.html.

［7］中华人民共和国教育部. 教育部关于进一步推进职业教育信息化发展的指导意见［EB/OL］.（2017-08-31）. http://www. moe. gov. cn/srcsite/A07/zcs_ zhgg/201709/t20170911_ 314171.html.

［8］中华人民共和国教育部. 教育部2019年工作要点［EB/OL］.（2019-02-22).http://www.moe.gov.cn/jyb_ sjzl/moe_ 164/201902/t20190222_ 370722.html.

［9］中华人民共和国教育部. 中共中央、国务院印发《中国教育现代化2035》［EB/OL］.（2019-02-23）. http://www. moe. gov. cn/jyb_ xwfb/s6052/moe_ 838/201902/t20190223_ 370857.html.

［10］黄照翠，陈晖，王海涛，等. 高校智慧校园的智慧真谛探究［J］. 中国教育信息化，2018（1）：53-59.

［11］朱洪波，张登银，杨龙祥，等. 南京邮电大学 基于物联技术的"智慧校园"建设与规划［J］. 中国教育网络，2011（11）：18-19.

［12］蒋家傅，钟勇，王玉龙，等. 基于教育云的智慧校园系统构建［J］. 现代教育技术，2013，23（2）：109-114.

［13］陈翠珠，黄宇星. 基于网络的智慧校园及其系统构建探究［J］. 福建教育学院学报，2012，13（1）：120-124.

［14］黄宇星，李齐. 基于网络智慧校园的技术架构及其实现［J］. 东南学术，2012（6）：309-316.

［15］郭惠丽，李倩倩，张蕾. 基于物联网的智慧校园移动服务构建［J］. 网络安全技术与应用，2011（9）：68-71.

［16］左卫刚. 基于情境感知的智慧校园系统研究［J］. 网络安全技术与应用，2018（10）：99-100.

［17］于长虹，王运武，马武. 智慧校园的智慧性设计研究［J］. 中国电化教育，2014（9）：7-12.

［18］黄小卉，黄宇星. 基于云计算的智慧校园探究［J］. 中小学电教，2011（11）：8-11.

［19］贺建虎. "互联网+智慧校园"的立体架构及应用研究［J］. 信息与电脑（理论版），2017，29（15）：152-154.

［20］陈卫东，叶新东，许亚锋. 未来课堂：智慧学习环境［J］. 远程教育杂志，2012，30（5）：42-49.

［21］程敏. 智慧教室的设计与构建［J］. 实验室研究与探索，2015，34（6）：248-252.

［22］黄荣怀，胡永斌，杨俊锋，等. 智慧教室的概念及特征［J］. 开放教育研究，2012，18（2）：22-27.

［23］宓詠，赵泽宇. 大数据创新智慧校园服务［J］. 中国教育信息化，2013（24）：3-7.

［24］罗辉琼，梁卓明，何明发. 基于移动服务开放平台构建高校智慧校园生态［J］. 中国教育信息化，2014（13）：52-55.

［25］李忠春，张加新. 高校教育信息化现状分析与发展研究［J］. 中国教育信息化，2010（15）：15-18.

［26］王娟. 高校教育信息化核心应用指标研究［D］. 武汉：华中师范大学，2016.

［27］孔繁世. 教育信息化综合评估考核指标体系构建研究［J］. 郑州大学学报：哲学社会科学版，2003，36（1）：144-146.

［28］严大虎，陈明选. 物联网在智慧校园中的应用［J］. 现代教育技术，2011，21（6）：123-125.

［29］祝智庭，贺斌. 智慧教育：教育信息化的新境界［J］. 电化教育研究，2012，33（12）：5-13.

［30］黄荣怀，张进宝，胡永斌，等. 智慧校园：数字校园发展的必然趋势［J］. 开放教育研究，2012，18（4）：12-17.

［31］王运武，于长虹. 智慧校园：实现智慧教育的必由之路［M］. 北京：电子工业出版社，2016.

［32］KHABOU N, RODRIGUEZ I B, GHARBI G, et al. A threshold based context change detection in pervasive environments: application to a smart campus［J］. Procedia computer science, 2014, 32: 461-468.

［33］EMEAKAROHA A, ANG C S, YAN Y. Challenges in improving energy efficiency in a university campus through the application of persuasive technology and smart sensors［J］. Challenges, 2012, 3(2): 290-318.

［34］OMIDINIA S, MASROM M, SELAMAT H. Adopting ICT for interactive learning: smart school case in Malaysia［J］. International journal of academic research, 2012, 4(4): 107-115.

［35］陈耀华，杨现民. 国际智慧教育发展战略及其对我国的启示［J］. 现代教育技术，2014，24（10）：5-11.

［36］The Campus Computing Survey［EB/OL］. (2019-10-15). https://www.campuscomputing.net/survey.

［37］陈琳，王蔚，李佩佩，等. 智慧校园的智慧本质探讨：兼论智慧校园"智慧缺失"及建设策略［J］. 远程教育杂志，2016，34（4）：17-24.

［38］蒋东兴，付小龙，袁芳，等. 大数据背景下的高校智慧校园建设探讨［J］. 华东师范大学学报：自然科学版，2015（S1）：119-125，131.

［39］王运武. "数字校园"向"智慧校园"的转型发展研究：基于系统思维的分析思辩视角［J］. 远程教育杂志，2013，31（2）：21-28.

［40］廖顺金，陈义吉. 教育信息化的发展转型：从"数字校园"到"智慧校园"［J］. 新教育时代电子杂志（教师版），2016（40）：56.

［41］徐青山，张建华，杨立华. 高校智慧校园建设的顶层设计及实践应用——以"智慧北航"为例［J］. 现代教育技术，2016，26（12）：112-118.

［42］HIRSCH B, NG J W P. Education beyond the cloud: Anytime-anywhere learning in a smart campus environment［C］//2011 international conference for internet technology and secured transactions. IEEE, 2011: 718-723.